FAMILIEGEHEIMEN

Eerder verschenen van Astrid Holleeder:

Judas

Dagboek van een getuige

Astrid Holleeder

Familiegeheimen

Lebowski Publishers, Amsterdam 2019

Eerste druk, juli 2019
Tweede druk, juli 2019

Omslagontwerp: Riesenkind, 's-Hertogenbosch
Typografie: Krijnie Gerritsen, *bijzee*

ISBN 978 90 488 5264 2
ISBN 978 90 488 5263 5 (e-book)
NUR 339 | 402

www.lebowskipublishers.nl
www.overamstel.com

OVERAMSTEL
uitgevers

Lebowski is een imprint van Overamstel uitgevers bv
Meld je aan voor de nieuwsbrief om op de hoogte te blijven van de nieuwste boeken via www.lebowskipublishers.nl/nieuwsbrief

Inhoudsopgave

Proloog

Wij, de vrouwen in jouw leven, zijn er niet meer voor jou.

Wie zorgt er nu voor je? Wie komt er bij je op bezoek? Wie doet je was en brengt je kleding? Je nette zwarte broeken, overhemden en truien, uitsluitend van het merk Hermès. Je zwarte spijkerbroeken, alleen van Levi's. Jouw leren jassen, riemen, nette schoenen en gympen, altijd van Hermès, je sportschoenen van Asics, je parfum van Gio en je jassen van The North Face.

Een zorgvuldig samengestelde garderobe: merken waar je niet van afweek. Mama, Sonja, Sandra en ik: we hadden thuis allemaal kleding van jou, voor het geval dat je je kwam omkleden. Niet één maar tien overhemden, niet één maar vier paar schoenen, niet één maar vijf truien. Bij ieder van ons en bij de vrouwen met wie je op dat moment een relatie had, was er minstens een kast mee gevuld.

Bij mij stond de hele zolder vol. Die gevulde kasten vielen in het niet bij je kamer vol kleding in de appartementen waar je verbleef en die wij moesten verplaatsen als je een inval verwachtte. Ik heb mijn zolder leeggeruimd toen ik moest verhuizen. Ik heb alles van jou weggegeven. Ik vond dat ik daartoe wel gerechtigd was, nu ik de Scheldestraat moest verlaten omdat jij me nummer 1 op je dodenlijstje had gezet. Het weggeven was niet eens zo makkelijk. Er zijn maar weinig mannen van jouw postuur.

Via Menno vond ik iemand. Een grote goedzak, die er geen flauw benul van had dat een Hermès-broek en een paar Hermès-schoenen net zoveel kosten als het halve maandsalaris dat hij verdiende. De beste man wilde de gulle gever graag persoonlijk bedanken, maar mocht van mij niet weten dat hij in de kleren van de beruchte Willem Holleeder liep. Menno vertelde hem dat de kleding van een cliënt van hem was geweest, die helaas was overleden. Doodgeschoten? had hij gevraagd. Ja, had Menno maar gezegd om verdere vragen te voorkomen. De goedaardige man had daar gelukkig geen probleem mee en ik was eindelijk van jouw zooi af.

Jouw was doen was altijd de taak van mama of Sonja. Voor ieder bezoek in de gevangenis stonden ze weer in de rij om schone kleding in te voeren, en je vuile kleding uit te voeren. Je bent heel precies op je kleding en vertrouwde jouw vuile was alleen aan een van hen toe. Met de grootste zorg en het door jou bepaalde wasmiddel, wasten, droogden en streken ze je kleding en maakten het met een speciaal daarvoor bestemd elektrisch apparaatje pluisvrij. Nadat Sandra zich had bewezen mocht zij die taak overnemen.

Naast je praktische verzorging, stroomlijnden Sonja en mama het bezoek van de verschillende vrouwen in jouw leven. Dat was een logistieke uitdaging. De dames wilden allemaal bij je langskomen, vaak op hetzelfde moment. Om ervoor te zorgen dat ze elkaar niet onverhoopt tegen konden komen, werd de een structureel voorgelogen over de bezoektijden. Anderen moest verteld worden dat je geen bezoek mocht ontvangen.

Wie regelt dat nu voor jou? En wie stort er geld op je rekening, zodat je eten en drinken kunt bestellen in de gevangeniswinkel? Elke week vulde je de boodschappenlijst in en werd de week daarop alles op je cel afgeleverd. Cola light, zes blikjes per dag, vlees, vis, rijst, spaghetti, allerlei verse groenten, zuivelproducten, kruiden, alles wat je bij de supermarkt kunt halen, maar dan in minder varianten. De boodschappen die je je in de gevangenis kunt veroorloven bepalen de hiërarchie. De gedetineerden aan de top van de voedselketen kunnen kopen wat ze willen.

Ik weet van een gedetineerde die eens levende kreeften op zijn cel rond had lopen. Hij kookte ze met het koffiezetapparaatje dat hij op cel had. Dat waren de jongens die wat aan hun strafbare feiten over hadden gehouden.

Gedetineerden die geen boodschappen kunnen bestellen, zijn veroordeeld tot het eten dat ze in de bajes serveren. Bajesvoedsel is voor 'de armen', 'de krummelaars' die misdrijven plegen waar niet veel mee te verdienen valt: een beroving van een portemonnee of een winkeldiefstal. De 'legenisten', die geen cent te makken hebben.

Door in de gevangenis te werken, kunnen ze wekelijks een klein bedrag verdienen. Door knijpers te maken, parfum in te pakken, of schroeven en bouten in elkaar te draaien. Zo kunnen ze in aanvulling op het rantsoen dat ze vanuit de inrichting verstrekt krijgen wat extra's kopen: een blikje tonijn, een pakje sigaretten, wat frisdrank.

Jij ging niet naar de arbeid. Jij hebt nooit knijpers gemaakt. Jij had het geld niet nodig. Jij hoefde geen bajeseten te eten.

Als je in afzondering zat, kookte je zelf. Je wokte veel groente, bakte weleens een cake en vond dat je een heerlijke spaghetti bolognese kon maken. Ging je naar een gewoon regime, dan liet je het koken meestal over aan een ander. Je vond altijd wel iemand die dat goed kon. Jij leverde de ingrediënten, de ander kookte en mocht in ruil daarvoor mee-eten. Je bent snel populair als je je medegedetineerden wat kan geven. 'Neem even een trainingspak voor die jongen mee. Hij heeft hier niets.' Een makkelijke manier om mensen aan je te binden. Je weet nooit wanneer 'voor wat hoort wat' weer van pas zou komen.

En wie houdt er nu buiten de gevangenis alles voor jou in de gaten? Wat er over jou gezegd wordt, en door wie? Je hebt aan weinig woorden genoeg om te weten wat er speelt. 'Die is met die' betekent: die zijn nu samen. Samenwerkingsverbanden gebaseerd op gedeelde belangen. Gelegenheidsformaties, voor als er iets te verdienen valt. Wat kunnen ze over jou zeggen? Kan dat jou benadelen? Iedereen weet wel iets van elkaar. Dat zorgt er ook voor dat er over elkaars misdaden gezwegen wordt. Maar voor hoelang? Liever hou je zelf een vinger aan de pols. Dus gaat ook in de gevangenis het bewaken van jouw strafbare geheimen gewoon door.

Bezoek van vrienden laat je niet komen. 'Lekker rustig,' zeg je. In werkelijkheid wil je geen bezoeklijst waaruit blijkt dat de groten der onder-aarde bij jou aan tafel aanschuiven. Jij wilt geen zichtbare lijntjes met je collega's, want ook al hoort, begrijpt of heeft Justitie niet door wat jullie met elkaar bespreken; enkel het feit dat je elkaar kent en de moeite neemt elkaar te bezoeken, zegt vaak genoeg.

Bezoek wordt afgeluisterd en opgenomen en je wilt voorkomen dat zij per ongeluk of bewust iets verkeerds zeggen, dat als bewijs tegen je gebruikt kan worden. Met elkaar praten in detentie is altijd een gevaar. Jij sloot je er zo veel mogelijk voor af.

De Extra Beveiligde Inrichting is in dat opzicht zo slecht nog niet. Daar zitten geen verslaafden die komen bedelen bij je celdeur. Daar hoef je geen cel te delen met een wildvreemde, van wie je niet weet of het misschien een politie-infiltrant is. In de EBI zit je alleen op een cel en, heel belangrijk, je hebt er een douche voor jezelf. Je hebt er de garantie dat je alleen met gelijkgestemden zit: zware geweldsjongens, grote criminelen, die net als jij in de eredivisie van de onderwereld spelen, het klappen van de zweep kennen, weten dat alles wat je zegt tegen je gebruikt kan worden in de rechtszaal, die je daarom niet hoeft te vertellen dat ze niet hardop mogen praten, niet tijdens bezoek en niet over de telefoon, die weten hoe ze camera's moeten omzeilen, die zich niet laten verleiden tot een gezellig praatje met de bewaker waar later een proces-verbaal van wordt opgemaakt dat je in het strafdossier terugvindt.

Niemand van buiten kon bij jou binnenkomen. Dus kwamen ze bij jouw advocaten, of bij ons. Om boodschappen door te geven die wij weer aan jou doorgaven. Via de manier waarop alleen wij met elkaar communiceerden. Of via Sandra, tijdens jouw bezoek zonder toezicht. Twee keer per maand konden jullie vrijuit met elkaar fluisteren, omdat gedetineerden recht hebben op seksueel contact.

Alles wat wij buiten hoorden en wat op jouw positie van invloed kon zijn, meldden we je. Je wilde niet verrast worden door een kennisachterstand. Sandra hield de media bij, en bracht daarvan verslag uit. Ze was een meester in het googelen. Dat ze daarmee ook foto's van jou en Sandy, dat meisje uit Utrecht, gezellig samen op de scooter, tegenkwam, was niet jouw bedoeling, maar daar loog je je met het grootste gemak weer uit. Het maakte je toch niets uit of je werd geloofd, jij deed waar je zin in had en anders rotte Sandra maar op.

Je hebt je altijd omringd met vrouwen die jou op je wenken bedienden. Wie doet dat nu allemaal voor je? Is het nog steeds Nicole, Maartje of Sandy? Of heb je inmiddels nieuwe vrouwen gevonden die onze taken overgenomen hebben?

In de gevangenis zijn er vrouwen genoeg: bewaarsters, kapsters, directrices. En niet te vergeten 'fans' van buiten, die zich in hun brieven aan jou aanbieden, soms compleet met naaktfoto's. Het is nooit anders geweest, en het zal nu ook weer zo gaan. Jij vindt ze wel weer, de vrouwen die voor je rennen. Ze gaan je uit liefde helpen, om jouw pijn te verzachten, geven zich helemaal over aan het drama in jouw leven, zetten vrijwillig hun eigen leven opzij, voor jou, want zij zijn niet belangrijk. Jouw leven is belangrijk, dat zullen ze snel met je eens zijn, hun leven zal draaien om jouw leven, ze zullen verdrinken in hun liefde voor jou.

Maar het gaat jou niet om de liefde. Het liefdesspel is voor jou enkel een manier om conrole over de ander te krijgen, de bevestiging van je sterke ego. Eenmaal onder jouw invloed, zijn ze verloren. Rustig aan zal jij je aantal onderdanen uitbreiden tot je beschikt over een leger aan vrouwen die bereid zijn voor je te vechten. Ze zullen het wel vermoeden, maar zullen nooit zeker weten dat zij niet de enigen zijn. Sommigen zal het ook niets uitmaken, want jij bent zo bijzonder. Je gaat onderzoeken hoever je met ze kan gaan. Steeds verder, tot ze precies doen wat jij wilt. Dat is het machtsspel dat jou interesseert, en dat je al een leven lang speelt.

Kijken hoever je mensen kunt krijgen. Ver, schat ik in.

Heel ver. Minstens zover als Fred Ros, de moordmakelaar die de liquidatie van Thomas van der Bijl regelde. Hij heeft diens moord laten plegen door het broertje van het kapstertje dat werkte in de gevangenis waar hij zat, en met wie hij een relatie was aangegaan.

Nee, ik hoef me geen zorgen te maken.

Jij bent niet alleen.

Zolang er vrouwen zijn, zit jij goed.

EERSTE VERHOOR

Miljuschka 1

'Is er iets?' vraagt Sonja. 'Je kijkt zo geschrokken. As, wie had je aan de telefoon?'

'Mil.'

'Is er iets met haar? Wat kijk je nou raar.'

'Ze wil een gastouder inhuren.'

'O, echt?'

'Ja.'

'Wat heb je tegen haar gezegd?'

'Dat het een goed plan is.'

'Nee!'

'Ja. Zij moet toch ook verder.'

Een gastouder die op míjn kleinkinderen komt passen. Het klinkt zo anders dan een oppas. Een oppas is jong, ongebonden. Een gastouder is minstens van mijn leeftijd, een moeder of een oma.

Ik word vervangen.

Voordat ik ging getuigen, was ik er altijd. Elke dag kon Miljuschka een beroep op me doen. Ze hoefde maar te roepen en ik zette alles opzij voor haar en de kinderen. Maar dat gaat niet meer. Nu is er straks een nieuwe oma in haar huis en die nieuwe oma wordt misschien wel haar nieuwe moeder, als het goed klikt.

Maar ik laat me niet zonder slag of stoot de band met mijn

kind afnemen door zo'n ouder die te gast is. Ik moet andere manieren vinden om betekenis in Miljuschka's leven te houden. Misschien kan ik haar helpen bij het schrijven van haar cheesecakeboek, research doen, recepten uitproberen. Ook al heb ik sinds het moment dat zij het huis uitging nog maar weinig potten en pannen aangeraakt, ik ben, net als zij, dol op koken.

Een liefde voor eten die ik aan mijn eerste ex Jaap heb overgehouden. Toen ik op mijn achttiende bij hem kwam, had ik nog nooit in mijn leven gekookt. Zelfs geen ei gebakken. Thuis heerste geen eetcultuur. We aten traditioneel: aardappelen, groente en als het kon vlees. De meeste gezinsleden prakten dat met appelmoes tot een vieze, dikke smurrie. We aten met alleen een vork.

Ik zal een jaar of tien zijn geweest toen ik zag dat mijn buurvrouw Pepi vork én mes gebruikte, en ik mezelf dat ook aanleerde. In de jaren daarvoor deed ik wat wij allemaal deden om ons bord leeg te krijgen: bord voor de mond en zo, met de vork, het eten naar binnen schuiven.

Samen aan tafel was bij ons niet bijzonder gezellig en als mijn vader aanschoof zelfs een kwelling.

Eenmaal vijftien jaar oud, en weg bij mijn vader, at ik bij mijn moeder thuis alleen nog brood met rosbief. Elke dag hetzelfde. En ik at fruit, kilo's fruit. Iedere zaterdag na mijn werk achter de groente- en fruitstal op de markt op de Lindengracht, kreeg ik van mijn bazin tassen vol fruit mee naar huis. Ik at nooit één kers, ik at een kilo kersen achter elkaar. Ik nam nooit één aardbei, maar at gelijk een doos van een pond leeg. Niet één mandarijn, maar het hele netje ging op. Dat doe ik nog steeds, ik verorber minstens een kilo fruit per dag. In de zomer loopt dat makkelijk op naar twee kilo. Een watermeloen en een ananas erbij en je zit zo aan dat gewicht. Tot ik bij Jaap ging wonen, was dat wat ik at. Brood met rosbief en fruit. Jaar in, jaar uit. Koken en aan tafel zitten was voor dat dieet niet nodig.

Jaap stond zo veel mogelijk achter het fornuis. Hij had een hele rij kookboeken en zette met het grootste gemak en veel plezier iedere dag een driegangenmenu op tafel. Als zijn souschef leerde ik au bain-marie koken, blancheren, pocheren. Het was een ontdekkingsreis door de keuken. Spannend, leuk en gezellig. Een veelheid aan smaken die ik nooit eerder had geproefd, kwam daar samen. Dat de grootse koks mannen waren, was voor mij een cultuurschok. Koken was geen vrouwentaak, koken was een kunst.

Mijn voorliefde lag bij zoet. Koekjes en taarten bakken samen met Miljuschka. Nadat een vriendin mij vroeg haar taartenbakservice een tijdje waar te nemen, kon ik er zelfs wat geld mee verdienen. Ze leverde appeltaart, notentaart, worteltaart, cheesecake en quiches aan restaurants, cafés en koffiebars verspreid over Amsterdam. Het was de tijd dat huisgemaakte taart in raakte en zij was in dat gat in de markt gesprongen. Ik bakte zo'n vijf taarten per dag. De gevulde taartdozen stapelde ik in grote tassen en hing ze aan mijn stuur. Zo fietste ik van afleveradres naar afleveradres. Een taart bakken kon ik wel, mijn diensten aan Miljuschka aanbieden zou haar niet verbazen.

'Nou leuk, mam. Begin maar met je in te lezen. Ik stuur je een bestand van de geschiedenis van de cheesecake. Maar heb je niet iets beters te doen?'

'Ik dacht eigenlijk: dan ben ik op afstand, maar toch bij

jou betrokken. Dan doen we iets samen, al ben ik niet bij je. Dat is goed voor onze band.'

'O, maar daar hoef je het niet voor te doen. Dat hebben wij toch helemaal niet nodig?'

'Nee? En dat wat je laatst zei over die gastouder dan?'

'Die gastouder?'

'Ja, die oma die je in wilde huren voor de kinderen?'

Ze begint te lachen. 'O, dat? Nee, dat lijkt me toch niks.'

Een last valt van mijn schouders. Ze ziet het aan me en zegt: 'Opgelucht?'

'Behoorlijk.'

Ze omhelst me. 'Wat ben je toch raar. Er is niemand die zoveel voor mij en de kinderen betekent als jij. Denk je nou echt dat als jij een beetje tegenslag hebt in je leven, we je dan zomaar aan de kant zetten? Je bent er altijd voor mij en de kinderen geweest. Je bent onvervangbaar, mam.'

Mijn hart maakt een sprongetje. Ik ben mijn dochter niet kwijt.

***

Ik kreeg Miljuschka toen ik twintig was, in een tijd dat de meeste moeders op het schoolplein al een carrière en grijs haar hadden. Waar ik vandaan kwam, de Jordaan, was twintig jaar helemaal niet jong en carrière maken niet belangrijk.

Drie maanden na de bevalling kreeg ik last van buikkrampen, hevige pijnen die op de meest vervelende momenten terugkeerden. Ik voelde me constant uitgeput en draaierig, maar het ergste was dat mijn gewicht enorm afnam, terwijl ik alles at, nee, letterlijk vrat, wat ik voor mijn mond kreeg.

Toch ging ik binnen zes maanden van 62 naar 54 kilo. Ik had bijna geen benen en billen meer en kocht mijn spijkerbroeken op de kinderafdeling van de C&A.

Mijn omgeving begon te fluisteren: 'Pssst, volgens mij heeft ze anorexia.' En ga dat maar eens ontkennen, als je eruitziet als een gratenpakhuis.

'Het moederschap is zwaar en ze is ook nog zo jong,' ging het gefluister achter mijn rug verder. Ook dat nog: ik voelde me doodziek en nu kwam dat omdat ik een jonge moeder was.

'Ik heb geen anorexia, ik eet me wezenloos,' verdedigde ik me keer op keer. Maar wat ik ook zei, het had geen zin, dat eten deed ik voor de 'show'. De krampen werden steeds erger en als ik in bad lag, kon ik mijn buik zien bewegen, alsof ik alweer maanden zwanger was.

'Moet je nou kijken, Jaap,' wees ik hem op het gewiebel in mijn buik. 'Elke ochtend ben ik misselijk, het kan toch niet anders dan dat ik zwanger ben?'

'Dan moet je het even laten testen,' antwoordde hij.

'Dat doe ik gelijk als ik van Cor en Wim in Frankrijk terug ben.'

Maar bij dat bezoek kwam ik niet aan. Onderweg zwol de pijn om de tien minuten aan, alsof ik weeën had. Bij Antwerpen was het zo hevig, dat ik het uitgilde. Ik móést terug.

Eenmaal thuis nam het enigszins af en viel ik uitgeput in slaap. De volgende dag ging ik naar de dokter. Zijn conclusie was dat ik een miskraam had gehad. Dat paste wel bij het beeld dat ik er zelf van had. En passant vroeg hij of ik wel genoeg at. Hij vond me erg mager en vroeg zich af of het moederschap niet te zwaar voor me was, ik was nog zo jong.

Hij ook al?

Maar ondanks de 'miskraam' bleven de krampen. De volgende dag ging ik boodschappen doen, en onderweg naar de Albert Heijn op de Utrechtsestraat voelde het alsof ik alles liet lopen. Met mijn billen tegen elkaar geklemd schuifelde ik naar huis, de trap op en naar de wc.

Ik deed mijn broek naar beneden, maar anders dan ik verwachtte zag ik een witte spaghettisliert door mijn onderbroek bewegen. Snel pakte ik een maandverbandzakje en wurmde de sliert erin. Ik waste mijn handen en liep naar de dokter. Hij deed zelf de deur open.

'Ik denk dat ik weet wat ik mankeer, dokter.'

In zijn spreekkamer opende ik het zakje.

Hij keek naar de spaghettisliert en vroeg: 'Wat is dat?'

'Dat zijn de geslachtsrijpe delen van een lintworm, de rest van dat beest zit nog in mijn lichaam. De parasiet heeft zich door mijn hele darmstelsel gewurmd en doet zich te goed aan alles wat ik naar binnen werk. Als ik even niets eet, wordt hij kwaad en begint te bewegen. Dat veroorzaakt die pijnweeën, dat is wat ik op en neer zag gaan in mijn buik. Hij vreet al mijn voedingswaarde weg en daardoor ben ik zo mager.'

'Een lintworm? Maar dat komt in Nederland bijna nooit meer voor!' riep hij.

Dat klopte. Ik had de eitjes van de lintworm ingeslikt, verstopt in de rauwe ossenhaassaté die ik had gegeten in het hotel in Beauvais, tijdens mijn bezoek aan de jongens.

De dokter gaf mij een recept dat mij van die hinderlijke parasiet moest verlossen. Dat was geen pretje. Wat er via de voorkant met de afmeting van een made in was gekomen, moest er als een meterslange reuzenworm via de achterkant uit. Na wat bitterzout, medicatie en een vreselijke ervaring op de wc, lag het te kronkelen in de pot. Wat daar lag had toch echt niets met mijn jeugdige moederschap te maken.

Integendeel, ik had heel duidelijke opvattingen over het moederschap. De vrouwen in onze familie hielpen elkaar bij het grootbrengen van onze kinderen: mijn moeder, Sonja en ik. We wilden allemaal het beste voor onze kinderen, we hadden alleen verschillende ideeën over wat het beste was en hoe dat te bereiken.

Miljuschka zat op haar twaalfde al piepers te schillen bij de groenteboer aan de overkant van ons huis. Sonja vond het zielig dat Miljuschka bevroren handjes kreeg van het koude water, voor twee gulden vijftig per uur.

Veel steun van het mannelijk geslacht hadden we niet. Miljuschka had vanaf haar negende in Jaap al geen opvoeder meer, en Cor had het opvoeden altijd aan Sonja overgelaten. Zijn bijdrage bestond uit de kinderen hun zin geven. En als hij zich al met de opvoeding bemoeide, was dat niet bepaald een pedagogisch hoogstandje. Francis was vijftien toen Cor haar vriendje wilde gaan uitleggen dat hij zijn dochter goed moest behandelen. Ze zat thuis gezellig met hem op de bank toen Cor binnenkwam. Zijn beige poloshirt was doordrenkt van het bloed en de glasscherven vielen uit zijn camelkleurige broekspijpen. Cor was doorgezakt in de lounge van een hotel en was daar stomdronken achterover door een glazen tafel gevallen. Francis heeft dat vriendje nooit meer teruggezien.

In groep drie van de basisschool, toen alle kinderen al lang en breed hun naam konden schrijven, kwam Miljuschka niet verder dan vier onherkenbare krabbels. Nu had ik haar ook geen eenvoudige naam gegeven. Roos of Anna was een stuk makkelijker geweest, maar haar bijzondere naam was niet het enige wat zij niet kon schrijven.

Lezen bleek ook een probleem. Als er stond: 'Kees zit op de wip,' dan las zij: 'Pim zit op de roos.' Met haar oefenen hielp niet. Ik werd er wanhopig van. De oorzaak lag duidelijk dieper, maar ik had geen idee wat er met haar aan de hand was.

De directrice helderde dat in een persoonlijk gesprek met mij op. Miljuschka had een laag IQ en moest het volgende jaar naar de lomschool. Ik herkende mijn dochter niet in haar verhaal en besloot zelf op zoek te gaan naar de oorzaak van het probleem. Een moeder die Nederlandse les gaf op een middelbare school attendeerde mij op het bestaan van dyslexie. Ik had er nog nooit van gehoord, maar kwam er al snel achter dat ook Jaap, Miljuschka's vader, zwaar dyslectisch was, en dyslexie een erfelijke aandoening.

Ik liet Miljuschka testen en ze bleek inderdaad dyslexie te hebben. Het was voor mij, maar vooral voor haar, een enorme opluchting te weten waarom zij 'anders was'. Ze was niet dom, ze had gewoon een 'afwijking'. Het was bovendien een probleem waaraan gewerkt kon worden op een speciaal instituut. Met mijn bevindingen ging ik terug naar de directrice. Miljuschka hoefde uiteindelijk niet naar een lomschool, maar zou wel blijven zitten.

Na die mededeling kwam ze diepbedroefd uit school. Thuis liep ze naar boven, naar haar kamer. Huilend lag ze op bed, met haar gezicht in haar kussen. 'Ik wil doohoood!' brulde ze.

Ze zou afscheid moeten nemen van al haar klasgenootjes. Mijn hart brak.

Het instituut waar zij heen ging, kreeg het met een speciale methode wel voor elkaar haar te leren lezen en schrijven. Binnen een halfjaar was ze op het niveau dat bij haar leeftijd paste. Aan het einde van de basisschool kreeg ze een gymnasiumadvies. Ze twijfelde tussen de koksschool en het gymnasium. Ik vond het allebei prima.

Ik vond alles aan haar geweldig. Ik moest alleen even slikken toen duidelijk werd dat ze geen enkel balgevoel had. Ik nam haar van kleins af aan altijd mee naar de sporthal als ik wedstrijden moest spelen.

'Is dat jouw dochter?' vroegen mensen vaak aan mij, terwijl ze meewarig toekeken hoe ze een bal in de basket probeerde te gooien.

'Ja.'

'Hoe is het mogelijk, hè?'

'Tja, Mil is Mil.'

Ze koos uiteindelijk voor het Vossius Gymnasium.

De puberteit was aangebroken. Mijn grootste angst was dat ze onder de invloed van een verkeerd vriendje zou komen, of drugs zou gaan gebruiken. In mijn werk had ik het zo vaak gezien, volwassenen die al jong aan de heroïne of cocaïne verslaafd waren geraakt. Volledig afgestompt van elke realiteit dachten ze alleen aan scoren. Vaak was de verslaving slechts een symptoom van een dieper liggende oorzaak: speedgebruik omdat ze ADHD hadden en daar – je zou het niet verwachten – rustiger van werden; emotionele problemen werden verdoofd met heroïne; onzekerheid die door een snuif cocaïne als sneeuw voor de zon verdween. Drugsgebruik als zelfmedicatie was vaak het begin van een leven met verslaving.

Ik zag de wanhoop bij de ouders, die hun kind zagen veranderen in monsterlijke volwassenen die maar een doel hadden: drugs gebruiken. Elke keer weer lieten ze hun zieke kind binnen om vervolgens thuis te komen in een leeggehaald huis. Ze namen het zichzelf kwalijk dat ze tekortschoten, werden verteerd door schuldgevoel. Verslaving is een vreselijke ziekte, die de hele omgeving tot op het bot sloopt.

In mijn praktijk had ik een cliënte, Christine. Je zag aan haar dat ze ooit een mooie, lange vrouw met blond haar was geweest, maar nu was haar haar vet en piekerig, en miste ze drie voortanden. Een was eruit geslagen door haar pooier. De andere twee hadden zomaar losgelaten. Ze sliep alweer dagen op straat toen ik haar in het politiebureau kwam opzoeken. Ze verontschuldigde zich, ze had nog geen gelegenheid gehad zich te wassen. Ze zat altijd vast voor hetzelfde: winkeldiefstal. Net zoals vrijwel al mijn verslaafde cliënten, overigens. Ze pleegden zelden ernstige misdrijven. Het beperkte zich tot uit honger een broodje stelen bij de supermarkt. Of als ze nog geen honger hadden, het stelen van tandpasta, wasmiddel of parfum, omdat dat makkelijk te verkopen viel en relatief veel opbracht. Vrouwelijke verslaafden hoefden niet snel misdrijven te plegen om in hun verslaving te voorzien, ze konden hun lichaam verkopen. Zo bleven ze buiten het strafrecht.

Christine was daar een uitzondering op. Ze prostitueerde zichzelf, maar was ook uiterst bedreven in het plegen van winkeldiefstallen. Dat ging jaren goed, totdat haar uiterlijk zo was aangetast door haar drugsgebruik dat iedere winkelbediende als vanzelf op 'die junk' lette als ze binnenkwam: haar uiterlijk verhoogde haar pakkans. Eenmaal op het politiebureau kwam ze tot rust, kreeg ze de gelegenheid zich te douchen en haar slaaptekort een beetje in te halen. Soms kreeg ze op het bureau schone kleren. Later bracht ik die voor haar mee. We hadden dezelfde maat. Broeken, vesten, truien, T-shirts. Ik vulde haar garderobe aan zodat ze eenmaal vrij weer even vooruit kon.

'Moet ik lang?' was altijd haar vraag.

Ze had een hekel aan vastzitten, wilde altijd zo snel mogelijk weer naar buiten om te kunnen gebruiken. Binnen zitten zonder drugs was een gedwongen afkick waar ze bang voor was. De nachtmerries kwamen dan weer terug. Nachtmerries over haar moeder, die ze als zevenjarig meisje dood gevonden had, met ingeslagen schedel.

'Het is daarna nooit meer goed gekomen met me.'

Ik begreep haar wens snel vrij te komen maar al te goed. En ze was zo sympathiek dat het haar vaak werd gegund. Ze kreeg altijd wel een beetje korting op de standaardstraffen die voor winkeldiefstal werden opgelegd.

'Ik zie je morgen op zitting,' rondde ik mijn bezoek aan haar af.

'We gaan er weer tegenaan!' riep ze strijdlustig.

De volgende dag kwam ze opzichtig de zittingszaal in lopen. Brede glimlach op haar gezicht, borst vooruit en wijzend op haar T-shirt. Daar stond op geschreven: *You don't wanna know who my lawyer is.* De rechtbank moest lachen.

'Mooi hè,' zei ze. 'In de bajes geruild voor een broek en een trui. Kost wat, maar dan heb je ook wat.'

Dit had ze speciaal voor mij gedaan.

Langzamerhand ging haar gezondheid achteruit. Meer tanden hadden losgelaten en ook haar blonde haar bedekte niet meer haar hele hoofd. De kleren die ik voor haar meebracht, waren inmiddels drie maten te groot. In de prostitutie vond ze bijna geen werk meer. Te oud. Te zeer aangetast door de drugs. Zelfs haar vaste klanten waren overgegaan op meisjes van net boven of net onder de achttien. Ze zat op het bureau, omdat ze brood en een pakje rosbief had gestolen.

'Dat maakte mijn moeder vroeger voor me als ik ziek was,' zei ze met een voor haar ongebruikelijke weemoed in haar stem. 'Van rood vlees sterk je aan. Denk je dat ik lang moet?' vroeg ze zacht.

'Nee. Een week denk ik.'

'Ik vind het wel lekker om even vast te zitten. Ik ben moe, As.'

Ze hoefde inderdaad maar een week. Vanuit het huis van bewaring belde ze me.

'Ik wil je bedanken voor alles wat je voor me hebt gedaan.'

Ik heb haar daarna nooit meer gezien.

Opvoedkundig bracht ik mijn angst voor verdovende middelen tot uiting door Miljuschka eens in de zoveel tijd te vertellen dat ik haar op de wereld had gezet, en dat als ze aan de drugs zou gaan, ik haar er ook weer vanaf zou halen.

Om dat te voorkomen nam ik haar mee naar bureau Warmoesstraat. Ik moest daar een cliënt bezoeken, en liet haar binnen wachten.

'Kijk maar goed om je heen,' zei ik en liep onder begeleiding van een agent naar het cellencomplex. Vooral in bureau Warmoesstraat was het een komen en gaan van arrestanten, van wie het gros leed aan een verslaving. Zij liepen daar in en uit, verwaarloosd, hongerig, vaak luidruchtig en verward.

'Neem het maar goed in je op. Dit gebeurt er met je als je drugs gebruikt.'

Een jaar later was ik uit eten met kantoor. Ik zag dat ik al elf oproepen had gemist en belde het nummer terug.

'Met bureau Warmoesstraat.'

'Met mevrouw Holleeder. U heeft mij gebeld, zag ik. Kan ik iets voor u doen?'

'Ja, mevrouw Holleeder, wij proberen u al een poosje te bereiken.'

'Sorry. Ik heb mijn telefoon niet gehoord.' Ik was volledig in de veronderstelling dat het om een cliënt van mij ging.

'Wij hebben u gebeld, omdat wij uw dochter hier hebben zitten.'

Mijn wereld stortte in.

'Mijn dochter? Waarvoor?'

'Poging tot winkeldiefstal.'

Mijn hoofd begon te tollen.

'Ze mag al een poosje naar huis maar we konden u niet bereiken. Kunt u haar komen halen?'

Volledig van slag stapte ik in mijn auto. Onderweg naar het bureau werd ik steeds bozer. Hoe haalde ze het in haar hoofd! Winkeldiefstal. Ze doet precies wat ik niet wil. Ze bevestigt het stigma dat we al hebben. Dit wordt misschien wel een probleem met de Kinderbescherming. Het is toch een kind van een Holleeder. Dat trekt aandacht. Ze zullen denken: het zal daar wel fout zitten. Jonge moeder, veel oudere vader, gescheiden. Opa een alcoholist.

De paniek sloeg toe. Waarom veroorzaakte ze deze ellende? Had ik daarvoor zo hard gewerkt? Ik had haar laten zien dat je moet studeren om wat te bereiken en dat je normaal moet werken voor je geld. Ik had een omgeving voor haar gecreëerd met sporters, kunstenaars, afgestudeerden, advocaten en promovendi. Een wereld van doorzettingsvermogen en intellect in plaats van domheid en materialisme.

Alles waar ik voor gevochten had was mislukt.

'Daar zit ze. Ze is nogal bang voor uw reactie.'

'Dat is maar goed ook,' antwoordde ik.

Ik trok haar bij haar arm de cel uit en sleurde haar mee naar de auto.

'Sorry mam, sorry,' huilde ze.

'Waarom, Mil? Waarom heb je dit gedaan? Ik werk me kapot om je alles te geven wat je nodig hebt. Waarom doe je dit? Je weet wat dit betekent, hè? Misschien plaatsen ze je wel uit huis!'

In de auto groeiden mijn angsten uit tot blinde woede, de spanning in mijn lichaam explodeerde. Ik stopte op de brug, trok haar uit de auto en duwde haar tegen de reling.

'Jij wilt stelen!?' schreeuwde ik buiten mezelf. Ik duwde haar richting het water.

'Mam, ik ga vallen. Hou op!'

In een flits zag ik mezelf staan. Een woesteling. Gewelddadig, agressief. Gedreven door pure paniek was ik niet in staat anders te reageren dan mijn vader. Ik begon te huilen. 'Wat nou als ze je van me afnemen?'

Ik had haar zo veel mogelijk bij die schaduwkant van mijn familie weggehouden, en toch overkwam het me. Het liet me niet los. Ik preekte aan een stuk door over normen, waarden, schuld, schaamte, de manier waarop er toch al naar ons gekeken werd, gevaar en afglijden. Ze incasseerde het schuldbewust. 'Je lijkt je oom wel,' besloot ik mijn preek.

'Mam, ik heb geprobeerd een T-shirt te pikken, ik heb niemand ontvoerd.'

Het duurde lang voordat de realiteit mijn paniek had ingehaald. En die realiteit was dat Miljuschka sinaasappels moest persen in een verzorgingstehuis, als straf voor haar misstap.

'Waarom heb je het eigenlijk gedaan?' vroeg ik.

'Omdat Sofie het ook deed,' antwoordde ze.

Sofie zat twee klassen hoger dan Miljuschka, het was supercool om als brugpieper bij de oudere kinderen te mogen horen.

Na het behalen van haar gymnasiumdiploma studeerde ze nog heel even rechten aan de Universiteit van Amsterdam. Van mij hoefde dat niet, dan zou ze zich – net als ik – elke dag met de ellende van anderen bezig moeten houden. Gelukkig duurde dat avontuur maar heel kort.

'Ze heeft altijd al gezegd: "Oma, ik wil later met mijn koppie op tv",' zei mijn moeder trots als een pauw toen haar kleindochter het had geschopt tot de laatste sollicitatieronde als VJ, voor de televisiezender TMF.

'Maar het is nog niet zover, mam, en daarom kom ik even langs. Ik wil niet dat er door de telefoon gesproken wordt over Mils sollicitatie. Straks luistert de politie weer mee, gaan ze even langs bij TMF en verpesten ze het voor haar. En Wim mag het al helemaal niet weten, want die gebruikt het toch alleen maar hoe het hem uitkomt en dat is nooit in het voordeel van Mil. Dus niet over praten, met niemand,' zei ik.

'Nee, natuurlijk niet, dat doe ik toch nooit,' antwoordde mijn moeder. 'Ik ben zelf ook veel te bang dat haar familieachtergrond een reden is om haar af te wijzen.'

'Daarom,' zei ik. 'We kunnen niet hebben dat daar de aandacht op wordt gericht, want dan kan ze het wel vergeten.'

Zo ging ik alle vrouwen in onze familie af.

'Son, niet bellen.'

'Fran, niet bellen.'

Ze werd aangenomen en moest direct verhuizen om elke associatie met haar oom te voorkomen. Om haar beoordeeld te laten worden op wie zij is en niet om wat haar oom heeft gedaan.

Ik moest haar naar een wereld laten gaan waar ik nooit deel van uit zou kunnen maken. Nooit naar een première, nooit naar een boekpresentatie. En als ik er was, was ik er nooit als de trotse moeder van Miljuschka, maar als een vriendin of een visagiste.

Ik zo anoniem mogelijk, zij zo bekend mogelijk.

Toen al.

Na TMF speelde ze een rol in *Onderweg naar Morgen*, totdat ze ervoor koos zwanger te worden en thuisblijfmoeder te zijn. Ze deed precies datgene waar ik me aan had willen ontworstelen. Huisvrouw en moeder zijn stond voor mij gelijk aan mishandeld worden, geen enkele vrijheid hebben en bij een tirannieke man moeten blijven, omdat je geen eigen inkomsten hebt. Maar Miljuschka had daar geen last van.

Haar omgeving verklaarde haar voor gek. Hoe kon je zo'n carrière inruilen voor thuiszitten? Haar werd verweten dat ze thuisblijfmoeder werd en dat ze 'daarvoor' haar carrière opgaf. Mij werd verweten dat ik een carrière wilde terwijl ik een kind had. Het was duidelijk dat tijden veranderden. En bleven veranderen.

Nog geen vier jaar later was ze weer druk bezig met het

opbouwen van een carrière. En net toen die een beetje van de grond kwam, ging ik getuigen.

'Soms moet je gewoon het goede doen, mam,' zei ze tegen me, maar we wisten allebei dat het een enorme impact op haar, op ons, en ons samenzijn zou hebben.

Iris I

'Iris, wat is mijn aandeel in het geheel?'

'Waarin?'

'Nou, kijk jij weleens *My 600-lb Life* op TLC?'

'Nee. Waar wil je heen?'

'Dat programma gaat over mensen met obesitas. Die mensen zijn zo zwaar geworden dat ze alleen nog maar op bed kunnen liggen. Ze kunnen niet meer lopen, niet meer bewegen. Niets meer. Maar toch eten ze zich letterlijk dood. En nu vraag jij je af: hoe kan het dat mensen die niet naar de winkel kunnen om eten te halen, of kunnen koken, of zelfs maar de deur open kunnen doen voor de bezorgservice zo zwaar zijn?'

'Nee, dat vraag ik me niet af, maar ik weet het antwoord uiteraard wel. Omdat de omgeving dat doet. Zij houden de zwaarlijvigheid in stand.'

'Precies, maar ze zien zelf niet in dat ze dat doen. Nu is mijn vraag aan jou: wat zie ik niet? Hoe heb ik bijgedragen aan hoe Wim is geworden?'

'Ik begrijp je.'

'Uit liefde zijn we Wim gaan steunen.'

'Dat is heel normaal. Dat doen familieleden.'

'Maar wat als we – nadat hij Heineken had ontvoerd – hadden gezegd: "We laten je vallen, je had dit niet mogen doen"?'

'Ik denk dat jullie, en zeker jij, omdat je je al zo tegengesteld aan het gezin ontwikkelde, dan een leven zonder je broer had geleid.'

'Dat zou voor mij een heel verschil hebben gemaakt. Maar denk je dat hij dan gestopt zou zijn met zijn gedrag?'

'Als ik jou aanhoor, was hij voor de ontvoering al bezig met overvallen, was hij al heel jong op het slechte pad. Hij had als kind gecorrigeerd moeten worden.'

'Door mijn moeder?'

'Bijvoorbeeld, of door andere belangrijke figuren in zijn leven: een vriendinnetje, of een oom of tante.'

'Dat is niet gebeurd. Door onze bloedband hebben wij hem allemaal gesteund in de slechtheid van zijn gedrag, en zijn zo medeverantwoordelijk voor hoe hij is geworden.'

'Maar je bent niet medeschuldig aan wat hij heeft gedaan. En het mooie is dat jij, Sonja en eigenlijk ook je moeder, nu hebben gezegd: "Dat moet stoppen. Je moet eens ophouden met dat gedrag".'

'Een beetje laat, hè?'

'Soms zijn de omstandigheden er niet naar om het eerder te doen. Het was een extreem complexe situatie waar jullie als gezin in terechtkwamen, mede door de maatschappelijke veroordeling die jullie moesten ondergaan, door de gezinspatronen die er al waren, en door de verbintenis tussen Sonja en Cor. Het zorgde ervoor dat jullie nog meer naar elkaar toe kropen. Het is heel begrijpelijk allemaal.'

'Begrijpelijk, maar met heel grote gevolgen.'

De rechtszaak

Ik loop mijn moeders huis binnen. Ze zit in haar aangepaste stoel.

'Is het al begonnen?' vraagt ze gelijk.

'Nee, er is wat vertraging,' antwoord ik. Ik volg de zaak op Twitter.

'Wim loopt nu de zaal in,' zeg ik.

'Hoe ziet hij eruit?'

'Hij heeft een trui aan. Niet zijn North Face-jas.'

'En zijn gezicht?'

'Dat weet ik niet. Ik lees dat de verslaggeefster zijn gezicht niet kan zien. Hij kucht en blijft zijn keel schrapen.'

Ik hoor hem, en denk terug.

Ik loop met jou door het verleden. Ik hoor mezelf praten. Onecht. Alles geacteerd. Ik hoor jou praten. Onbevangen, in je natuurlijke habitat. Vol vertrouwen dat ik zwijg over alles wat jij mij vertelt. Wetend dat ik je zal helpen alles te verhullen. Pratend over waar jij het liefst over praat: mensen angst aanjagen. En: de dood.

Er is geen gesprek waarin een van jouw slachtoffers niet tot leven komt. Jouw angst door een van hen alsnog te worden gegrepen, is er elke dag.

Ik zie mezelf naast je lopen. Jij ruim twee koppen groter.

Terwijl ik hoor dat jij zegt: 'Ik ken hier niet meer tegen, As,' zie ik in de Maasstraat een man op ons aflopen, met zijn hand in zijn zak. Ik proef weer wat we aten toen je zei: 'Ik sla haar het ziekenhuis in.' De terloopse toevoeging van weer een naam op een nieuwe lijst. Toekomstige slachtoffers. Slachtoffers uit het verleden. Iedere opmerking krijgt betekenis in die context. Het obsessief anticiperen op de toekomst, bang dat het verleden je inhaalt.

Sonja, Sandra en ik hebben gedaan wat we konden, maar rekenen niet op een veroordeling, want we weten hoe het werkt. Dat een gebeurtenis in de rechtszaal niet bewezen kan worden, betekent niet dat die niet heeft plaatsgevonden. Het proces kan proberen de waarheid te achterhalen, maar slaagt daar niet altijd in. Te vaak is het slechts een uitkomst van onmogelijkheden in de opsporing en strategische slimmigheidjes van de verdediging van de verdachte: ontkennen, een stukje bekennen als dat het beste resultaat geeft, draaien en verdraaien.

'Wat is er, As?' onderbreekt mijn moeder mijn gedachten.

'Niets, mam. Hoezo?'

'Je kijkt zo zorgelijk.'

'Er is niks.'

'Het gaat toch wel goedkomen?'

'Ja, tuurlijk,' zeg ik zo overtuigend mogelijk.

Ze kijkt me opgelucht aan. Ik wil dat ze opgelucht is. Dat ze zich geen zorgen maakt, die laatste jaren van haar leven.

'Ga je mee, mam? Gaan we iets leuks doen. Ik lees het later allemaal wel.'

'Graag, want ik hoef het allemaal niet te weten. Ik weet toch wel wat hij gaat zeggen, en dan zit ik me alleen maar weer op te winden. Dat is niet goed voor mijn hart.'

'Daarom. We gaan lekker een stukje rijden.'

We zijn al de hele dag samen onderweg als mijn telefoon trilt. Francis stuurt me een app met een link: 'Joviaal, overtuigend en gewiekst,' kopt het *Algemeen Dagblad.*

'Had je dat al gelezen?' vraagt ze.

'Nog niet.'

'Als je dat artikel leest, zie je dat het weer gebeurt, hè? Hij pakt iedereen weer in,' appt ze terug.

'Ik doe het zo.'

Na het thuisbrengen van mijn moeder en eenmaal terug in mijn onderkomen open ik de link en begin te lezen. Wim acteert op de zitting, zoals hij altijd heeft gedaan. Vol zelfvertrouwen loopt hij fluitend de zaal in. Hij is charmant, goed gebekt en geestig. Hij praat in anekdotes die leuk en spannend klinken. De sfeer is ontspannen en bijna gezellig. Gelach in de zaal. Hij lacht. Hij is grappig, hij neemt iedereen mee en in een onbewaakt ogenblik domineert hij ieders beleving: we lachen samen, zie je wel dat ik niet zo eng ben? Hij is niet anders dan wij. Hij is ook maar gewoon. Hij zal toch niet zo slecht zijn? Misschien heeft hij het niet gedaan?

Ik ben bang dat gebeurt waar ik officier van justitie Karin Zon van tevoren al voor heb gewaarschuwd: 'Ik kan jullie de waarheid vertellen, maar als je een uur met hem zit, ben je ervan overtuigd dat de werkelijkheid die hij jou voorspiegelt de waarheid is. Dan denk je: die zusters zijn gek, die arme man heeft niks gedaan.'

Ik lees verder en hoor hem zeggen wat een buitenstaander niet verstaat. Hoor hem leugens opstapelen, personen aanvallen en alle logica vervangen door complottheorieën. Ik herken het. Alles wat normaal is, diskwalificeert hij. Een testament is maar een papiertje. Met miljoenencontracten wordt niet gewerkt: 'Wij geven elkaar gewoon een handdruk.' En alles wat abnormaal is, maakt hij heel gewoon. 'Ik schop je hier door de hele straat' een ernstige bedreiging? Ach, hij praat nu eenmaal zo, hij is een jongen van de straat. Het kind van elf dat hij door de telefoon verrot scheldt 'is wel wat gewend'. Hij wordt er flauw van altijd maar onterecht beschuldigd te worden. Hij is door de rechtbank eerder veroordeeld voor afpersing? Dat 'ken gebeure', maar hij heeft het niet gedaan.

Zoals het er nu naar uitziet, krijgt hij zestig zittingsdagen de tijd om iedereen onder te dompelen in zijn verhaal. Weersproken wordt hij niet, want wij mogen alleen antwoorden op de vragen die ons gesteld worden. En het is de kunst van de advocatuur geen vragen te stellen waarop het antwoord Wims weergave van de werkelijkheid kan ontkrachten.

Hij zal er alles aan doen om datgene wat ik over hem heb verklaard te weerleggen, en het maakt hem niet uit hoe. Liegen, bedriegen, beïnvloeden en soms de waarheid spreken als dat in zijn voordeel is. Hij zal alles aangrijpen om onder een veroordeling uit te komen.

Ik lees het artikel nogmaals. Wim liet op de eerste zittingsdag een messcherpe indruk achter.

Ik ben bang, maar ook blij. Iets in mij hoopt dat hij een goede verdediging heeft, dat hij aantoont dat wij niet de waarheid spreken, dat wij ons vergissen. Dat ik niet al vijfendertig jaar een leugenaar hoef te zijn, omdat hij altijd de waarheid vertelde. Dat ik geen verrader kan zijn, omdat hij van begin af aan de waarheid sprak.

Dat ik al die jaren, ruim vijfendertig jaar, geen verraad aan mezelf heb gepleegd.

Iris 2

'Wat kan ik vandaag voor je betekenen?' vraagt Iris als ik haar praktijkruimte binnenloop en tegenover haar ga zitten.

'Een therapeute heeft eens tegen me gezegd dat ik niet moest gaan getuigen, omdat ik er niet mee zou kunnen leven.'

'Ja?'

'Ze heeft gelijk gehad. Ik kan er niet mee leven. Ik weet dat het nodig is, maar ik voel me er heel slecht onder.'

'Wat vind je zo erg?'

'Alles. De gedachte dat hij levenslang krijgt. Dat ik hem dat aandoe.'

'Heb je spijt dat je het hebt gedaan?'

'Nee, ik heb geen spijt. Ik heb er goed aan gedaan. Dat weet ik. En toch voel ik me schuldig.'

'Je voelt je schuldig, omdat je hebt voorkomen dat je broer verdergaat met slechte dingen doen? Maar is dat wel nodig?'

'Eigenlijk niet, maar toch voel ik het zo. Het vreet aan me. Het gaat niet om een paar jaar zitten, weer vrijkomen en verder kunnen gaan met zijn leven. Het gaat om de rest van zijn leven tussen vier muren opgesloten zitten. Het is zo wreed uitzichtloos.'

'Je hebt gewetenswroeging. Je voelt dat je het je broer niet aan kan doen.'

'Nee, hoe zou jij je voelen?'

'Het is misschien goed om je schuldgevoel wat te temperen. Zodat het wat dragelijker voor je wordt.'

'Dat probeer ik. Ik hou mezelf voor dat hij een heel ander gevoelsleven heeft dan de meeste mensen. Dat zijn wereld nu de inrichting is waar hij verblijft. Daar heeft hij aanzien en respect. Hij redt die gevangenschap wel. Dat heeft hij altijd gedaan. Zelfs in de kerkers van de Santé in Frankrijk. Hij heeft een gigantisch aanpassingsvermogen. Maar mogelijk levenslang, het is alsof je iemands leven afneemt.'

'Je voelt je verbonden. De tragiek van het gezinsleven heeft jullie verbonden. En ellende bindt meer dan geluk. Dan ben je ook nog eens strafrechtadvocaat en door je vak kijk je anders naar hem. Dat heb ik zelf ook. Als mijn fiets is gestolen heb ik eerst de emotie – verdomme wat een klootzak – en dan het begrip, triest voor deze persoon dat hij dit moet doen.'

'Ik voel me zeker met hem verbonden en ik vind het triest voor hem dat hij doet wat hij doet, maar begrijpen doe ik hem niet. Misschien dat als ik hem begrijp, ik mezelf ook beter begrijp. Dat ik begrijp waarom ik aan dit proces onderdoor dreig te gaan.'

'Dat zie je verkeerd. Het is andersom. Je kunt alleen maar iemand begrijpen, in de mate waarin je jezelf begrijpt.'

'Dan moet het wel lukken. We lijken op elkaar. We zijn allebei psychopaat.'

'Waarom zeg je dat?'

'Omdat we in aanleg allebei even gek zijn. Alleen heeft hij die gekte uit kunnen leven, omdat hij als jongetje crimineel kon worden. Ik heb met mijn gekte om moeten leren gaan, omdat ik als meisje een ander pad moest kiezen.'

'Maar dan ben je nog geen psychopaat. En je gaf zelf in ons gesprek al aan waarom niet.'

'Waarom niet dan?'

'Omdat je empathie hebt. Je kunt je inleven in de gevoelens van een ander. Dat is ook de reden dat je hier zoveel moeite mee hebt.'

'Ik zou hem moeten haten door alles wat hij me heeft aangedaan, maar ik voel alleen medelijden. Ik spoor echt niet.'

'In problematische gezinnen ontstaan vaak gecompliceerde relaties met complexe gevoelens voor elkaar. Soms ook gevoelens die binnen de dynamiek van jullie gezin door jou als positief werden ervaren maar dat in wezen niet zijn.'

'Geef eens een voorbeeld.'

'Nou, toen je klein was en je vader op het punt stond je te slaan maar dat niet deed, vond je dat dan prettig?'

'Ja, dat lijkt me wel.'

'Zo heeft jouw vader je geleerd om je opgelucht te voelen. Je was blij als hij niet deed waar hij mee dreigde.'

'Hmm.'

'Dat gevoel geeft Wim jou ook. Je bent gewend om in de relatie met je vader en je broer een gevoel van opluchting te ervaren. Die opluchting is een heel euforisch gevoel.'

'Euforisch? Dat vind ik moeilijk om te horen. Dat klinkt alsof ik ervan genoot.'

'Ja, dat doe je in zekere zin ook, door de voorafgaande angst die je hebt. Die opluchting voelen wordt belangrijker dan de angst die je hebt gevoeld. En alleen Wim kan jou dat gevoel geven. Hij is de verschaffer van jouw gevoel van opluchting. Dat bindt jou ook aan hem. Zoals mishandelde mannen of vrouwen gebonden zijn aan hun gewelddadige partners.'

‘Dan lijk ik meer op mijn moeder dan ik dacht. Ik heb juist geprobeerd de geschiedenis niet te herhalen. Maar dan heb ik toch hetzelfde gedaan als zij. Alleen niet met mijn man, maar met mijn broer. Had ik het anders kunnen doen? Misschien had ik het contact met hem moeten verbreken, maar dat durfde ik niet. Net zoals mijn moeder dat niet bij mijn vader durfde, en zo vijfentwintig jaar van haar leven bij hem is gebleven.’

‘Dreiging bindt enorm. Je hebt het gevoel dat je niet van iemand af kan komen, je bent bang voor de consequenties. Dat is een enorme macht die iemand over je heeft. En hoe dreigender hij is geweest, des te groter is het gevoel van opluchting als dat weer komt.’

‘Dus dat is het “fijne gevoel” dat mij aan Wim bindt?’

‘Er zullen er ongetwijfeld meer zijn, maar ja, dit is er een van.’

‘Echt ziek.’

‘Het laat zien hoe complex relaties zijn. Hoe je vorm geeft aan relaties in disfunctionele gezinnen. Het is geen gezonde binding.’

‘Ik wil niet op die manier aan hem gebonden zijn. Ik wil daarvanaf. We hebben geen contact meer met elkaar. Daardoor heeft hij ook geen macht meer over mij. Nu zou ik die ongezonde binding moeten kunnen verbreken.’

‘Zonder dat je je daar schuldig over hoeft te voelen.’

‘Ja. Maar hoe?’

‘Door je te realiseren dat het geen gezonde binding is.’

‘Als het me lukt, heb ik in ieder geval één draadje doorgesneden.’

‘Ik gun het je. Zie ik je volgende week weer?’

De Bunker

Iedere keer als ik wegzak, word ik gewekt door de ontsteking in mijn linkerschouder. Het is halfdrie en ik wil om zes uur op. Dan heb ik rustig de tijd voor ik word opgehaald door beveiliging. Ik ben geen langslaper, integendeel. Als ik voor twaalf uur ga slapen, ben ik standaard om één uur wakker en doe daarna geen oog meer dicht. Als ik na twaalven mijn bed in ga, haal ik vierenhalf uur per nacht. Dat is wel het maximale. Mijn biologische klok wekt mij iedere dag uiterlijk om halfvijf: een overblijfsel van die keer in 1983, toen Sonja en ik bruut werden gewekt door het arrestatieteam dat op zoek was naar de daders van de ontvoering van Alfred Heineken. Mijn lichaam besloot sindsdien nooit meer in haar slaap te worden overvallen en wordt iedere dag voor dat tijdstip uit zichzelf wakker.

Het is drie uur. Ik moet de hele dag getuigen, van tien tot vijf. Ik probeer nog even te slapen, ik wil straks wel een beetje fit zijn. Ik ga rechtop in bed zitten om mijn schouder te ontzien en doezel weg. Om halfvijf word ik wakker en sta op. De Dienst Koninklijke en Diplomatieke Beveiliging (DKDB) haalt me om halfnegen op. Ik heb rustig de tijd om te douchen, me aan te kleden en broodjes te smeren. Een paar voor mij, en een paar voor mijn advocaat.

Als ik het sein krijg om naar beneden te gaan, staat er een

Mercedes met daarin twee heren voor mijn deur. Een van hen stapt uit en begeleidt me naar de zwaar bepantserde SUV. Zo te zien een B7-voertuig. Het hoogste protectielevel voor een auto, geschikt om kogels, granaten en andere explosieven buiten de deur te houden. Voldoende PK's om ondanks het hoge extra gewicht van de auto aan gevaarlijke situaties te kunnen ontsnappen en achtervolgers af te kunnen schudden.

In de auto liggen kogelwerende vesten. Om aanslagen onderweg naar de plaats van bestemming te voorkomen rijdt een tweede pantserauto of motor voorop als verkenningsvoertuig en een derde geeft dekking van achteren. Vooraf zijn de rijroutes zorgvuldig uitgestippeld. De route is nooit hetzelfde. Nooit wordt rechtstreeks van A naar B gereden. Altijd zijn er omleidingen. Onderweg wordt niet gestopt.

Omdat de plaats en tijd van mijn verhoor bekend is, is gepantserd vervoer alleen niet voldoende. Zonder te weten wat er op de route en in de omgeving van de plaats van bestemming gebeurt, kan de auto op de weg naar De Bunker klemgereden worden. De hele route naar en de omgeving rondom De Bunker worden daarom voorverkend, geschouwd, in de gaten gehouden. Ik begrijp dat dat gaat via het leggen van zogeheten 'schillen'.

Wij rijden in de eerste schil. De plaats van bestemming, De Bunker, is de tweede schil. De derde schil bestaat uit observatie van de omgeving rondom het gebouw. De vierde schil is het wijkteam dat nog weer breder alles in de gaten houdt, informatie verzamelt, nagaat en controleert. Verdachte auto's worden aangehouden, verdachte personen staande gehouden en verdachte voorwerpen verwijderd. De communicatie van de bestuurder, de bijrijder en 'de schillen' om ons heen verloopt via een radioverbinding. In de auto hoor ik korte aanwijzingen, beperkt overleg: 'Auto voor ons.' Een motor die bij ons hoort rijdt ernaartoe en maakt de weg voor ons vrij. We rijden door een rood stoplicht. De Bunker komt in zicht. De bestuurder krijgt te horen dat hij nog niet naar binnen kan rijden, er staat een voertuig dat ze aan het controleren zijn. We rijden nog een rondje. We krijgen door dat de weg vrij is. Buiten staan honderden mensen. Ze hebben zich vanaf vijf uur in de ochtend verzameld. Camera's staan op de voorruit van de auto gericht. De ramen zijn geblindeerd, maar ik buig voor de zekerheid mijn hoofd. Het beveiligd vervoer rijdt de ondergrondse parkeergarage van De Bunker binnen. Ik moet blijven zitten tot beveiliging de deur voor mij openmaakt. 'Dank jullie wel,' zeg ik tegen mijn chauffeurs.

In de parkeergarage word ik opgewacht door Ronald, het hoofd van onze beveiliging. Ik moet eerst door de scanner – ik vermoed dat deze extra beveiliging is ingevoerd omdat ze bang zijn dat ik een vuurwapen (mijn ex, Mr Smith) stiekem mee naar binnen smokkel.

De scanner geeft aan dat ik schoon ben.

Met de lift word ik naar een wachtruimte gebracht. Het is dezelfde ruimte waar ik twee jaar geleden volledig uit mijn dak ging, omdat ik er – tijdens een eerder getuigenverhoor – tweeënhalf uur opgesloten werd gehouden, terwijl ik in de kamer naast mij Sonja hoorde huilen. De afdruk van mijn schoen zit nog op de deur.

Ik til mijn voet omhoog en laat mijn schoenzool aan Ronald zien: 'Kijk, die afdruk op de deur is van mij. Die zit er nu al twee jaar. Volgens mij wordt hier niet echt goed schoongemaakt.'

Ronald blijft bij me tot mijn advocaat binnenkomt. Hij probeert mij zo veel mogelijk op mijn gemak te stellen: ik moet vooral kalm blijven. Hij kent me langer dan vandaag, en weet dat als ik eenmaal geprikkeld raak, ik begin te praten en niet meer te stoppen ben. Maar zoals ik me nu voel, ben ik allang blij als ik straks ook maar één woord uit kan brengen.

Dan gaat de deur open en kondigt de bode aan dat we zo naar de box kunnen. We moeten even wachten tot alle gangen schoon zijn en ik niet per ongeluk tegen iemand op loop. We kunnen: onder begeleiding van de bode loop ik naar beneden. Mijn advocaat volgt ons. Drie trappen af en een trap omhoog, daar is de getuigenbox, een in elkaar getimmerde cabine. Aan de onderzijde van hout en aan de bovenzijde van glas. Een afgescheiden ruimte aan de zijkant van de ruime zittingszaal. Recht tegenover mij, op zo'n tien meter afstand, zitten aan een langgerekte tafel de drie rechters, de reserverechter die het proces volgt, en in kan springen als een van de rechters uitvalt door ziekte of iets dergelijks, en twee griffiers, die alles noteren wat er gezegd wordt. Links tegenover mij de twee officieren van justitie. Rechts van mij, enkele meters van mij vandaan, zitten Wim en zijn advocaten.

In de cabine staan twee stoelen – meer past er niet in –, een voor mijn advocaat en een voor mij. Op de grond zijn vier stukken zwarte tape geplakt. Ik moet van de bode mijn stoel precies daarop plaatsen. Zo ben ik zichtbaar voor de rechtbank, de officieren van justitie en Wims advocaat. Zij moeten zich een indruk kunnen vormen van mijn non-verbale communicatie.

Wim en ik zijn visueel van elkaar gescheiden door een

glazen wand bekleed met een wit vel papier.

Jij kunt mij niet zien. Ik kan jou niet zien. Maar ik voel je aanwezigheid. Ik hoor je kuchen, je keel schrapen. Je doet het als je zenuwachtig bent. Als je in het nauw zit. Het gaat mij door merg en been, jouw zenuwen raken mijn zenuwen. Elke zenuw. Het doet pijn. Overal.

Hier zit ik dan, in een hok, gevangen in het drama van onze familie.

Ik ben gewend ondergeschikt te zijn aan jou, te moeten doen wat jij wilt. Naar je te luisteren, je nooit tegen te spreken, er vooral geen eigen mening op na te houden. Zodra ik in jouw aanwezigheid verkeer, heb je macht over mij, ben ik hoe jij wilt dat ik ben en doe. Ben ik weer dat kleine zusje. Je wilde niet dat ik het zou halen, om in de rechtszaal te verschijnen. Maar je hebt me het zwijgen niet kunnen opleggen.

Vandaag gaat het beginnen.

De oudste rechter neemt het woord en richt zich tot mij.

'U bent Astrid Holleeder. Mevrouw Holleeder, u moet als getuige de waarheid en niets dan de waarheid verklaren. U dient daartoe de eed of de belofte af te leggen. Wat kiest u?'

'De belofte.'

'Wilt u mij dan nazeggen: "Dat beloof ik".'

Mijn mond is droog, mijn hart bonkt, het zweet breekt me uit. Ik moet nu publiekelijk over jou vertellen, waar jij bij zit. Jij hebt altijd voor mij bepaald wat ik wel en niet over je mocht zeggen, en nu ga ik 'praten'. Ik verbreek de heilige *omerta* ten overstaan van heel Nederland.

Dit ga jij mij nooit vergeven.

Ik voel me duizelig worden, en hou me vast aan het houten blad waar ik aan zit. Niet vallen, nu. Een steek in mijn schouder. Niet aan denken. Ik haal diep adem en doe mijn ogen dicht.

'Dat beloof ik,' hoor ik mezelf zeggen.

'Dan staat u nu onder ede.'

***

'Ben je daar eindelijk? Wat duurde het lang!' roept mijn moeder als ik nog bij de deur sta.

Ik loop de woonkamer binnen.

'Kind, wat zie je eruit.'

'Ik ben kapot. Alles doet zeer.'

'Je trilt helemaal.'

'Ja, ik heb het koud.'

'Laat je voorhoofd eens voelen. Je bent gloeiend heet.'

'Van die ontsteking, denk ik. Ik moet even een paar aspirines nemen, dan knap ik zo weer op.'

'Hoe ging het?'

'Goed, maar vreselijk om te doen. Na twee uur nare dingen over hem zeggen, kan ik mezelf niet meer aanhoren. Mijn mond wordt gortdroog. Ik voel een brok in mijn keel. Het praten doet gewoon zeer en ik ga steeds minder vertellen.'

'Dat is niet goed.'

'Nee, ik weet het.'

'Waarom doe je het dan?'

'Ik vind hem zielig. Ik weet het. Er is iets goed mis met mij. Ik moet hier snel wat aan doen. Ik kan zo niet genoeg strijd leveren. Straks komt hij nog vrij.'

Ze kijkt me angstig aan.

‘Ik ga, mam. Het komt goed.’

Ik rij naar mijn verblijf. In een gepantserde auto, naar een vreemd huis met een vreemde inrichting. Weer een lege nacht en een lege dag tegemoet.

Ik lees het rechtbankverslag van Saskia Belleman terug. Volgens de tekenaars Petra Urban en Aloys Oosterwijk, die beter zicht op jou hadden in de zaal, deed het je wat toen ik zei dat ik je zou moeten haten, maar dat als je nooit meer iets zou doen, ik je vandaag het liefst mee naar huis zou nemen. Je rommelde met bekertjes water, was duidelijk geëmotioneerd.

Misschien dacht jij hetzelfde: wilde je met me mee, samen uit deze gekte stappen, het verleden laten rusten, opnieuw beginnen, alsof er niets is gebeurd.

Iris 3

'Hoe vond je het verhoor gaan?' vraagt Iris.

'Slecht.'

'Ik las het in *Het Parool.* Je zou erudiet formuleren en dan ineens Jordanees, volks en fel, tekeergaan. Nuchter redeneren, en dan intens verdrietig. Snoeihard zijn over je broer, en dan ineens vol medelijden. Het ging kortom een beetje op en neer?'

'Nou, niet een beetje. Ik werd door emoties overmand. Soms lukte het me de controle te bewaren, maar dan kreeg ik weer een vraag of kwam er weer een opmerking, waardoor ik tegen het plafond vloog. Ik ben al twintig jaar advocaat. Ik heb duizenden keren in de rechtszaal gestaan, dan spreek ik Algemeen Beschaafd Nederlands. Maar zodra ik me ertoe laat verleiden met Wim in gesprek te gaan, spreek ik weer plat Jordanees. Net als hij.'

'Waarom doe je dat?'

'Ik wil vooral niet anders zijn dan hij. Ik wil hem niet aftroeven. Maar ik moet. Als ik dat nu niet doe, dan krijg ik niet meer de kans om te zeggen wat ik moet zeggen. Het komt er nu op aan. Ik word nu gehoord, dus ik moet nu presteren.'

'Dan moet je zijn wie je bent, niet wie hij wil dat je bent.'

'Maar eigenlijk wil ik niet zijn wie ik ben.'

'Waarom niet?'

‘Omdat... ik dan nergens anders bij hoor.’

‘Nee?’

‘Nee, dat gevoel heb ik nog steeds. Ik heb zoveel negatieve ervaringen gehad in het verleden. Ik werd eens naar de operatiezaal gebracht voor een kleine ingreep. De anesthesist die op het punt stond mij te verdoven vroeg: “Bent u familie van?” De toon waarop hij dat vroeg, in combinatie met zijn functie, gaf me de kriebels: “Nee. Geen familie,” zei ik toen gehaast. Weet je wat hij zei? “O, het had niet uitgemaakt, hoor. We hadden u toch hetzelfde moeten behandelen. We hebben een eed gezworen.”

De keer dat ik met Menno een kantoorruimte wilde huren voor ons nieuw op te starten kantoor, zei ik hem van tevoren dat hij beter niet mijn naam kon noemen. Dat vond hij onzin, want ik was al vijftien jaar advocaat. Dat zegt toch wel iets. Niet, dus. Ze wilden niet aan een Holleeder verhuren.

En als mijn zitting op de Rechtbank Haarlem begint en de bode roept de zaak uit: “Aanvang zitting met mr. Holleeder!” dan wordt daar direct op gereageerd door een collega-advocaat die schreeuwt: “Holleeder! Zit die niet vast, dan! Ha, ha, ha!”

En dat zijn maar een paar incidentjes die ik zo even noem, waardoor ik niet echt het gevoel krijg dat ik ergens anders bij hoor dan bij mijn verknipte familie. Ook, en misschien juist, bij hem als veroorzaker van dit alles.’

‘Juist bij hem? Voelt dat zo voor jou?’

‘Ja, ik wil nog steeds bij hem horen. Als ik in de rechtszaal naast hem zit, is het alsof er een energetisch veld om ons heen ligt, dat ons met elkaar verbindt. Met mijn verraad heb ik me losgescheurd van die binding, maar zodra ik in zijn omgeving ben vormen we een zelf-reparerend lichaam, als een zeester waarvan de afgerukte arm weer teruggroeit. Dan ben ik weer één met hem en treden alle mechanismen om die eenheid intact te houden weer in werking. Het gaat vanzelf, zoals het proces van regeneratie vanzelf gaat: verliest de salamander een staart dan kiest hij er niet voor die wel of niet aan te laten groeien, het gebeurt gewoon. En dat gebeurt met mij tijdens de zitting. Mijn verstand is niet opgewassen tegen mijn onbewuste verlangen weer een te zijn met hem. Ik weet dat ik alle krankzinnige, negatieve gebeurtenissen moet vertellen om hem veroordeeld te krijgen, maar ik kan alleen maar bij hem horen als ik hem juist tegen die negatieve verklaringen bescherm. Zoals ik hem eigenlijk al mijn hele leven uit de wind houd. Na twee uur over hem praten, wint mijn drang ons verbond te beschermen. De vier uur van het verhoor die overblijven, zijn een gevecht om nog een kwaad woord over hem te zeggen. Met alles wat hij veroorzaakt heeft, hoe kan ik dat zo voelen?'

'Ik denk dat het komt omdat jullie je als kinderen binnen het gezin samen sterk moesten maken ten opzichte van die dreigende vader. Ik denk dat jullie het als kinderen heel erg nodig hebben gehad om die steun van elkaar te voelen. Jullie hadden geen vriendjes of vriendinnetjes op school met wie je kon bespreken wat er aan de hand was, omdat je wist: ik kan nooit naar buiten met wat hier gebeurt. Wat jullie als gezin is overkomen, daar mocht vooral niet over gesproken worden. Je hebt geen vrijheid om naar buiten te kijken. Dus je blijft alleen maar met elkaar in dat kleine huisje en je bent afhankelijk van elkaar. En niemand anders telt mee.'

'Dat is het gevoel dat ik heb. Dat eigenlijk niemand meetelt, behalve Sonja, Wim, Gerard en ik. Er is niemand die kan tippen aan de band die wij hebben. Wij laten elkaar altijd voorgaan. Geen partner komt daartussen. Kijk naar Sonja en Wim. Wim heeft wel kinderen bij vrouwen, maar nooit een gezinsleven. Dat gezinsleven waren wij. Wim was onderdeel van het gezin van Sonja. Bijna alsof zij met Cor een driehoeksrelatie vormden. Wim at niet bij zijn vrouw, Wim at bij Sonja. En kijk hoelang Sonja geprobeerd heeft tussen Cor en Wim te schipperen. Hopen dat het goed kwam, omdat ze de band met Wim niet kon verbreken. En hij niet met haar, zijn relatie met Cor was voorbij, maar hij bleef komen. Het is zo'n sterk gevoel. Hij was ook oprecht verontwaardigd dat Sonja tegen hem getuigde, ondanks hoe hij met Cor is omgegaan. Omdat onze band altijd sterker is dan de band met een partner.'

'Jullie vormden een gezin binnen het gezin.'

'En ik heb dat nest nooit verlaten. Zij waren mijn gezinsleven met Wim aan het hoofd. Wij waren zijn gezin.'

'En door tegen hem te getuigen plaatsen jullie hem buiten jullie "gezin".'

'Ja, en nu is hij helemaal alleen en dat vind ik vreselijk voor hem.'

'Maar als hij niet zo tekeer was gegaan, jullie niet zo in zijn leven had meegesleurd, dan was dit allemaal niet gebeurd.'

'Dat maakt hem niet minder alleen. Weet je wat hij zei toen hij hoorde dat we tegen hem getuigd hadden? Het was het ergste dat hem in zijn leven was overkomen. Weet je hoe dat voelt als hij dat zegt? We hebben hem in de steek gelaten. Ik kan het gevoel dat hij nu helemaal alleen is niet aan.'

'Maar het is ook een kind-gevoel. Een gevoel dat hoort bij jullie kindertijd. Jullie steunen elkaar nog vanuit dat kindzijn. Onder die volwassen steun ligt een hele grote, diepe kinderangst. De angst voor die dreigende vader. Maar daar hoef je niet meer bang voor te zijn. Je bent nu volwassen. Jullie hebben elkaar niet meer nodig om samen sterk te staan tegenover je vader. Wim heeft jullie niet meer nodig om sterk te staan tegenover je vader. Je vader is er niet meer.'

'Jawel, mijn vader zit in Wim. En wij laten hem nu alleen bij hem achter.'

***

Onderweg terug naar mijn onderkomen leidt het gesprek met Iris me weer naar vroeger.

'Assie, poets mijn schoenen effe. Ik moet zo weg.'

'Er mankeert je toch niks aan je handjes?'

'Poets mijn schoenen!'

'Nee, commandeer je hondje en blaf zelf.'

'Kutkind. Ma! Poets jij mijn schoenen effe!'

Mijn moeder poetst zijn zwarte instappers. Hij kijkt toe en wendt zich dan tot mij.

'Ik ga morgen met Gerard naar de film. Wil je ook mee?'

'Ja!' roep ik blij.

'Gaan we naar Herbie?' vraagt Gerard. 'Dat is een Volkswagen die kan praten.'

Ik vond alles best. Mijn ouders deden niet aan uitjes. Mijn vader deed helemaal niet aan gezelligheid.

De volgende ochtend stond ik vrolijk op. Vanmiddag was het zover. De uren kropen voorbij. De bel ging. Hij was er! Gerard rende naar beneden, ik vlug achter hem aan. Beneden bij de deur stond Wim. Hij hield me tegen. 'Waar ga jij heen?'

'We gaan toch naar de film?' vroeg ik.

'Ja, wíj gaan naar de film. Jíj niet. Jij blijft thuis.'

Samen met Gerard liep hij weg. Sonja volgde hem, ik bleef achter bij mijn vader.

Met z'n vieren waren we samen bang voor hem. Nu was ik alleen bang. Ik verstopte me in huis en wachtte tot ze terugkwamen.

Als kinderen waren we verbonden in de angst voor onze vader. Maar sinds jij zoals papa bent geworden, sta jij alleen in de angst die we voor jou voelen.

Mama I

'Waar is mijn eierkoker? En de peper en zout? Ik kan niks meer vinden. Waar hebben jullie alles gelaten?'

De paniek staat in mijn moeders ogen. We hebben alles voor haar gedaan, omdat ze zelf nagenoeg niets meer kan. Uitruimen, inpakken, inruimen. Het moest snel, en het is niet zoals ze het in haar oude huis gewend was.

Het drijft haar tot wanhoop, alles drijft haar tot wanhoop. Ze is tweeëntachtig en uit haar vertrouwde omgeving gehaald. Weg bij haar buurtjes, net als zij Jordanees in hart en nieren. Ze heeft geen afscheid van ze kunnen nemen, heeft niemand kunnen vertellen dat ze ging verhuizen, want dan was bekend dat ze weg zou gaan en was het een kwestie van observeren waar de verhuiswagen naartoe zou rijden. Veel van haar spullen moesten achterblijven, en daar had ze geen zeggenschap in gehad. Alle beslissingen zijn voor haar genomen, ze is de controle over haar leven kwijt.

De buurvrouw van een appartement verder tikt op het raam.

'De hele dag klopt ze op mijn raam,' zucht mama geërgerd. 'Er wonen hier alleen maar oude mensen. Ze praten anders. De humor is anders. Het is mijn slag niet.'

Haar handen trillen, ze bijt op haar lip.

'We hebben toch geen keus, mam? Je kon daar toch niet

blijven?' probeer ik haar leed te verzachten.

'Dat weet ik, maar ik kan hier niet aarden. Ik mis mijn oude buurtjes. Ik mis Annie.' Ze mag niemand vertellen waar ze woont. 'Ik ben iedereen kwijt,' zegt ze zacht.

'Je kunt ze toch bellen, mam?'

'Wat moet ik dan zeggen, als ze vragen waar ik woon? Als ik dat zeg, heeft verhuizen geen zin gehad. Zo is de Jordaan, As. Alles gaat als een lopend vuurtje.'

'Wat wil je dan, mam? Wil je terug? Dan gaan we dat regelen. Het heeft geen zin dat je hier verpietert, die laatste paar jaar die je nog hebt.'

Ze kijkt zwijgend voor zich uit. 'Ik zeg maar gewoon dat ik in de Reinier Claeszenstraat woon, of in de Marco Polostraat. Daar heb ik gewoond, en dan weet ik waar ik het over heb.'

Over alles wat vanzelfsprekend hoort te zijn, moet zij nadenken. Haar sociale omgeving was met de geheimen uit het verleden meegegroeid. De nieuwe geheimen dwongen haar die sociale omgeving achter te laten. Ik ben bang dat we een verkeerde beslissing hebben genomen.

Een oude boom kun je niet verplaatsen.

Ik had het moeten weten, ik heb zelf ook zo'n moeite gehad mijn huis in de Scheldestraat achter te laten, en voel me tot op de dag van vandaag nog steeds ontheemd. Je vergroeit in de loop der jaren met je huis en je buurt. Jezelf daarvan los moeten rukken laat diepe wonden achter en het is de vraag of zij daar, op haar leeftijd, nog van herstelt.

Elke zaterdag liep ze met haar rollator naar de markt op de Lindengracht. Stapje voor stapje. Heel langzaam, omdat haar knieën niet meer zo willen, en ze geen gevoel heeft in haar voeten. De rollator is haar houvast. Ze deed er een uur over om er te komen, zestig kwetsbare minuten heen en zestig terug. Onderweg werd ze aangesproken door een man van middelbare leeftijd.

'Ik ben een vriend van Willem. Wilt u een kopje koffie, mevrouw?'

'Nee,' had ze gezegd en ze had zich zo snel als ze kon uit de voeten gemaakt, een slakkengangetje met haar gevoelloze voeten. En al die tijd was ze angstig. Wat wilde die vent van haar? Misschien was het aardig bedoeld, maar haar hele interne systeem stond op wantrouwen. Ze wist dat ze niet in de Jordaan kon blijven wonen. Bekenden van Wim woonden er of kwamen daar in de kroegen op de Westerstraat. Mensen die hem misschien nog steeds goedgezind waren.

Nu was er een woning waar ze naartoe kon. Moest. Ze deed het. Voor ons, omdat wij anders niet meer langs konden komen. Ze wil niet, maar ze kan niet anders dan zich eraan overgeven.

'Laat het verleden los,' probeer ik.

Maar ze ís haar verleden. Tweeëntachtig jaar aan verleden. Hoe kan ik haar vragen dat los te laten?

De volgende dag kom ik boodschappen brengen. Ze zit aan tafel zenuwachtig met haar handen te draaien. De tranen staan in haar ogen. Het schilderij van al haar kleinkinderen hangt aan de muur. Een cadeau voor haar vijfenzeventigste verjaardag.

'Ik ken haar! Zij is van de televisie,' had de tapijtlegger geroepen.

'Moet ik nu weer gaan verhuizen?' vraagt ze.

‘Wat was het voor type dat je binnen had?’

‘Een nette jongen,’ zegt ze.

‘Dan hoef je je geen zorgen te maken. Die mensen staan aan de goede kant van de samenleving. Die beschermen je juist.’

‘Denk je?’

‘Ik weet het zeker. Ik maak het dagelijks mee. Mensen die erachter komen wie je bent en alleen maar behulpzaam zijn. Er zijn ook heel veel goede mensen, mam. Jij hebt altijd alleen maar de slechte kant gezien.’

‘Dit was ook een schattig joch.’

‘Daarom. Relax. Maar ik haal het schilderij voorlopig wel even van de muur. Totdat je helemaal gesetteld bent.’

Als ik wegga, zit ze weer aan haar tafel en kijkt zwijgend voor zich uit. Ik heb haar nog nooit zo gezien, de strijdlust lijkt uit haar verdwenen. We hebben haar verpot, van de warme aarde in bevroren grond. Ik kan haar zo niet achterlaten.

‘Kom op, mam. We gaan er even op uit.’

‘Wat gaan we doen, dan?’

‘We gaan even naar de IKEA. Kijken naar spulletjes die je nog nodig hebt. Dan kun je die zelf uitzoeken.’

‘Kan dat wel met jou?’

‘Tuurlijk, maak je geen zorgen.’ Ik til mijn trui op. ‘Ik heb mijn vest toch aan.’

‘Ik heb ook zoiets,’ zegt ze en wijst op haar korset, dat aan de stoel hangt.

Ik lach. ‘Dit is toch een beetje anders, mam.’

‘Maar hier zit ijzer in. Kijk, ijzer.’

‘Maar dat zit alleen bij de ballijnen, dit vest is helemaal van kevlar, het beschermt al je vitale organen. Bij jouw korset schieten ze overal tussendoor. Daar heb je niets aan. Maar wil je zoiets als ik heb?'

'Nou, ik hou jullie altijd zo op. Omdat ik niet goed meer kan lopen. En ja...'

Het is voor het eerst dat ze aan zichzelf denkt. Ik realiseer me dat zij ook bang is. Bang voor het vertraagd in- en uitstappen, en wat er in die tussentijd kan gebeuren. Waarom ben ik me daar niet bewust van geweest?

'Ik regel het, mam. Jij krijgt er ook zo een als wij.'

Ze knikt tevreden en trekt het korset aan dat haar ruggengraat verstevigt, doet de brace om die haar knie ondersteunt, trekt haar kleding eroverheen aan, dan haar jas en ze is klaar voor vertrek.

Op weg naar de IKEA zie ik niets vreemds achter me. Ik rij als enige de parkeerplaats op, ik denk niet dat ik ben gevolgd. Ik stel me in op een gezellig dagje met mama en laat alles even los.

In de IKEA haal ik eerst een rolstoel. Mijn moeder laat het gebeuren, verzet zich voor het eerst niet tegen de confrontatie met het feit dat ze zelf niet meer kan lopen. Het valt me op.

'Gas erop,' zegt ze.

Lachend rijden we naar de lift om naar de eerste etage te gaan.

'Kom op, eerst even een paar Zweedse gehaktballetjes.'

'Doe mij dan een frietje,' zegt ze.

We lopen het restaurant in. Ik scan de ruimte, geen bekenden. We hebben er allebei zin in, en met een blad vol eten en drinken op haar schoot rijden we door het restaurant naar de kassa. Ik betaal, rij haar naar een tafel en ga tegenover haar zitten. Haar stemming is opgewekt. Ik hou de ingang van het restaurant in de gaten, niets vreemds. We hebben allebei flinke trek. Ze is uitgelaten. Blij.

Ik haalde haar vroeger vaak op. Reed ze mee, als ik een cliënt in Groningen of Roermond moest bezoeken. Voor de gezelligheid. Lekker uren samen in de auto, langs de McDrive, een hamburger eten.

Vandaag genieten we weer ouderwets van elkaars gezelschap. De wereld om ons heen sluiten we buiten.

'Nog een bakkie, mam?' Ik kijk langs haar heen. Een onguur type. Kijkt niet-zoekend. Is niets.

'Ik heb genoeg koffie gehad vandaag.'

'Een ijsje dan?'

'Zo meteen.'

Dan voel ik een hand om mijn nek. Een omhelzing. Ik schrik me wezenloos. Een stem.

'Hé, wat leuk. Wat fijn dat ik je zie, Assie.'

Ik draai mijn hoofd naar links. Het is Irene. Mijn kleine, grote vriendin. 'Hé, wat leuk dat jij hier ook bent!'

Kom ik toch een bekende tegen. Daarom doe ik dit liever niet. Het is gelukkig Irene, en van haar heb ik niks verkeerds te verwachten, maar het kan ook zomaar iemand anders zijn.

Ik zet me eroverheen. Vandaag draait om mama. Mijn moeder is blij om Irene te zien, ze is dol op haar. Voor haar is dit de kers op de taart.

'Míjn moeder is er ook!' zegt Irene opgetogen. Nog meer leuk nieuws. Irenes moeder is mijn moeders vriendin. Jaar in jaar uit zaten ze ons, samen op de tribune, aan te moedigen als we een basketbalwedstrijd speelden.

Irene roept haar moeder. Dat trekt aandacht. Ik kijk rond. Ik zie niets alarmerends. Irenes moeder loopt naar ons toe. We omhelzen elkaar. Normaal ga ik daarna weg, weg uit de publieke ruimte waar ik ben herkend.

Ik kijk naar mama. Ze straalt.

Ik blijf.

'Kom gezellig bij ons zitten,' zeg ik.

'Ja, leuk,' zegt Irene. 'Ik haal even ons eten.'

We kletsen. Het is zo gezellig, en warm. Ik mis dit. Ik kijk op mijn telefoon. We zitten al een uur. Te lang op dezelfde plek, het is tijd om weg te gaan, maar ik blijf zitten en geniet van mijn moeder, mijn vriendin en haar lieve moeder.

Vandaag is ook mijn dag.

Terug in de auto rij ik de garage uit. Niets achter me, ik ben ontspannen. Mijn moeder is ontspannen. Ik app Miljuschka.

'Kan ik even langskomen? Ik heb oma bij me, dan kan ze de kleintjes weer even zien.'

'Kom maar,' appt ze terug.

Ik app Francis en vraag of ze ook komt.

Bij Miljuschka hebben we weer eens een heerlijk samenkomen met de familie: we eten, drinken, lachen en hebben elkaar lief. Buiten is het inmiddels donker, ik moet mama nog naar huis brengen.

Onderweg zit ze naast me te glunderen, we zijn allebei dronken van plezier, we kletsen nog steeds aan een stuk door. We lachen. Ik let niet op of er iemand achter me zit. Voor me ligt de rotonde. Ik moet rechtdoor. Als ik de rotonde nader, kijk ik voor het eerst in mijn achteruitkijkspiegel. Een motor loopt met hoge snelheid op me in. Een sportmotor, met hoge achterkant. De bestuurder draagt een zwarte helm, zijn passagier zit hoger en kijkt langs zijn schouder heen. Hij draagt geen helm. Het geeft me een onbehaaglijk gevoel.

Ik moet wachten voordat ik de rotonde op kan. De motor is bijna bij me. Ik kan rijden en geef flink gas. Iets in mij wil de motor voor blijven. Bij het verlaten van de rotonde probeert de motor naast me te komen. Die kans geef ik hem niet en trek door. Ik blijf hem nog steeds voor. In de verte zie ik een rij auto's voor het stoplicht staan. Daar kom ik stil te staan en dan haalt de motor me in. Ik voel dat ik in de problemen zit. Ik kijk naar mijn moeder naast me.

'Mam,' zeg ik, 'die motor achter ons, dat is niet goed.'

Ze kijkt om en wordt zenuwachtig.

Ik moet hem afschudden. In mijn achteruitkijkspiegel zie ik de jongen zonder helm druk heen en weer bewegen. Op de andere weghelft komt een auto me tegemoet. Eentje maar. Als die voorbij is, kan ik een U-bocht maken. Als de motor dan doorrijdt is er niets aan de hand. Als hij ook keert, heb ik echt een probleem.

Ik minder snelheid, laat de tegenligger passeren, gooi het stuur om en keer de auto zo snel mogelijk. Ik kijk naar links, de motor stopt. Achterop zit de jongen zonder helm. Een ielig ventje. Ik kijk hem aan: groezelig uiterlijk, smal gezicht, stoppelbaardje. Hij kijkt naar mij, schreeuwt tegelijkertijd tegen de bestuurder en tilt iets in zijn rechterhand omhoog. Het is donker en ik kan niet zien wat het is. De bestuurder is bezig de motor te draaien.

'Ze keren ook, mam, dit is foute boel.'

Ik moet weg zien te komen. Ik schakel de auto door. Mijn handen trillen. Ik geef gas terug, richting de rotonde. Ik wil hem tegen het verkeer in nemen, in de hoop ze af te schudden, maar er komt een auto de rotonde op rijden.

112 bellen, zegt mijn beveiliger Ronald altijd, dat is het snelste: 112 bellen.

Daar heb ik niets aan, dat duurt te lang.

'We gaan het niet redden, mam,' zeg ik tegen mijn moeder. Ik kijk naar haar. Ineengekrompen, angstig.

Was ik maar alleen.

Ik nader de rotonde, schiet de weg weer op en geef zo veel mogelijk gas. In de verte staat een rij auto's voor het rode stoplicht rechtdoor. Geen auto voor het rode stoplicht linksaf. Ik sorteer links voor. Door rood rijden gaat niet. Ik kruis een drukke weg. Ik zie ze niet meer achter me, maar ik ben bang dat ze zo weer op me inlopen. Het stoplicht voor rechtdoor schiet op groen. Ik geef gas en duik voor de andere auto's naar de andere rijbaan. Ik kan niets anders bedenken dan door te rijden naar Sonja. Ik bel haar.

'Ik ben achternagezeten door een motor. Ik weet niet of ze nog terugkomen. Kom mama uit de auto halen.'

Ik parkeer voor de deur.

'Ga! Ga!' schreeuwt mijn moeder. 'Ze moeten jou hebben. Ik kom er zelf wel uit.'

Sonja is al bij de auto. 'Ga jij naar binnen! Ik neem mama mee.'

Ik stap uit en ren naar binnen. Even later komen Sonja en mijn moeder. Ik tril over mijn hele lichaam.

'Dit was niet goed, Son! Dit was echt niet goed. Ik keek hem recht in zijn snoet. Niet ouder dan twintig. Een brutale blik. Ik kon alleen maar denken: dat pleurisjochie wil me vermoorden. Ik was woest. En zo bang.'

Sonja en ik analyseren wat er zojuist is gebeurd. Was het wel een gerichte actie op mij? Misschien is het toeval dat zij die U-bocht ook namen, moesten ze om een heel andere reden terugdraaien. Die gerichte blik blijft me bij. Zijn lichaamstaal. Maar zeker weten zal ik het nooit. Dat is nog het ergste. Pas wanneer je het niet meer kunt weten, is het zeker. Zolang ik het niet zeker weet, moet ik ervan uitgaan dat ik de gebeurtenis verkeerd heb geïnterpreteerd, het zien als een leermoment.

Ik sloeg instinctief op de vlucht. Dat had ik niet moeten doen. Ik had rustig moeten afwachten. Ik zit in een kogelwerende auto. Ik had ze moeten laten komen en ze dan van de weg af rijden. De auto is mijn wapen.

Maar ik vluchtte. Dat gebeurt me niet meer.

'Heb je het wel gezellig gehad vandaag, mam?'

'Ik heb een heerlijke dag gehad, As. Ouderwets gezellig.'

Sonja & Sandra

'Zou je voortaan alsjeblieft aan de consequenties willen denken, voordat je weer besluit hem zielig te vinden?' zegt Sandra cynisch – haar sterkste kant.

'Ik besluit dat niet San, ik voel dat.'

'Ja, dat bedoel ik dus. Doe maar niet meer.'

'Jij bent echt niet goed bij je hoofd, hoor,' valt Sonja haar bij.

'Ik begrijp ook wel dat het niet helemaal spoort.'

'Nou ja, je mag hem van mij wel zielig vinden, als het maar niet in de weg staat van je getuigenissen. Als jij terughoudend bent, zoals je zegt, dan kun je daar op langere termijn weleens heel veel spijt van krijgen.'

'Of hij nou buiten loopt of vastzit, ik zie het verschil niet.'

'Nou, dat ben ik niet met je eens. Je ziet dat ze zijn eerdere plannetje om jullie om te leggen ook stuk hebben gemaakt. Er is toch toezicht op hem. En sinds die keer helemaal.'

'Maar straks is hij uit de EBI, komt hij in een normaal regime en dan regelt hij het ook zo.'

'Dat ben ik weer niet met je eens. Als hij vrijkomt heeft hij toch altijd meer mogelijkheden, kan hij veel makkelijker met de juiste mensen contact opnemen, dan zoekt hij zo weer iedereen op. Nu wordt hij toch een beetje gehinderd.'

'Zo is het, As,' beaamt Sonja.

‘En je hebt ook een verantwoordelijkheid naar Rich, Fran, Son en mij toe.’

‘Ik weet het.’

Die meiden hebben gelijk. Ik moet stoppen hem zielig te vinden.

Richie 1

'Kun jij die kist even voor me pakken, Rich?' vraag ik en wijs omhoog.

'Die?'

'Ja, die bovenste. Ik kan er niet bij.'

Hij strekt zijn armen tot twee meter vijfendertig en houdt de kist boven zijn hoofd.

'Zet 'm maar op de grond.'

We staan in de opslagruimte die ik heb gehuurd, een ruimte van vier bij vier meter. We zijn ingebouwd door kisten langs de wanden, die tot aan het plafond zijn opgestapeld. We passen net samen met de kist in de open ruimte die overblijft.

Ik heb wat oude bureauspullen nodig voor in mijn verblijf, maar deze kist is gevuld met ordners.

'Dit is 'm niet. Wil je die even pakken? Volgens mij zit het daar in.'

Opnieuw strekt hij zijn lange lichaam. Hij haalt hoogtes waar ik een ladder voor nodig heb.

'Ja, die is het. Ik neem alleen mee wat ik nu nodig heb. Dan hoeven we niet die hele kist mee te nemen.'

Ik pak er een nietmachine en een stapel dossiermappen uit en stop alles in de tas. Bij de volgende stapel mappen die ik pak valt een dossier op de grond. Drie centimeter dik, bij elkaar gehouden door alleen een binder. Ik herken het onmiddellijk. Richie wil het pakken.

'Nee, blijf af! Ik heb het al,' zeg ik gehaast.

'O, sorry!' zegt hij geschrokken. 'Ik wilde alleen maar helpen.'

'Nee, ik moet sorry zeggen. Ik reageerde overdreven.'

'Is niet erg,' zegt hij luchtig. 'Zeg me maar wat ik moet doen.'

Ik stop het dossier snel tussen de andere ordners in de tas. 'Wil jij de tas dragen, lieverd?'

'Tuurlijk.'

Hij draagt de tas naar de auto en we nemen afscheid.

'Misschien tot morgen. Dank voor je hulp.'

'Zie je snel.'

***

Thuis aangekomen pak ik het dossier dat hij niet mocht zien. Het is veertien jaar geleden dat ik het voor het laatst las.

Ik begin opnieuw te lezen.

Sectie 2003-040 op het lijk van een man met 3 achtergebleven kogels en 13 schotkanalen, waarvan de belangrijkste waren:

a. Inschot behaarde hoofd links achter met gedeeltelijke verscheuring van de halsslagader links, beschadiging van het borstbeen en een kogel in de weke delen van de borstkas juist rechts van het midden. Schotkanaal van boven naar voetwaarts, buikwaarts en iets naar rechts.

b. Inschot bovenzijde behaarde hoofd met perforatie van de hersenen, breuken van het schedeldak en de beide oogkassen, perforatie van de schedelbasis, breuken van de neus en de bovenkaak en uitschot naast de linker bovenlip. Schot-

kanaal verlopend van boven naar voetwaarts, naar buikwaarts en naar rechts.

c. *Inschot zijkant hals/bovenzijde schouder links met perforatie de bovenzijde van de borstkas links, het hartzakje (2x) en de rechterboezem van het hart (2x) naar de voorzijde van de borstkas links.*

d. *Inschot bovenzijde schouder links met perforatie van de bovenzijde van de borstkas links en de linkerlong (2x) naar de voorzijde van de borstkas links.*

e. *Inschot buitenzijde bovenarm links (inschot) met perforatie van de 3e rib links, schamping van de linkerlong, perforatie van het middenrif links boven, de lever (2x), de maag (2x), de dunne darm (3x) en een kogel in de buikwand rechts.*

Conclusie: Bij sectie werden 13 schotkanalen gezien, waarbij 5 van deze schotkanalen inwendige organen en hersenen perforeerden. Deze letsels zijn bij het leven ontstaan en verklaren het overlijden volledig door verbloeding en hersen- en weefselschade.

'Heeft hij pijn gehad?' had Francis me na zijn overlijden gevraagd.

'Nee, Fran. Hij heeft geen pijn gehad. Daarvoor ging het allemaal te snel.'

'Hoe weet je dat?'

'Dat weet ik, Fran. Dat moet je maar van me aannemen.'

Het sectierapport was duidelijk. Cor had de tijd niet gehad om pijn te lijden.

Misschien moest het zo zijn dat ik het juist nu weer onder ogen krijg. Een realitycheck. Ik bel Son.

'Ik kom even naar je toe. Oké?'
'Is goed.'

'Lees dit eens.' Ik geef haar het sectierapport.
Ik zie haar ogen groter worden, ze is verbijsterd. 'Hoe kom je hieraan?'
'Dit heb ik al heel lang. Ik wilde weten hoe Cor aan zijn einde was gekomen.'
'Dit is vreselijk, As. Hier staat: breuken van het schedeldak en de beide oogkassen, breuken van de neus en de bovenkaak. Ik heb elke dag zijn haar gekamd, zijn gezicht gekust. Ik heb dat helemaal niet gezien toen hij lag opgebaard. Hoe kan dat nou?'
'Ze hebben hem mooi gemaakt. Ik denk dat het daarom zo lang duurde voordat we hem mochten zien.'
'Dertien kogels. Alles in zijn lichaam is kapotgeschoten. Ik krijg dit nooit meer uit mijn hoofd.'
'Ik wil juist alles onthouden. Morgen moet ik weer getuigen. Ik ga dit uit mijn hoofd leren.'
'Je bent niet goed.'
'Ik wil hem niet weer zielig vinden als ik daar zit.'
'Sorry, maar ik kan hier niks mee. Maar als jij denkt dat het helpt...'
'Ik denk het. Ik ga nu.'
'Succes, zusje.'
'Ik doe mijn best.'

Thuis begin ik het sectierapport uit mijn hoofd te leren. Dit zal mijn mantra worden bij mijn volgende verhoor, al repeterend val ik in slaap.

Diep in de nacht loopt hij op me af. 'Assie! Fijn je weer te zien.'

Hij omhelst me, achter zijn oor zie ik een gat.

'Wat heb je, Cor?'

'Wat, waar?'

'Daar, achter bij je oor.' Hij voelt met zijn hand en zijn pink valt naast hem op de grond.

'Cor, je vinger.'

Lachend buigt hij zijn hoofd naar voren en kijkt naar de grond. Door een gapend gat in zijn schedel zie ik zijn hersenen. Hij kijkt lachend weer omhoog.

'Ik moet er weer vandoor. Kus.'

Ik geef hem een kus naast het gat in zijn rechterwang. Hij veegt een traan van mijn gezicht. 'Maak je niet druk, Assie. Alles komt goed.'

Hij draait zich om en loopt weg.

Miljuschka 2

'Son komt ook. Vind je dat goed?' vraag ik aan Miljuschka.

'Nee, ik heb geen zin in haar. Ik wil even met jou samen zijn. Dat is toch niet te veel gevraagd? Ik moet jou al mijn hele leven met haar en haar problemen delen.'

'Oké.'

'Ik hou echt van haar, maar soms haat ik haar ook. Ze heeft jouw leven, en daarmee ook dat van mij bepaald. En dat zit me momenteel erg hoog, dus nu even geen Sonja.'

'Maar daar heb ik zelf voor gekozen,' antwoord ik.

'Maar je had die keuze niet hoeven maken als zij de omstandigheden niet had gecreëerd.'

'Dan nog heb ik daar zelf voor gekozen,' zeg ik om de schijn van zeggenschap over mijn eigen leven nog enigszins op te houden, maar ik weet beter. Het is nooit anders geweest.

'Wil je alsjeblieft mee, As? Alsjeblieft? Ik durf niet te rijden,' smeekte Sonja.

'Ik kan niet, Son, ik ga met Mil naar de dierentuin.'

'As, ga alsjeblieft met me mee. Mama wil niet. Ik heb niemand anders.'

'Dan ga je maar niet.'

'Maar je weet toch hoe Cor is? Als ik niet ga, gaat hij weer de hele avond zuipen. Je weet toch hoe vreselijk Rich het vindt als zijn vader dronken is?'

'Nee, Son, ik ben eindelijk een uurtje vrij, dat wil ik met Mil doorbrengen.' Soms deed ik een poging voet bij stuk te houden.

Zodra ik de telefoon had opgehangen, voelde ik me ellendig. Ik liet haar in de steek. Wat als er wel iets met haar gebeurde?

'Zullen we met Son meegaan? Die mensen waar we heen gaan hebben een zwembad,' zei ik tegen Miljuschka.

'We zouden toch naar de dierentuin gaan?'

'Nou, Son vroeg me of we met haar meegingen. Ze durft niet alleen te zijn.'

'Dan gaat ze toch met ons mee?'

'Nee, want Son moet bij Cor blijven.'

Een allesverterend schuldgevoel maakte dat ik op mijn enige vrije dag met mijn kind bij Sonja in de auto zat, op weg naar mensen voor wie ik niet had gekozen.

Miljuschka was een makkelijk kind. Schikte zich overal in, zag overal het plezier van in, maar ik voelde dat ik haar tekortdeed als ik mijn familie weer eens voor liet gaan. Ze heeft het me nooit verweten, maar naarmate ze ouder werd zag ze heel duidelijk hoe de familiegeschiedenis de rolverdeling binnen ons gezin had bepaald en welk effect dat op onze relatie had.

Dat wij gingen getuigen was zo'n effect. Het zou een enorme impact hebben op haar, en op onze relatie.

Ik zit ondergedoken, maar als Bekende Nederlander is zij makkelijk benaderbaar: ze wordt overladen met een stroom aan positieve berichten. Maar er zijn ook negatieve kanten.

'Mam, ik moet je nog wat vertellen. Eergisteren reed ik in de auto en toen stopte er links van mij een wagen met daarin twee mannen. Een wat ouder en een jongere. Die jongere riep: "Kun je even je raampje naar beneden doen, ik wil je wat vragen." Dus ik deed mijn raampje naar beneden.'

'En toen?'

'Hij vroeg: "Jij bent toch Miljuschka?" En toen begon hij heel agressief te schreeuwen: "Je moeder is een vuile kankerhoer, wat ze bij haar broer doet. Jullie zijn kankerhoeren! Vieze kanker-NSB'ers!'

'Hoe heb je daarop gereageerd?'

'Ik reed gelijk weg toen het groen was, en toen probeerde hij me af te snijden.'

'Waarom heb je me dat niet verteld?'

'Omdat ik bang was dat je dan vandaag niet zou komen opdagen.'

'Dat soort dingen mag je niet voor me verzwijgen, Mil.'

'Maar ik heb wel meteen beveiliging gebeld en met hen overlegd. Zij namen het over. Ik heb ook met hen besproken dat ik het niet aan jou zou vertellen.'

'Toch mag je dat niet meer doen. Ik moet weten wat er speelt anders kan ik de situatie niet inschatten, dat weet je toch?'

'Ja mam, maar ik wil ook graag eens met je eten.'

'Ik snap het, maar zo belangrijk is eten nou ook weer niet.'

'Nee, en jouw verjaardag ook niet en oma's verjaardag ook niet en Sonja's verjaardag ook niet.' De tranen staan in haar ogen. 'Sorry, maar af en toe heb ik er gewoon genoeg van.'

'Je mag er ook af en toe genoeg van hebben.'

'Ik word uit het niets uitgescholden door twee idioten. Omdat jij doet wat rechtvaardig is. Ik kan dat gewoon niet begrijpen! Je helpt bij het oplossen van zes moorden en daar lever je je eigen leven voor in. Hoe kunnen mensen dan zo reageren? Ik kan daar met mijn verstand niet bij.'

'Dat is ook niet te begrijpen. Maar hé, daar gaan we onze dag toch niet door laten verpesten? Kom op, ik ben er en we gaan lekker de keuken in!'

TWEEDE VERHOOR

Oma, je liegt

'Oma, hier staat dat je liegt,' zegt Storm. Hij komt met zijn telefoon naar me toe.

'Ja, ik zie het,' antwoord ik en pak mijn notitieboekje. Ik schrijf er iets in en geef het aan hem. 'En wat staat hier?'

Hij lacht. 'Dat de Eiffeltoren van jou is.'

'Heel goed. Is dat zo?'

'Nee,' zegt hij heel beslist.

'Precies. Niet alles wat wordt opgeschreven is waar.'

'Maar hoe weet je dan wat wel waar is?'

'Jij weet dat de Eiffeltoren niet van mij is, omdat jij me kent. Ik weet wanneer jij niet de waarheid spreekt, omdat ik dat onmiddellijk aan het krullen van je neusje zie, zo goed ken ik jou.'

'Ja.'

'Zo simpel is het eigenlijk. Als mensen iets over je zeggen, zonder dat ze je echt kennen, is de kans groot dat ze ernaast zitten. Dat is hier ook het geval.'

'Jouw broer zegt ook dat je liegt, en hij kent jou heel goed.'

'Ja, dat klopt. Maar hij zegt dat, omdat hij niet kan aanhoren hoe goed ik hem ken.'

'Maar als mensen elkaar goed kennen, hoe weet je dan of wat ze zeggen waar is?'

'Dat is lastig. Hij en ik weten wat waar is. Wij kennen de

waarheid. Maar dat wij de waarheid kennen, betekent nog niet dat wij die waarheid ook vertellen. Of mensen dat doen is vaak afhankelijk van wat ze het beste uitkomt.'

Hij kijkt me ernstig aan.

'Laat ik je een voorbeeld geven. Jij mag iedere dag een halfuur gamen. Game je langer, dan mag je de volgende dag niet gamen. Jij weet dat je een kwartiertje hebt gepikt. Ik heb dat ook gezien. Als mama jou vraagt of je langer dan een halfuur hebt gegamed en jij zegt "nee", weten jij en ik dat dat niet waar is, want wij kennen de waarheid.'

'Ja.'

'Maar nu komt het. Ik zeg tegen mama dat jij liegt. Jij zegt "niet waar, oma liegt", want jij wil morgen gewoon weer gamen. Wat dan?'

'Dan kijkt mama naar mijn neus en ziet ze dat ie krult?'

'Juist! En in het geval van Wim en mij doet de rechter dat.'

'Kan die zien of Wims neus krult?'

'Ja, dat is zijn werk.'

Wandelen

Sandra appt: 'Koffie?'

Het betekent: Wim is hier, kom even.

Ik app terug: 'Nu?'

'Ja.'

In de gang staat hij me al op te wachten en knikt naar buiten. Het betekent dat we gaan lopen om niet afgeluisterd te kunnen worden.

W: 'Ik heb pijn in mijn voeten.'

A: 'Waarvan dan?'

W: 'Ja, omdat ik gelopen heb.'

A: 'Gelopen?'

W: 'Gewandeld. Ik heb zo'n vijf uur gewandeld.'

A: 'Jezus, hé!'

W: 'Met die jongen.' (fluistert, noemt de naam van de jongen met wie hij heeft gewandeld)

A: 'Oké.'

W: 'Hij heb alles verteld.'

A: 'Heeft ie alles verteld?'

W: 'Ja.' (handgebaar pistool)

A: 'Wat een rare mensen zijn dat, hè?'

W: 'Ja, dat zeg ik je toch elke keer weer.'

A: 'Ja.'

W: 'Ik ben nog nooit gepakt op mijn eigen verhaal, maar mensen willen alles vertellen en dat doe ik gewoon niet.'

Familieman

'Morgen moeten jullie allemaal je tandenborstel mee naar school nemen, dan komt de schooltandarts kijken of jullie wel goed poetsen,' zei mijn meester.

'Heb jij een tandenborstel?' vroeg ik aan mijn vriendinnetje Anna.

'Ja, wat denk je!'

Aan haar reactie merkte ik dat ik een vreemde vraag had gesteld. Ik voelde met mijn tong langs het scherpe stukje kies dat uit mijn tandvlees omhoog stak. De rest van de kies was afgebroken. In mijn andere kies zat een gat zo groot dat het puntje van mijn tong erin paste. Als het te veel pijn deed, stopte mijn moeder er een watje met alcohol in.

'Ik moet morgen een tandenborstel mee naar school nemen,' zei ik thuis tegen haar.

'Een tandenborstel? Kijk maar even in het washok. Volgens mij ligt er daar nog wel een.' En inderdaad, in een plastic bakje tussen de knijpers lag een tandenborstel.

Na de geboorte van mijn broertje Gerard zaten mijn moeders tanden los. Ze ging naar een tandarts die 'voor het gemak' al haar tanden en kiezen trok en er een kunstgebit voor in de plaats zette. Zij poetste haar tanden door het gebit onder de kraan af te spoelen. Wij poetsten niet.

De volgende dag had iedereen zijn tandenborstel mee. De

een bewoog de borstel op en neer, de ander heen en weer, en Ronnie draaide, als enige, rondjes. Voor de zekerheid deed ik het maar allemaal.

Ik deed het veruit het beste, zei de tandartsassistente. 'Van wie heb je dat geleerd?' vroeg ze.

'Van mijn moeder,' loog ik, net zoals ik loog tegen de meester dat mijn moeder niet op school kon komen, omdat ze ziek was, terwijl ze van mijn vader het huis niet uit mocht.

Loog, als ik vertelde dat ik een leuke verjaardag had gehad, terwijl ik had moeten toekijken hoe mijn moeder werd geslagen. Loog, als ik zei dat ik geen zin had om mee naar de film te gaan, omdat er geen geld voor was, want al het geld ging op aan drank. En loog dat er niets aan de hand was als ik in de klas in slaap viel, omdat ik die nacht nauwelijks had geslapen, door het geschreeuw van mijn vader.

Ik loog om ons familiegeheim te bewaren, om niet te verraden wat voor een man mijn vader werkelijk was, bang dat de meester zou denken dat mijn moeder niet goed voor ons zorgde, doodsbang voor de represailles van mijn vader als hij te horen zou krijgen dat ik het beeld dat hij van zichzelf aan de buitenwereld ophing tegensprak.

Iedereen moest denken dat wij een gewoon gezin waren, en van hem denken dat hij een familieman was. Alles wat er in huis gebeurde, bleef binnenskamers. Zíjn alcoholverslaving, zíjn mishandelingen en zíjn terreur waren *ons* geheim, een geheim met een enorme verbindende kracht, een splijtzwam tussen ons gezin en de buitenwereld. Ieder ander die niet in het geheim deelde, werd buitengesloten.

Het dwong ons te liegen: 'Mijn moeder is tegen de deur gelopen, meester. Daar heeft ze die blauwe plek van.'

'Drogist, mijn moeder heeft een camouflagestift nodig voor de wallen onder haar ogen.' Niet om haar paarse gezicht weg te werken.

De ongezonde manier waarop wij van jongs af aan getraind waren in het bewaken van geheimen, vormde de vruchtbare grond voor ons leven na dat met mijn vader.

Voor ons leven met Wim.

Familiegeheimen

Sonja en mijn moeder waren net terug van een bezoek aan Cor en Wim in de Santé-gevangenis in Parijs.

'Heb je ze gezien?' vroeg ik aan Sonja.

'Ja,' zei ze.

'Hoe ging het met ze?'

'Redelijk. Ze weten dat ze lang moeten zitten.' Ze fluisterde in mijn oor: 'Maar Cor zegt dat ze niet voor niks zitten...'

'Hoezo niet?'

'Ik denk dat hij bedoelt dat hij nog losgeld heeft? Maar zeg alsjeblieft niets, want als wij het voor hen verpesten, dan hebben wij het gedaan.'

'Nee, ik zeg niks.'

JUNI 1984

'Hoe was het bezoek?' vroeg ik. 'Alles goed met ze?'

Sonja schudde haar hoofd en stond op. 'Mam, ik haal even een patatje. Wil jij ook?'

'Lekker,' antwoordde mijn moeder.

'Loop je even mee, As?'

'Is goed.' We liepen samen door de Jan Evertsenstraat naar de snackbar verderop.

'Recherche uit Nederland is bij ze geweest.'

'Waarvoor?'

'Overvallen.'

'Overvallen? Wat voor overvallen?'

'Ja, overvallen. Meer weet ik ook niet. En voor schieten op een agent.'

'Wat?!'

'Ze zijn bang voor heel veel jaren meer.'

'En nu?'

'Afwachten, zegt Cor.'

'Weet mama het?'

'Nee, ik mag er eigenlijk met niemand over praten. Ook niet met jou. Niks zeggen, hoor. Met niemand over praten.'

'Nee.'

'Helemaal niemand. Ook niet aan de telefoon. Dat is heel belangrijk, As. Anders komen ze nooit meer thuis.'

'Nee, natuurlijk praat ik er met niemand over.'

Na het geheim over het losgeld deelde Sonja met mij het geheim over de overvallen die Cor en Wim hadden gepleegd. Ik had geen idee om wat voor overvallen het ging, maar de toon waarop het me werd verteld klonk ernstig. Het was duidelijk dat Wim en Cor allebei veel langer vast bleven zitten als buitenstaanders te weten zouden komen dat zij erachter zaten. Sonja zou nog langer op de thuiskomst van haar grote liefde moeten wachten. Francis zou haar vader nog langer moeten missen. Mijn moeder zou zich nog meer schamen. Ik wilde niemand van mijn familie nog meer verdriet bezorgen.

Zo werden de geheimen van Cor en Wim ook mijn geheimen.

Met het bewaren van de geheimen kwam de verantwoordelijkheid. Ik moest oppassen dat ik er niets over zei, me niet versprak, dat ik Wim niet zou verraden. Dat was niet altijd eenvoudig, er kwamen altijd vragen.

'Jouw broer zit er zeker lekker warmpjes bij, hè? Met die miljoenen losgeld?'

'Heeft je broer die broek voor je betaald? Hij heeft toch geld zat?'

'Heeft jouw broer ook die speedbootroof op het Postkantoor gepleegd? Hoe groot was de buit?'

Ik kon onmogelijk eerlijk antwoord geven, dus loog ik.

'Nee, mijn broer had helemaal niets van het losgeld.'

'Het losgeld is verbrand op het strand.'

'Wim en Cor hadden helemaal niets met die overvallen te maken. Het was één grote heksenjacht.'

'Justitie probeerde het in hun schoenen te schuiven, maar eigenlijk zat de machtige meneer Heineken daarachter, als wraak omdat ze hem hadden gekidnapt.'

Ik verdedigde de leugen en schaamde me elke keer weer als ik zo'n antwoord gaf. Ik vond het gênant dat ik met alles wat er over Cor en Wim bekend was, het tegendeel bleef beweren, maar we deden het allemaal en het werkte. En dat maakte voor mij de schaamte zo mogelijk nog erger.

Het was het nadeel aan het sterke gevoel van verbondenheid dat het delen van de geheimen ons als gezin gaf. En omdat ik me anders dan de rest van ons gezin het meest onder 'normale mensen' begaf, had ik daar het meeste last van. Ik werd aangesproken op wat Wim had gedaan, werd aangekeken op wat hij had gedaan.

Ik voelde de sociale pijn van zijn geheimen, hij niet.

Hij was een gevierd man in zijn wereld, hij had het goed gedaan, hij had het ontbrekende deel van het losgeld tijdens zijn detentie weten te vermeerderen, en toen hij loskwam werden er het seksimperium op de Wallen en de gokhallen mee gekocht. Ik werkte er en genoot er aanzien, omdat mijn broer en zwager de eigenaren waren.

In een omgeving waar de opgeklommen misdadiger koning was, was het een pluspunt bij mijn familie te horen.

Hier was niemand die me erop aankeek dat mijn broer een Heineken-ontvoerder was, niemand stelde lastige vragen: waar het losgeld was gebleven en hoe het zat met het uitgavenpatroon van mijn broer. Moeilijke vragen, waar ik nooit over na had gedacht en ook liever niet over na wilde denken. Het was voor mij een gegeven. Zij waren boeven en dat doen boeven nu eenmaal. Dat was hun 'pakkie-an'. Ik had daar niets mee te maken. Toch voelde ik me niet lekker als ik bewust tegen anderen loog.

Door voor hem te liegen, sloot ik relaties gebaseerd op wederzijds vertrouwen uit: zelfs in de relaties met mijn partners. Ook tegenover hen deed ik alsof Wim en Cor onschuldig waren, want ook zij mochten de waarheid niet weten. Als ze er alleen al een vraag over stelden, was ik op mijn hoede. Nooit praten op het hoofdkussen, was de stelregel. Nooit een ander in vertrouwen nemen over familieaangelegenheden. Vreemden blijven vreemden. Ik mocht hun niets vertellen. Ze konden alleen maar hun mond voorbijpraten. Ik droeg de verantwoordelijkheid voor zijn misdrijven.

Zo liet ik Wims geheimen zelfs mijn intiemste relaties beïnvloeden, namen zijn geheimen een belangrijk deel van mijn leven in bezit. Anderen vertrouwen was uitgesloten en dat maakte dat ik – meer dan normaal en gezond was – aan mijn familie bleef hangen. Altijd zwijgend naar de buitenwereld, iedere betrokkenheid van Wim altijd categorisch ontkennend. Iets wat uit mededogen en solidariteit begon, veranderde in de loop der tijd in de vanzelfsprekendheid dat we zijn belang dienden – naar macht over ons.

Praten was 'verraaien', en op verraden stond de doodstraf.

OPGENOMEN GESPREK

Vierendertig jaar nadat Sonja mij vertelde over de overvallen, wordt ze door Wim ter verantwoording geroepen. Hij heeft op televisie gezien dat de Amerikaanse verfilming van het boek van Peter R. de Vries over de Heineken-ontvoering opent met ons tweede grote familiegeheim: de overvallen, gepleegd in de periode 1977-1982 op banken, girokantoren en geldlopers.

W: 'Kijk, Boxer, is allemaal leuk en aardig, hè? Waarom moet hij die film beginnen met een overval? Als ik had geweten dat het erin zou komen, dan had ik gezegd: "Dat wil ik er niet in hebben". Wat gaat er gebeuren als ik straks een probleem met die overvallen krijg? Want dan valt iedereen weer over ons heen, hè?'

S: 'Dat weet ik niet, Wim. Dat weet ik allemaal niet.'

W: 'Nee.'

S: 'Nee.'

W: 'Nee, jij weet nooit dingen. Weet je wat het is, Boxer: jij weet nooit wat. Maar waarom moet ik de ellende hebben? Wat gaat er gebeuren dan? Ik heb het al gezegd: als ik ellende krijg, zie ik je dan wel, hè? Maar dan gaat ie zien wat er met hem gebeurt, hoor. Want ik ga niet meer ellende voor jou en Petertje nemen, hè? En als ik gezeik op de tv krijg over die overvallen, en het wordt gezeik en gezeur en dat ik er ellende mee krijg, dan ben je verantwoordelijk net als hij, hè? Dat je het weet. Ja? Jullie hebben die film gemaakt, jullie zijn verantwoordelijk, hè? Als Meijer en Boellaard daar ellende door krijgen, dan zijn jullie verantwoordelijk, hè. En neem van mij een ding aan: als ze dat zien weet jij niet wat er gaat gebeuren. Want je bent gewoon met hem, je bent gewoon een verraaier!'

S: 'Niet waar.'

W: 'Nee? Je bent gewoon een verraaier!'

S: 'Ik wist niet eens dat het erin kwam, dus...'

W: 'Ik zal je zeggen, Box. Nog een keer één verraaiersdingetje, nog één keer. Luister, geloof mij nou. Geloof mij nou. Dat wil je niet!'

S: 'Ja nou, dat denk ik echt niet. Dat doe ik ook niet.'

W: 'Laatste waarschuwing! Je zit aan zo'n draadje, want ik ben het echt zat, hè! Echt spuug- en spuugzat! Als je mijn zusje niet was geweest... Allang, allang (handgebaar) was het al over met je geweest. Dan was je al lang... Dan was het al over geweest met je. Laatste officiële waarschuwing. Laatste waarschuwing. Kijk mij in mijn ogen aan: rode kaart! Nog één dingetje! Boxer, als je mijn zusje niet was geweest, dan had je hier niet gestaan en had je deze ellende allang gehad, want je neemt mij echt in de zeik.'

S: 'Wim, ik zweer het op alles.'

W: 'Want jullie nemen mij echt in de zeik met z'n tweeën.'

S: 'Wim, dat is niet zo. Ik zweer het op alles wat mij lief is. Dat het niet zo is.'

W: 'Boxer, laatste waarschuwing. Officiële waarschuwing. Dit keer officiële waarschuwing. Als jij denkt dat je... Boxer, daar word ik zo gewelddadig van. Boxer, dan laat je mij geen keus, daar word ik zo gewelddadig van, dat is niet leuk. Want ik ben er helemaal klaar mee. Met je hele leugens. Je hele gluiperige gedoe. Dat gluiperige bekkie van je. En je weet nooit wat en noem het maar op. En iedereen heeft door jou ellende.'

S: 'Nee.'

W: 'Waarom moet ik die ellende allemaal dan. Waarom? Waarom dan die overval?'

Op 12 januari 2016, tweeëndertig jaar nadat Sonja de geheimen met mij deelde, vertelde ik tijdens mijn verhoor bij de rechter-commissaris voor het eerst tegen 'een vreemde' de waarheid over het losgeld en de overvallen. Het voelde als een enorme puist die openbarstte.

Ik voelde me duizelig en licht in mijn hoofd. Opgelucht. Enorm opgelucht. Na alle moorden waar ik over had verteld, was dit het allerlaatste stukje waarmee ik me in moreel opzicht losmaakte van Wim.

Het stukje waar alles mee begonnen was.

Wim had ik het nog nooit horen zeggen.

Nooit horen toegeven.

8 februari 2018

Mama zit in haar speciale stoel. Ik zit op de bank naast haar, met mijn laptop op schoot.

'Hoor ik Wim nou?' zegt ze verschrikt en ze kijkt om zich heen de kamer rond. Het gezichtsvermogen van haar ene oog is nog maar veertig procent en van het andere zestig procent. Ze leeft de hele dag in een waas. Ik zie de verwarring op haar gezicht.

'Ja mam, hier op de computer. Toen hij bij *College Tour* zat.'

'O, ik dacht al...' Ze wordt weer rustig. 'Waarom kijk je dat?'

'Ik wil even terughoren wat hij daar zei. Kun je er wel tegen als ik het opzet?'

'Ja, nu ik weet dat het op de televisie is wel.'

Twan Huijs (TH): 'Mogen we u vanavond alles vragen over alle onderwerpen?'

Willem Holleeder (WH): 'Ja. Dat kan.'

TH: 'Waarom denkt u dat wij u zouden moeten geloven wat u zegt?'

WH: 'Ja, dat hoeft u niet. U mag het ook niet geloven. Dat is uw keus.'

TH: 'U heeft geen idee waarom wij dat zouden moeten of maakt het u helemaal niks uit?'

WH: 'Nou ja, u stelt mij een vraag, daar geef ik antwoord op en u mag mij geloven, u mag mij niet geloven, dat is uw eigen beslissing.'

TH richt zich tot het publiek: 'Twijfelt u aan het waarheidsgehalte van de uitspraken die Willem Holleeder gaat doen?'

Student: 'Ja, ja, daar twijfel ik wel aan.'

TH: 'Waarom twijfelt u daaraan?'

Student: 'Nou, omdat ik natuurlijk niet weet wanneer dingen wel echt zijn en wanneer niet.'

WH: 'Nou, dan zal ik u een tip van de sluier oplichten.

Als ik dingen niet wil beantwoorden dan zal ik dat niet doen en als ik ze beantwoord dan zijn ze eerlijk!'

TH: 'Waar is het geld?'

WH: 'Het geld heeft Frans Meijer verbrand op het strand, hè.'

TH: 'Meneer Holleeder, u zou de waarheid spreken vanavond.'

WH: 'Ja?'

TH: 'Dat gelooft niemand.'

WH: 'Ik zeg toch: je moet kritisch zijn, mag iedereen weten wat ie wil.'

TH: 'Ja, maar u heeft ook gezegd: "Als ik hier een antwoord geef op een vraag dan is het de waarheid".'

WH: 'Dat is de waarheid: hij heeft het geld verbrand op het strand.'

Vol ongeloof vraagt Twan Huijs het Wim nogmaals:

TH: 'Ik vraag het u nog een keer, want de zaak is verjaard. Waar is het restant van het geld gebleven van de ontvoeringszaak van Heineken?'

WH: 'Dan zeg ik het u nog een keer: dat is verbrand op het strand.'

TH: 'Alles is weg?'

WH: 'Alles is weg.'

Ik stop de uitzending. Mijn moeder kijkt me aan en schudt haar hoofd.

'Weet je wat hij nu in zijn proces zegt, mam, als de voorzitter van de rechtbank naar het losgeld vraagt?'

'Nee, wat dan?'

Ik lees mijn moeder voor:

Voorzitter: 'Frans Meijer moest naar het Pieter Baan Centrum. Hij heeft gezegd dat het losgeld is verbrand. Gelooft u dat?'

WH: 'Nee, natuurlijk niet.'

Voorzitter: 'Dan moet je ook wel hartstikke gek zijn.'

Holleeder schiet in de lach.

Eindelijk, na vierendertig jaar zwijgen, liegen en draaien, bekent Wim tijdens zijn proces dat hij het losgeld wél had en dat hij deel heeft genomen aan het plegen van twee overvallen.

Hij liet zien wie hij in werkelijkheid was: geen straatboefje uit de Jordaan, maar een keiharde, nietsontziende overvaller, lid van een roversbende, die zo'n zeven miljoen gulden buitmaakte. Vindingrijk, minutieus voorbereid, met een indrukwekkende snelheid van handelen en gebruikmakend van grove intimidatie door vuurwapengeweld. Schietend kwamen ze op hun doelwitten af, sloegen op klaarlichte dag de ramen van banken in om zich toegang te verschaffen. Het mocht een wonder heten dat ondanks dat de overvallers erop los knalden, nergens dodelijke slachtoffers waren gevallen.

Het zorgvuldig door hem gecreëerde imago – van het jongetje dat braaf in een kledingzaak werkte en bij toeval in een ontvoering terechtkwam – klopte van geen kant. Hij had erover gelogen bij *College Tour*, hij had mij er over laten liegen in het boek van Auke Kok, over de jonge jaren van Wim. Hij liet zien hoe hij jarenlang de waarheid had gemanipuleerd.

Niet één overval had Justitie kunnen oplossen.

Ze dachten er dichtbij te zijn toen er in de bossen in Zeist een aantal plastic tonnen, ingegraven in de grond en gevuld met een groot deel van het Heineken-losgeld, werd ontdekt. In die tonnen lag ook een aantal wapens, die na onderzoek bij de onopgeloste overvallen bleken te zijn gebruikt. Het maakte Cor en Wim meteen tot verdachten. Maar dat zij daders waren, werd nooit bewezen.

Nu had Wim een aandeel daarin toegegeven, nu klopte het plaatje wel. Hij was niet zomaar uit het niets de zware misdaad in gerold. Zijn ervaring met gewelddadige bliksemacties verklaarde hoe hij het aandurfde twee volwassen mannen te overmeesteren en een auto in te sleuren. Het vereiste de bikkelharde mentaliteit van een geoefende, geldbeluste overvaller om een ontvoerder te kunnen zijn.

Het voelde als een erkenning dat hij het toegaf, ook al deed hij het alleen maar voor zichzelf. Wij mochten nooit de waarheid vertellen, maar op het moment dat Wim dacht de waarheid te kunnen gebruiken – als onderdeel van zijn verdediging – gaf hij de geheimen moeiteloos prijs. Maar ook dat was een manipulatie van het rechtssysteem: wij hadden altijd over de overvallen en het losgeld gelogen, dus zouden we nu in onze verklaringen over de moorden die hij had laten plegen ook wel liegen.

Eens een leugenaar, altijd een leugenaar.

Dat we hadden gelogen voor hém, hoorden we van hem niet meer terug. En dat het zwijgen en liegen voor hem niet stopte bij het losgeld en de overvallen evenmin. Wim betrok ons elke keer opnieuw en steeds verder in het verborgen houden van zijn geheimen: Cor, Endstra, Houtman, George, Thomas. Wij hebben Wim nooit gevraagd om ons daarover in vertrouwen te nemen, dat heeft híj bepaald.

Zonder er ooit bij stil te staan hoe het voor ons was om met zijn geheimen te leven.

Normaal doen

'Loop effe mee,' zegt Wim.

We lopen over het fietspad voor het huis van Sonja, aan de Catharina van Renneslaan in Amstelveen.

'Nog nieuws?' vraagt hij.

'Nee, jij?'

'Mmm. Die Thomas verbouwt bij jou in de straat.'

'O, dat weet ik niet. Ik heb hem niet gezien.'

'Ja, voor die Kees.'

'Die ken ik niet.'

Wim is zichtbaar geïrriteerd. 'Weet je wat het is, As. Die kankerlijers bemoeien zich met panden van Mieremet.'

Johnny Mieremet was op dat moment de grootste vijand van Wim. Wim vertelde dat Kees panden kocht, of verkocht, van Mieremet, en door dat te doen spekte hij diens oorlogskas.

Hij won erdoor aan kracht. Kracht om Wim om te leggen.

Dat zou Wim niet laten gebeuren.

We naderen het einde van het fietspad, en lopen dezelfde route terug. Voorbij Sonja's huis, in de richting van winkelcentrum Westwijk, houdt hij weer stil. Hij buigt voorover en fluistert dat Kees in zijn conflict met Mieremet de kant heeft gekozen van Mieremet.

'En je weet het, As, dan ben je tegen me.'

We lopen verder. Na een paar stappen stopt hij weer en fluistert in mijn oor. 'Ik laat een raket naar binnen schieten bij die Kees.'

Ik trek mijn hoofd terug, en kijk hem verbaasd in zijn ogen.

Hij buigt zich weer naar mijn oor. 'Een antitankwapen.'

Ik kijk hem weer aan en schud mijn hoofd. 'Nee!'

'Wat nee!' Hij buigt weer naar mijn oor. 'Hij vraagt er toch om, die kankerhond,' zegt hij laconiek.

Ik probeer hem op andere gedachten te brengen, door in zijn belang te redeneren. Hem zeggen dat hij niet iedereen zomaar dood kan maken, past niet in zijn denkwereld, daar bereik ik helemaal niets mee.

'Je bent gek als je dat doet. Een raket. Daar maak je jezelf staatsvijand nummer 1 mee.'

'Ik doe het toch niet zelf,' antwoordt hij schouderophalend.

'Daarom juist. Bij een raket blijft altijd restmateriaal achter. Wat als daar vingerafdrukken of DNA op zit? Dan komen ze via die anderen misschien alsnog bij jou terecht. En die anderen gaan hun mond echt niet houden voor jou.'

'Dat denk ik wel.'

'Wim, niet doen. Een raket. Echt, je krijgt niet alleen Justitie maar ook de BVD achter je aan.'

Ik zie twijfel in zijn ogen. Ik kan alleen maar hopen dat hij ervan af zal zien.

Op de terugweg naar Sonja's huis loop ik geschokt – en met een knoop in mijn maag – naast hem. Het gaat van kwaad tot erger. Cor, Van Essen, Mieremet, Endstra en nu Kees Houtman. Wim stapt in zijn auto en rijdt weg. Ik ga bij Sonja naar binnen.

'Die man wordt steeds gekker,' zeg ik tegen haar.

'Wat nou weer?' Ik gebaar haar mee te lopen naar de badkamer en zet de droger aan. 'Ken jij Kees Houtman?' fluister ik in haar oor.

'Ja,' knikt ze.

'Waarvan?'

'Hij kwam ook altijd in Spanje, waar Wim een appartement had. Hij deed vroeger bankovervallen.'

'Hij wil een raket bij hem naar binnen laten schieten.'

'Niet! Waarom?'

'Omdat hij Mieremet steunt. Mieremet wil hem vermoorden, dus wil Kees hem ook vermoorden.'

'Zie je wel! Ik zei toch dat er ellende van zou komen, toen George Wim ging waarschuwen. Dat ging om die Kees.'

George was de broer van een goede vriendin van Sonja. Alle drie hadden ze een zoontje in dezelfde leeftijd en ze gingen er gezamenlijk op uit. Zo kort na de dood van Cor vond zij in die contacten zowel voor Richie als voor zichzelf veel steun: Sonja had aan George een echte vriend.

Hij was sterk, zelfverzekerd en kwam uit de wereld die zij kende. Beiden niet spraakzaam, waren ze vaak samen zonder een woord te zeggen. Ze voelden zich op hun gemak bij elkaar. Het was een vriendschap met een man zoals Sonja die nooit eerder had gehad, omdat in onze familie vriendschap tussen mannen en vrouwen niet bestond.

***

'Wim, hier komen!' schreeuwde mijn vader. Hij was alweer de hele avond bezig.

Ik hoorde Wim zijn kamer uit lopen. Ik sloop mijn bed uit en volgde hem met mijn ogen. Wim ging naast mijn vader staan.

'Wat staat hier?' Hij wees naar de tekst die hij zojuist op de deur van de woonkamer had geschilderd.

Wim zei niets.

'Nou, wat staat hier!'

Wim zei nog steeds niets.

'Geef antwoord, pleurisjong!' schreeuwde mijn vader.

Wim verstijfde.

'Nou?' Mijn vader hief zijn hand op. 'Er staat: "Je moeder is een hoer!" Wat is je moeder? Nou?'

'Een hoer,' zei Wim zacht.

'Goed zo. Ga nou maar weer naar je kamer.'

Elke dag liep ik van de Eerste Egelantiersdwarsstraat naar school, via de Tuinstraat naar de Tuindwarsstraat om mijn vriendinnetje Marjolein op te halen. Halverwege de Tuinstraat stond een vrouw met lang, lichtblond krullend haar in de deuropening. Ze keek elke ochtend hoe haar zoontje, met dezelfde lichtblonde krullen, de straat uit liep naar school. In de Jordaan was algemeen bekend dat ze achter het raam was weggehaald door haar vent, toen ze zwanger van het jongetje was geraakt. Ze had geen enkele gêne, was brutaal en enorm zelfverzekerd. Ze joeg haar kerel door de straat heen, als hij iets deed wat haar niet beviel.

Volgens tante Wim van de overkant, deed 'zij uit de Tuinstraat' het zo slecht nog niet. Die kerel van haar had verder niks te vertellen. Zij had de broek aan. Ik vond haar prachtig, hoopte elke dag dat ik een glimp van haar zou opvangen. Ze was heel anders dan mijn moeder. Als zij een hoer was, dan was mijn moeder het zeker niet.

Voor mijn vader was een vrouw al snel een hoer. Tante Eileen, die bij ons om de hoek woonde, omdat ze actrice was en zich door verschillende mannen thuis liet brengen. Tante Truus, omdat ze alleenstaand was en uit dansen ging. Tante Dirkie, omdat ze achter de bar stond, in een kroeg vol kerels. Allemaal hoeren, volgens mijn vader. Iedere vrouw die contact had met mannen deed dat maar voor één ding: om te neuken.

Het was een opvatting die mijn broer ook aanhing. Een vriendschap tussen zijn zus en een man zou niet goed vallen. Sonja wist dat: ze hield George bij hem vandaan, maar George vond dat hij Wim moest waarschuwen tegen gevaar vanuit het kamp van Houtman.

Het bracht Wim in de staat waarin hij nu was. Bereid om terug te slaan.

Ergens in de winter van 2005 zei hij: 'Er gaan er nu heel veel achter elkaar.'

Kees Houtman werd op 2 november 2005 geliquideerd, dezelfde dag als John Mieremet.

'Het was hij of ik,' zei Wim later over Kees Houtman tegen me.

Een week later, op 9 november 2005, rij ik door het Amsterdamse bos, als Sonja belt.

'George is dood,' zegt ze en begint te huilen.

'Nee!' roep ik uit. 'Ik kom nu naar je toe.'

George had eten gehaald bij de Chinees, maar nog voordat hij zijn woonboot binnen kon gaan, werd hij doodgeschoten.

Hij zou samen met Wim betrokken zijn geweest bij de afpersing van Kees Houtman, en in het verlengde daarvan werd diens dood hem aangerekend.

Kort daarna spreek ik Wim.

'Ik wist al wat er ging gebeuren,' zegt hij. Hij had een informant in het kamp van Kees Houtman die hem alles door briefde. Behalve George had ook Wim diezelfde dag geliquideerd moeten worden. Dankzij zijn informant kon hij de kogel ontwijken, maar George wist van niks.

'Ik kon hem niet waarschuwen want dan had ik degene die ik in hun kamp had zitten verraden,' pleitte Wim zichzelf vrij.

Tegen Sonja, die volledig ontdaan was door de dood van George, had Wim hetzelfde gezegd. George was geofferd, omdat Wim vond dat hij nooit zijn mond kon houden – dat vond hij te gevaarlijk.

George liet een zus en een zoon van zeventien achter. Richie raakte voor de tweede keer in korte tijd een belangrijke man in zijn leven kwijt. Sonja had het idee dat Wim George expres niet had gewaarschuwd.

In haar ogen zag hij George als een bedreiging. Als hij had gezien hoe Wim haar verrot schold en behandelde als zijn voetveeg, was hij zeker voor haar opgekomen. Dan was hij achter haar gaan staan, maar Wim heeft geen behoefte aan mannen in de buurt van zijn zus.

Sonja was door het overlijden van George intens verdrietig. Haar haat naar Wim enorm. Ik was bang dat ze zich niet zou kunnen beheersen tegenover de zus van George.

'Niet vertellen wat Wim allemaal heeft gezegd, hoor,' zeg ik tegen haar.

'Nee, denk je dat ik stom ben? Dat begrijp ik ook wel. Ik

zeg niets, anders ben ik haar misschien ook nog kwijt,' huilt ze.

'Bestellen jullie even bloemen voor George,' had Wim Sonja en Francis opgedragen. Hij wilde geen lint, want zijn naam hoefde er niet op.

'Net zoals bij papa,' zei Francis daar later over. 'Toen was het een grote krans, geen lint.'

Vol schaamte en schuldgevoel was Sonja elke dag bij de zus van George. Ze steunde haar, wetende wie er medeschuldig was aan haar verdriet.

Wim kwam regelmatig luisteren of Sonja 'nog nieuws had'. Hij wilde precies weten of de zus van George iets wist en wat ze wist. Met lede ogen had ze aangezien hoe Wim een zwart Gucci-jasje voor haar dochtertje had gekocht.

Ook Francis was vaak bij de zus van George, paste als het nodig was op haar dochter, zodat zij zich bezig kon houden met het regelen van de begrafenis van haar broer.

Wim liet haar naar Den Haag komen.

'Loop even mee. Hier zit een winkeltje. Daar hebben ze leuke jurkjes.' Hij kocht voor Francis een jurkje van het merk Goddess.

'Ga je nog naar de zus van George?' had hij gevraagd.

'Ja.'

Hij pakte nog een jurkje uit het rek. 'Neem deze maar mee voor haar, en hier heb je nog wat geld: koop voor haar ook maar een luchtje.'

Lievelingszusje

WH: 'Sonja was altijd mijn lievelingszusje. Ik heb haar nooit wat aangedaan. En ik hou van haar, tot de dag van vandaag.'

Het zal rond oktober 2015 zijn geweest. Wim zat al een aantal maanden vast, en wist inmiddels dat wij tegen hem hadden verklaard.

'As, Pedro belde of hij me even kon zien,' zei Sonja tegen me.

'Waarvoor?' vroeg ik.

'Dat zei hij niet, maar het was belangrijk.'

'Spreek morgen maar met hem af, dan zorg ik dat ik in de buurt ben.'

'Nee, hij zei dat het niet kon wachten.'

Pedro was een van de mensen met wie Wim contact had, voordat hij vast kwam te zitten. De vraag was of Pedro dat vrijwillig deed, maar feit was dat deze vriend van Cor toch met hem omging.

Zou Pedro Sonja willen lokken, of had hij echt iets in ons belang te melden? Sonja belde mij niet voor niets: ze kende de situatie en wilde overleggen of het verantwoord was naar Pedro toe te gaan.

'Hoe schat je hem in?' vroeg ik.

'Ik denk dat het wel kan,' zei ze.

'Spreek maar af dan. Ik wil ook wel weten wat hij te zeggen heeft.'

Na een uurtje in spanning te hebben gezeten, belde ze. 'Ik kom nu naar je toe.'

***

'En, wat had hij?'

'De recherche was bij hem geweest. Ze hadden informatie van de Criminele Inlichtingen Eenheid (CIE) dat Wim geld bij hem had neergelegd. Dat geld was bestemd om mij om te leggen. Zodra Wim vast kwam te zitten, zou de uitvoerder dat bij hem ophalen. Het zou gaan om een hele zware jongen.'

Ze noemt een naam die ik wel ken. Dat belooft niet veel goeds.

'Oké. En wat zei Pedro erover?'

'Hij zegt dat het niet waar is, dat hij daarom mij gelijk heeft gebeld, om te zeggen dat het niet waar is. Hij zou zoiets nooit doen.'

'Welke recherche was het?'

'Weet ik niet. Heb ik niet gevraagd.'

'Begrijp jij nou waarom de recherche ons daarover niet informeert?'

'Nee, ik had het ook liever van hen gehoord. Nu loop ik toch ergens op af terwijl ik niet weet hoe het zit.'

'Ja, heel vervelend.'

Ik bel met de recherche en leg uit dat Sonja Pedro heeft gesproken, dat hij heeft verteld dat de recherche bij hem is geweest en ik vraag of zij er meer van weten. Dat weten ze, maar de rechercheur is weinig mededeelzaam. Ik leg uit dat het om onze veiligheid gaat en dat we graag op de hoogte worden gehouden als er iets speelt, zodat we ons daaraan kunnen aanpassen, dan kunnen we extra voorzichtig zijn. Ik zeg dat ik het heel gevaarlijk vind dat ze ons in het ongewisse laten.

De rechercheur antwoordt dat zij niet gewend zijn dit soort mededelingen te delen, dat ze geen onrust willen veroorzaken. Het is maar CIE-informatie.

Prima, zeg ik, maar zelfs al klopt er niets van die CIE-informatie, en dat kan, dan nog nemen wij liever het zekere voor het onzekere. Ik benadruk dat Wim mij had verteld dat hij de opdracht voor Sonja al had gegeven, en dat deze informatie wel heel goed past in het plaatje dat Pedro schetste. Als er informatie voorhanden is die over het leven of de dood van een van ons gaat, willen wij het toch wel graag weten. En als zij het ons niet vertellen, zou ik zelf op zoek gaan naar meer informatie.

Dat laatste – dat ik mogelijk als een olifant door de porseleinkast van het onderzoek zou banjeren – doet de rechercheur wellicht besluiten schoorvoetend de inhoud van de CIE-informatie te vertellen: ze hebben inderdaad van iemand uit de dadergroep van een zware jongen de informatie gekregen dat Willem Holleeder geld neer heeft gelegd bij Pedro, voor een te plegen liquidatie van Sonja.

Ik besluit een cliënt, die een goede kennis van mij was geworden, op te zoeken. Als iemand ingevoerd is in dit specifieke deel van het milieu dan is hij het wel. Ik hou hem de informatie voor.

'Ze zitten bij de verkeerde Pedro. Er is nog een andere Pedro en die staat wel in contact met die jongen die jij net noemde.'

'Dus de informatie zou kunnen kloppen? Het is niet weg te zetten als onzin?' vraag ik.

'Nee, het kan. Maar die jongen zit nu zelf in zwaar weer, dus de kans dat hij een risico gaat lopen voor je broer lijkt me niet zo groot.'

'Maar hij is al betaald,' zeg ik.

'Ja, en? Dat geld is je broer gewoon kwijt. Of gaat hij het halen? Hoe dan? Nee, naar zijn geld kan hij fluiten.'

Ik koppel mijn bevindingen terug aan Sonja.

Niet veel later komt deze zware crimineel in het nieuws. Hij heeft inderdaad zelf een pak problemen. Hij wordt onder meer verdacht van het geven van opdrachten voor liquidaties.

'Ik ben blij dat ik zijn lievelingszusje niet ben,' zeg ik tegen Sonja.

Miljuschka 3

'Mam, we gaan samen iets leuks doen.'

'Goed idee.'

'In je mail zitten een paar hotelletjes. Zoek even uit welke je wilt.'

Ik check mijn mail. 'Drie dagen? Parijs? Kan het niet wat dichter bij huis?'

'Jawel hoor, er zit ook een hotelletje in Brussel bij. Die maar doen dan?'

'Moet dat echt?'

'Ja, want hier in Nederland kan dat niet. Als ze mij herkennen, herkennen ze jou.'

'We kunnen toch gewoon gezellig thuis samen eten, we hoeven toch niet per se buiten de deur?'

'Nee, thuis is altijd wat. Weet je hoelang ik al geen normaal gesprek met je heb kunnen voeren?'

'Dat komt omdat er zich nooit iets normaals in ons leven afspeelt.'

'We gaan toch.'

'En de kinderen dan?' waag ik een laatste poging eronderuit te komen.

'Met de kinderen gaat het goed. Die zijn dan bij hun vader.'

Ik vind dit zo moeilijk: thuis de boel los moeten laten, weggaan van de problemen. En dan nog wel naar het buitenland, waardoor je niet een-twee-drie terug bent als zich een crisissituatie voordoet. Als we echt met z'n allen weggaan, inclusief de hele familie, dan vind ik het nog net te doen, maar iedereen achter moeten laten voor een beetje plezier heeft niet mijn voorkeur.

Miljuschka raadt mijn gedachten. 'Moeilijk, hè? Alles even loslaten.'

'Eh, nee...' stotter ik.

'Jawel,' lacht ze. 'Weet je nog onze laatste vakantie samen? Toen we zeven dagen naar Turkije gingen? Toen waren we na drie dagen al terug, omdat jij Sonja weer ergens bij moest helpen, en zo gaat het altijd. Leer het maar los te laten.'

'Oké, maar we kunnen toch ook gewoon ergens in Maastricht gaan zitten of zo?'

'Zodat je bij elk telefoontje weer snel terug kan? Nee, dat gaan we niet doen.'

'Maar dat is toch ook leuk? Je weet dat ik niet zoveel met het buitenland heb.'

'Dat weet ik.'

'Ik vind dat zo ingewikkeld. Ik weet daar de weg niet.'

'O, maak je daar maar geen zorgen om. Dat regel ik allemaal.'

'En ik loop altijd in zeven sloten tegelijk.'

'Dan doe je dat deze keer maar eens niet.'

'Het buitenland en ik zijn gewoon geen goede combinatie. Daar komt altijd ellende van.'

Als kind fascineerde het buitenland me. Al jaren hoorde ik verhalen van klasgenootjes over Spanje. Mijn vriendinnetje Hanna liet me foto's zien. Allemaal even zonnig en kleurrijk.

Lachende, gebruinde mensen, likkend aan enorme ijshoorns, zo groot had ik ze nog nooit gezien. Het plezier spatte ervan af. Dat was dus het buitenland. Wij gingen nooit naar het buitenland. Maar eens zou ik zelf gaan, dat wist ik zeker.

Ik was vijftien jaar toen ik genoeg geld had gespaard. Ik ging mee met een groepsreis naar Dubrovnik. Op mijn zeventiende vertrok ik naar Israël, om te werken in een kibboets. Tot dan ging het reizen redelijk goed. De ellende begon pas later, met als hoogtepunt een reis naar Oeganda voor mijn werk.

Samen met een collega was ik op een vrij moment van plan af te reizen naar het binnenland, om berggorilla's te bekijken. We kwamen niet verder dan een tussenstop aan Lake Victoria, waar ik over de rivier uitkeek, toen een drietal boze militairen – volledig onder invloed van opium, en met zwaaiende Kalasjnikovs – mij dat verbood. Ik deed kennelijk wat verkeerd.

Ik probeerde uit te leggen dat ik goede bedoelingen had, maar daar waren ze niet van gediend. Toen ik ze uit vriendelijkheid een sigaret wilde aanbieden, werden ze alleen maar kwader. Mijn collega en de gids kwamen bij me staan, we moesten onze papieren laten zien. Vervolgens gingen ze tekeer tegen de gids. Hij werd apart genomen.

Mijn collega en ik moesten bij elkaar blijven. Ik zag de gids hevig gebaren, paniek op zijn gezicht. De spanning liep op. De militairen die bij ons stonden waren zo onder invloed en zo geïrriteerd dat ik vreesde dat ze hun wapens lichtvaardig zouden gebruiken.

Mijn collega en ik keken elkaar aan. Hij was lijkbleek. Ik zal er zeker net zo hebben uitgezien. Plotseling brak de spanning en kwam onze gids in versnelde pas op ons aflopen, de militairen lieten ons gaan. We moesten nu zo snel mogelijk weg. Gedrieën liepen we naast elkaar richting de auto van de gids. De militairen achter ons aan. Hun geweren voor zich uit. Hardop pratend met elkaar. Ik voelde hun ogen in mijn rug priemen. Ik was er niet gerust op dat ze ons niet in de rug zouden schieten. We bereikten de auto, stapten in en de gids reed onmiddellijk weg. We hadden het gehaald.

'Weet je nog mijn reis naar Oeganda?'

'Ja mam, maar we gaan niet naar Oeganda.'

'En Egypte dan. Daar was je zelf bij. Weet je dat nog?'

'Als de dag van gisteren.'

In de winter van 2003 stelde ik Sonja voor om met de kinderen naar de zon te gaan. Cor was in januari doodgeschoten en het was een heftig jaar geweest. Ik zag vreselijk op tegen de feestdagen en de verplichte familie-uitjes die daarmee samenhingen. Leuk en gezellig doen met Wim, of opgezadeld worden met een van zijn vrouwen was het laatste waar we trek in hadden.

Het leek mij goed om weg te zijn. Mijn keus viel op Egypte. Ik was tijdens mijn verblijf in Israël al eens de grens over gestoken en had daar genoten van het mysterie van de pyramides en prachtige museumschatten in Cairo.

'Egypte? O, nee. Kunnen we niet gewoon naar Spanje?' had Sonja met afschuw uitgeroepen.

'Spanje is niet echt lekker weer. En voor die kinderen is het heel indrukwekkend om eens te zien.'

'Ik vind dat soort landen doodeng.'

'We zitten in een all-inclusive luxeresort. Met drie keer per dag uitgebreide buffetten voor ontbijt, lunch en diner. Alles wat je daarbuiten doet, wordt georganiseerd door het hotel. Wat kan ons daar nou gebeuren?'

Sonja vond Egypte niets, maar het werd toch onze bestemming. Aangekomen in het resort, misten we twee bedden. Dat was pech volgens het hotelpersoneel, want er waren geen bedden meer. We moesten maar naast elkaar gaan liggen. Iedere maaltijd moesten we in de rij staan. De buffetten waren zo karig, dat er bijna om eten werd gevochten. We hoefden maar te wijzen naar het tegelwerk in de badkamer en alles kwam naar beneden. En in het bijbehorende zwembad kon niet worden gezwommen.

Dus gingen we buiten het resort op pad. Een bezoek aan de pyramides, een beetje cultuur opsnuiven voor de kinderen. We gingen als groep met een klein taxibusje, compleet met chauffeur en gids, geregeld door het hotel. Maar voor hij ons naar de pyramides bracht, maakte hij eerst ongevraagd een tussenstop bij een parfumerie met huisgemaakte parfums. We werden een winkeltje binnengebracht waar we gastvrij werden ontvangen. We mochten overal aan ruiken en hoefden niets te kopen.

Na tien minuten snuffen en snuiven aan geurtjes die voor mij allemaal hetzelfde roken, werd er aangedrongen op een maaltijd. We werden een zitkamer binnengeloodst waar we dicht op elkaar in een kring plaatsnamen om een ronde, lage tafel, waarop allemaal schalen met eten stonden. Een schaal met broodjes falafel ging rond. We pakten er allemaal een.

Richie zat tegenover mij en hield zijn broodje hongerig voor zijn mond, klaar om een hap te nemen, toen ik een paar oogjes uit zijn broodje zag kijken.

‘Rich!’ siste ik. ‘Niet happen. Er zit een kakkerlak in je broodje.’

Richie verstijfde en legde het broodje terug op de schaal. We wilden onze gastheren niet beledigen, maar lieten het eten toch maar voor wat het was, kochten veel te dure flesjes van iets wat voor parfum moest doorgaan, en begaven ons naar de pyramides.

Daar aangekomen had onze gids bedacht dat het een leuk idee was als we per kameel naar de ingang werden gebracht. Richie zat nog geen vijf minuten te schudden op een kameel toen een klein jongetje aan zijn Nike-schoenen begon te trekken.

‘Help! Hij wil mijn schoenen stelen!’ gilde hij.

‘Trek je benen op!’ riep ik terug, vanaf een andere kameel.

Richie trok zijn benen op, en het kereltje droop noodgedwongen af.

Bij de pyramides aangekomen herkende ik de ingang niet meer, noch kon ik me herinneren dat binnen in de pyramides twee trappen naast elkaar tientallen meters omhoog en omlaag gingen. We begonnen aan de klim en bij elke trede werden Sonja en ik door de mannelijke afdalers in onze kont geknepen. Dit kon ik me zeker niet herinneren van de laatste keer dat ik er was.

De berg stenen was erg indrukwekkend, maar we waren blij dat we weer naar het hotel terug konden. Het was kerstavond en we hadden inmiddels wel weer trek in wat eten. Op de terugweg hoorden we na niet al te lange tijd een knal en kwam de auto met een schok tot stilstand. Een klapband, midden in de woestijn en de chauffeur had geen reserveband bij zich.

We konden alleen wachten en hopen op een auto die langskwam en ons verder kon helpen. Na twee uur zaten we nog te wachten en ging de trek in wat te eten over in honger. Het kerstmaal van de kinderen werd het doosje nootjes dat ik bij me had en onder hen verdeelde. Nog eens drie uur later waren we eindelijk terug in het hotel.

Het buffet was toen allang leeggeplunderd.

'Weet je wat?' zegt Miljuschka. 'Ik kom je tegemoet. Je hoeft niet al te ver weg. We nemen een hotelletje in Antwerpen. Vlak over de grens.'

'Oké. Dat vind ik een goed alternatief.'

'Dan boek ik voor volgend weekend.'

Tot het laatste moment voor vertrek wil ik afzeggen. Toch ga ik. Ik weet dat we onze relatie in sommige opzichten moeten herdefiniëren. Het is goed dat we twee dagen de tijd hebben om met elkaar te praten.

'Hoe vind je dat nou? Even ontspannen?' vraagt Miljuschka zodra we in de auto zitten.

'Stressvol. Maar ik ben er klaar voor. Op naar Antwerpen.'

Na twee uur rijden, checken we in bij een mooi hotel.

'O heerlijk, een bad,' roep ik. 'Dat ga ik als eerste doen. Even lekker badderen.'

Ik laat het bad vollopen en glijd erin. Miljuschka brengt me een kop thee en gaat op de rand van het bad zitten.

'Een lekker kopje thee, mijn lieve kindje bij me. Wat wil ik nou nog meer?'

'Ouderwets samen kletsen,' zegt ze.

'Ja, even quality time.'

'Hoe is je nieuwe onderkomen?' vraagt ze.

'Prima,' zeg ik. 'Alles zit erop en eraan.'

'Maar geen bad, dus.'

'Nee, dat niet.'

'Dat is jammer.'

'Misschien neem ik wel een tobbe, eentje zoals waar wij vroeger met z'n tweeën in zaten.'

'Tot ik zo groot was dat we als sardientjes in een blik zaten.'

'Toch hebben we dat lang volgehouden,' zeg ik en de gedachte aan ons samen in de tobbe tovert een glimlach op mijn gezicht.

Het hele weekend genieten we van elkaars gezelschap. We besluiten dit vaker te gaan doen. Eens per jaar een moeder-dochterweekend.

Drie weken later krijg ik een appje. Het is Miljuschka.

'Ik heb een cadeautje voor je.'

'O, echt?'

'Kan ik je zien?'

'Ik kan wel even komen naar waar wij de vorige keer waren?'

'Is goed, ga je dan nu rijden? Dan rij ik ook weg.'

'Oké, zie je later.'

Op de afgesproken plek zie ik haar aan komen rijden. Ze parkeert haar auto, loopt met een pakket in haar handen en een brede lach op haar gezicht naar me toe, en gaat op de passagiersstoel zitten.

'Alsjeblieft, voor jou.' Ze legt het grote pak op mijn schoot en haalt uit haar jaszak nog een klein pakje. 'Deze eerst openmaken,' zegt ze.

'Wat is het?'

'Maak maar open.'
Het is een Amerikaanse stekker.
Ze lacht. 'Weet je al wat het is?'
'Nee, ik heb echt geen idee.'
'Maak die andere open dan.'
Ik open het grote pakket. 'Een opblaasbaar bad! Een meter negentig! Hier kan ik languit in liggen!'
Ze heeft het via een website helemaal uit China laten komen. Die stekker is voor de opblaaspomp.
'Past het, denk je? Is het niet te groot?'
'Nee, waar ik nu zit zeker niet. Die badkamer is vrij groot. En bij een volgend huis let ik gewoon op de maat van de badkamer en desnoods zet ik het in de woonkamer.'
'Goed, hè? Die kun je overal mee naartoe nemen,' zegt ze trots.
'Dit is echt het perfecte cadeau. Hier heb je me zo blij mee gemaakt. Dank je wel.'
'Fijn, wat ga je vandaag doen?'
'Ik ga even naar Iris.'
Miljuschka kijkt me onderzoekend aan.
'Wat is er, Mil?'
'Niks.'
'Nu kijk je weer zo, wat zie je? Ik zie je kijken. Heb ik iets op mijn gezicht?'
'Nee, niks.'
'Waarom kijk je dan?'
'Je hebt hier een kaal plekje. Wist je dat?'
'Ja. Ik probeer het een beetje te bedekken, maar je ziet het dus toch.'
'Ja, hoe kom je daaraan?'

'Ik heb geen idee. Ik werd een paar dagen geleden wakker en toen zat het er.'

'Stress misschien?'

'Ik denk het. Maar dat is nu opgelost. Nu kan ik lekker ontstressen in bad.'

'Oké, kus. Dan ga ik weer.'

Ze springt de auto uit, rijdt weg en zwaait nog even naar me.

Met alles wat ik op haar bordje heb gegooid de laatste jaren, kan ik maar moeilijk bevatten dat ze mij niet zat is. Maar ze steunt me en past zich vrijwel altijd zonder te morren aan de nieuwe situatie aan.

***

'Nee, echt niet!' roept Miljuschka.

'Maar het is nog voor míjn verjaardag, dus ik mag kiezen.'

'We kunnen toch dimsummen naast het plein. Daar komen alleen Chinezen. Die herkennen mij echt niet.'

'Wedden van wel.'

'Mam, kies wat anders.'

'Nee, vandaag heb ik het voor het zeggen.'

'Ik vind je echt lastig,' zucht ze en draait haar stuur in de richting van Schiphol Noord.

'Mag ik een visburger, een Veggie Burger, twee grote friet, vier mayo en twee water?' vraagt ze in de intercom.

Het apparaat antwoordt dat we door kunnen rijden naar het volgende raam. Even later parkeren we de auto op de spottersplek.

'Wat kan ik me nog meer wensen. Kachel hoog, muziekje aan. Lekker warm en knus in de auto. Niemand die weet dat we hier zijn. Gezellig samen met mijn dochter uit eten.'

Met uitzicht op vliegtuigen die komen en gaan, kauwen we tevreden tot de bodem van de bruine papieren zak is bereikt.

'Toetje?' vraagt Miljuschka.

We rijden terug en halen een heerlijk ongezond toetje.

'Ik heb een hele nare nachtmerrie gehad,' zegt Miljuschka.

'Wat dan, lieverd.'

'Ik wil er niet over praten, maar kun je me een voice-app sturen, waarin je tegen me zegt: "Ik hou van je"? En stuur er ook een voor Storm en Stientje. Dan hebben de kinderen en ik altijd je stem bij de hand om naar te luisteren.'

'Ik heb uren aan gesprekken met Wim op tape staan. Wil je die? Dan heb je meer dan genoeg stem van mij.'

'Niet grappig.'

De volgende ochtend krijg ik bericht van Sonja. Miljuschka heeft een prachtige post op Instagram geplaatst waarin ze haar gevoel over mij uitspreekt. Iedereen vraagt zich af waarom zij, die nooit in de media over mij wilde praten, het stilzwijgen doorbreekt.

Dankbaar voor haar liefde spreek ik een bericht voor haar en de kinderen in: 'Mijn lieve kindje, ik hou van jou. Lieve Storm, oma houdt van jou en lieve Stientje, ik hou van jou.'

Iris 4

'Iris, heb jij dat gesprek tussen Son en Wim weleens gehoord waarin hij haar helemaal verrot scheldt?'

'Dat wat in verschillende televisieprogramma's werd afgespeeld?'

'Ja.'

'Wim zegt over dat soort gesprekken dat hij een beetje boos is en een beetje dreigt, maar dat het eigenlijk niet zoveel voorstelt. Ik begrijp niet dat hij dat kan zeggen. Wat vind jij daar nou van?'

'Ik hoor daarin iemand die enorm bang is.'

'Sonja is ook heel bang voor hem. In dat gesprek is ze nog dapper, want toen spraken we al met de politie.'

'Ik bedoel niet Sonja. Ik bedoel je broer.'

'Mijn broer bang? Hoe kun je hem nou als bang zien?'

'Door de manier waarop hij zich tegenover jouw zus gedraagt, hoe hij haar kleineert en intimideert. Als je mij vraagt of ik een mogelijke oorzaak voor dat gedrag kan geven, dan kom ik uit op angst.'

'Angst?'

'Ja, ik kan natuurlijk geen diagnose van hem geven, want hij is niet mijn cliënt, maar op basis van wat jij mij over jullie familiegeschiedenis hebt verteld denk ik dat hij in veel opzichten handelt vanuit angst.'

'Hoe zie je dat dan?'

'Angst is normaal gesproken iets positiefs. Mensen worden met angst geboren, omdat we dat nodig hebben voor het herkennen van gevaar. Het herkennen van gevaar hebben we nodig om te overleven. Dat is biologie, dat hebben we bijna allemaal op dezelfde manier.

Maar als je door een onveilige ouder constant bang bent gemaakt, dan ontwikkel je een chronische angstigheid. Je doet alles om die angst niet te voelen, dus ga je die verdringen.

Het zou kunnen dat bij Wim alles begonnen is vanuit de angsten die hij – als jong kind – heeft beleefd in het contact met zijn vader. Als ik het tapgesprek met Sonja beluister, doemt daar het beeld uit op van iemand die het nodig heeft anderen te intimideren, bedreigen, manipuleren. Spreken daar emoties uit als: zichzelf bedreigd voelen doordat hij denkt dat Sonja hem in de maling neemt. Sonja die hem de controle over zijn situatie kan afnemen, waardoor hij zich zwak voelt. Hij wordt daar bewust en ook voor een deel onbewust angstig van. En dan wordt hij weer het bange kind van vroeger en dat is voor hem onverdraaglijk.

Om dat te voorkomen eist hij van Sonja volledige onderwerping en medewerking. Alleen op die manier kan hij de controle over haar houden.'

'Dus door anderen met intimidatie en bedreigingen onder controle te houden, beheerst hij zijn eigen angst om weer dat bange kind te worden?'

'Precies. Het is een afweermechanisme, en mensen ontwikkelen afweermechanismen om niet bij een nog vervelender gevoel te komen.'

‘Daarom is hij nooit veranderd. En na elke detentie gewoon door blijven gaan.’

‘Niet iedereen wil veranderen.’

‘Het is wel even wennen aan het idee dat hij zich uit angst voor het bange kind in hem zo gedraagt. Het is treurig.’

‘Maar hoe treurig het ook is, hij blijft verantwoordelijk voor zijn daden.’

‘Dat ga ik mezelf voorhouden als ik weer moet getuigen.’

Richie 2

Ik sta voor een partycentrum moed te verzamelen om naar binnen te gaan. De zoon van een vriendin wordt achttien jaar. Zijn moeder is al maanden aan het plannen. Een surpriseparty. Ze is er helemaal vol van. Ik moet erheen. Binnen bij bekenden is geen probleem, maar ik hou niet van ruimtes waar onbekend personeel rondloopt. Maar hij viert zijn meerderjarigheid, ik kan onmogelijk niet gaan. Zijn moeder kan veel van me hebben maar als ik nu niet kom, zal ze me daar echt op aankijken. Heel even dan, alleen even persoonlijk feliciteren en een cadeautje in zijn handen duwen.

Het is een klein zaaltje en ik zie hem al staan. Ik loop op hem af om hem te feliciteren. De barman gaat op de bar staan en begint met zijn telefoon de zaal te filmen. Ik voel me heel ongemakkelijk en verstop me achter een pilaar. Foto's of video's, dat is het laatste wat ik wil.

Een jongeman begint spontaan tegen me te praten. Ik ken hem niet. Wie is hij? Ik voel dat ik in paniek raak. Ik wil weg.

'Weet je waar de wc is?' vraag ik hem beleefd. Het is mijn excuus om het contact af te breken. De wc zit bij de ingang. Ik loop snel naar buiten, en ben weg.

Het is die onrust die ik alweer dagen voel. Ik weet dat het komt doordat ik morgen weer in de zaal moet zitten – met hem. Als ik eraan denk dat ik weer in die box moet plaatsnemen, loopt mijn hoofd vol met verlammende gedachten, kom ik tot niets meer, zit ik alleen maar voor me uit te staren, zetten mijn spieren zich vast tot ze verkrampen en bonst mijn hoofd aan een stuk door.

Ik ben om halfvijf wakker en begin aan mijn vaste ritueel. Opstaan, douchen, aankleden en broodjes smeren. Ik word om halfnegen opgehaald door DKDB.

Als we aankomen bij de rechtbank staat er een lange rij belangstellenden. Ergens daartussen staat iemand die speciaal voor mij komt.

'Ik wil je steunen,' had Irene gezegd. Al veertig jaar zijn we vriendinnen. Ik was dertien toen ik bij haar in het basketbalteam kwam. Ze was half zo klein als ik, maar twee keer zo goed. We moedigden elkaar aan als we in het veld stonden en nu komt ze me weer steunen. Als ik de trap op loop naar de getuigencabine voelt het goed te weten dat zij in de zaal zit.

Het scherm van de getuigenbox gaat omhoog. Op enige afstand voor mij zit de voorzitter, die het woord neemt.

'Mevrouw Holleeder, ik wijs u erop dat u nog steeds onder het verband van de belofte staat die u heeft afgelegd.'

***

Na het verhoor ga ik naar Sonja. Mijn moeder is daar ook. Sonja staat me bij de deur op te wachten.

'Wat is er?' vraag ik.

'Je hebt namen genoemd.'

'Ja.'

'Ze hebben hem gelijk gearresteerd. Die zal niet blij zijn.'

'Nee, dat snap ik.'

'Waarom heb je dat gedaan?'

'Omdat Wim anderen de schuld geeft. Als hij nou gewoon een keer zijn verantwoordelijkheid neemt, dan hoefde ik het niet te doen, maar hij speelt de vermoorde onschuld dus dan moet ik wel man en paard noemen.'

'Het is wel weer een risico erbij.'

'Ja en nee. Ik heb het vooraf met beveiliging kortgesloten, of het voor ons verantwoord was deze stap te zetten. Zij vonden van wel. Dus zij passen op, en het restrisico verandert niet zoveel.'

'Dat verandert wel. Je hebt nu drie partijen tegen je in het harnas gejaagd.'

'Dat moet dan maar. Ik had het gevoel dat het nodig was.'

'Voor het oplossen van de moord op Cor is het in ieder geval goed dat je het hebt verteld.'

Op het moment dat Sonja dat zegt, appt Richie.

'As, kan ik je even zien?'

'Nu?'

'Ja, als het kan?'

'Kom maar naar mama. Oma is er ook.'

We zitten aan de koffie als Richie binnenloopt. Hij blijft staan en steekt meteen van wal.

'Ik wil getuigen, As. Ik pik het niet dat hij over ons zegt dat we een leuke relatie hadden. En de mensen geloven het ook nog, hè! Weet je wat Bert tegen me zei: "Je oom viel toch nog wel mee!" Hij doet alsof hij zo goed was voor zijn familie. En alsof hij dikke mik was met mijn vader, As. Ik kan dat niet accepteren. Ik kan dat niet tegenover mijn vader.'

'Hij moet toch wat, Rich. Hij probeert zich te verdedigen,' zeg ik. 'Trek je niets aan van wat hij zegt. Wij weten toch hoe het zit.'

'Ja As, dat kun je wel zeggen, maar ik kan er niet tegen als we voor leugenaars worden uitgemaakt. Hij doet alsof hij een familieman is. Mensen komen naar mij toe en beginnen erover.'

'Een familieman dreigt niet zijn zus haar tanden uit haar bek te slaan, laat haar niet tossen om wie van haar kinderen hij het eerst doodschiet.'

'Ja maar As, je ziet toch wat er gebeurt. Hij krijgt iedereen weer zo gek dat ze hem geloven.'

'Welnee, Rich. Iedereen begrijpt toch dat je niet tegen je broer gaat getuigen als we het zo gezellig hebben met elkaar!'

'Ik zie dat echt anders. Jij ziet dat niet, want jij ziet geen andere mensen. Ik wel. Hij krijgt het weer voor elkaar, hij laat mensen twijfelen. Het hele proces gaat tot nu toe alleen maar over jullie. Niks over hem. Jullie liegen, jullie zijn op geld uit. Ik kan daar niet meer tegen, As. Waarom wil iedereen hem geloven? Er wordt niet één vraag gesteld over een liquidatie, niet één!

Het gaat niet over wat hij met mijn vader heeft gedaan, het gaat over hoe slecht jullie zijn. Ik kan dit niet accepteren. Nu gaat het me te ver. Ik heb de hele tijd lopen slikken. Ik ben de enige man in de familie, ik moet dit wel doen. Ik ga gewoon getuigen hoe het echt zit.'

'Jij gaat helemaal niet getuigen,' zegt Sonja.

'Dat bepaal jij niet, mam. Als ik dat wil, dan doe ik dat. Hoe denk je dat mensen over mij denken, als ik dit allemaal maar laat gebeuren? Zou jij bevriend willen zijn met iemand die zijn familie zo laat afzeiken? Ik moet ook in de spiegel kunnen kijken.'

'Ik begrijp je, Rich. Ik heb het er ook moeilijk mee, maar getuigen is geen oplossing. We moeten dit allemaal ondergaan, tot er een uitspraak ligt. Dan zal blijken wie er liegt.'

'Daar ga ik niet op wachten, As. Ik wil zelf wat doen, moet wat doen. Ik moet voor mijn vader opkomen. Hoe denk je dat papa het vindt als ik als man niks doe? Hij zou me laf vinden. Dat weet ik zeker.'

'Ik denk dat hij je dapperder vindt als je het zou laten. Als je gaat getuigen, geef je Wim alleen maar de kans om nog meer van je leven te vernietigen. Je maakt je vader trots door je eigen leven te leven. Laat ons de rotzooi opruimen, dat is onze verantwoordelijkheid. Jij was nog een kind, jij hebt hier niks mee te maken en houdt dat zo.'

'Maar As, weet je wel wat sommige mensen over jou schrijven?'

'Ik lees het niet, Rich. Ik laat me geen negatieve energie opdringen.'

'Het liefst loop ik de volgende zitting naar binnen, kijk ik hem aan en zeg ik het recht in zijn gezicht.'

De tranen springen in zijn ogen.

Mijn moeder mengt zich in het gesprek. 'Ik begrijp het niet. Ze moeten nou toch zo onderhand wel weten hoe hij is? Ze hebben mijn brieven, toch? Een moeder schrijft dat toch niet zomaar over haar eigen kind?'

'Nee, die heeft de rechtbank niet. Die brieven heb je aan de directeur van de EBI geschreven. Die krijgt de rechtbank niet te zien.'

'O. Dan doe ik het wel. Dan ga ik de rechter vertellen hoe hij is.'

'Nee mam, jij ook niet. Getuigen is vreselijk. Het haalt alle trauma's naar boven. En het is niet zo dat je je verhaal kan komen doen en dat het dan klaar is. Je krijgt allerlei nare, vervelende, insinuerende vragen van de verdediging en dan raak je nog meer van streek. Kijk naar mij. Ik ben nu twee keer geweest en beide keren zat ik tegen het plafond. Weken ervoor en dagen erna ben ik erdoor van slag. En achteraf heb ik nog steeds het gevoel dat ik het niet goed genoeg heb gedaan. Haat ik mezelf, omdat ik van een advocaat in een straatmeid verander. Vind ik dat ik nog lang niet alles heb gezegd. Het is alleen maar naar. Jullie mogen het allebei niet doen.'

Het is intens verdrietig om te zien wat Wims verdraaien van de werkelijkheid aanricht. Het is waar veel slachtoffers in een strafproces doorheen gaan: de ontkenning van wat hen is aangedaan. Aanhoren hoe iemand liegt en draait. Er is zelfs een term voor: secundaire victimisatie. Eerst ben je zijn slachtoffer en daarna word je door zijn houding in het strafproces opnieuw zijn slachtoffer.

Richie gaat naar huis en laat het nare gevoel over zijn verdriet achter.

'Ik kan dit niet aanzien,' zegt mijn moeder. 'Het maakt me zo kwaad. Die arme jongen. Kan ik nou echt niets doen?'

'Nee, mam. We moeten het ondergaan en hopen op een goede afloop.'

Onderweg naar mijn verblijf belt mijn moeder.

'As, ik zat te denken. Heb jij nog een kopie gemaakt van die brieven die ik aan de EBI had gestuurd?'

‘Ja. Hoezo?’

‘Ik weet niet of je het ermee eens bent, maar kun jij die brieven op de rechtbank voorlezen? Daar staat precies in hoe de verhoudingen binnen onze familie zijn.’

‘Ik weet niet of de rechtbank me daartoe de gelegenheid geeft, mam.’

‘Wil je dat vragen? Misschien begrijpen ze wel dat een moeder ook iets voor haar kinderen wil doen.’

‘Ik ga het vragen.’

Bij mijn verblijf aangekomen, pak ik de tas waar ik mijn moeders papieren in heb zitten.

‘Voor als ik er niet meer ben. Dan kan jij alles regelen,’ had ze gezegd.

Ik had haar brieven erbij gedaan. Ik leg ze klaar om ze de volgende keer mee naar het verhoor te nemen.

Iris 5

Drie dagen na mijn verhoor wordt diegene wiens naam ik heb genoemd door de rechtbank alweer vrijgelaten. Nu twijfel ik aan alles. Hebben mijn verklaringen zin? Gaat dit wel goedkomen?

Onderweg naar Iris belt Sandra. Ze is bang en maakt zich zorgen over de afloop van de zaak en wat die man die ik genoemd heb gaat doen.

Sonja belt, mijn moeder belt, Francis en Richie, ze zijn allemaal bezorgd. Wat heb ik daaraan? Hou erover op. Ik kan er toch niets aan veranderen. Ik zie het wel.

Ik stap de praktijk van Iris binnen.

'Hoe gaat het?'

'Zolang ik binnen zit gaat het goed. Dan kan er weinig gebeuren.'

'Zit je dan de hele dag binnen?'

'Zo'n beetje wel. Ik drink weleens koffie of haal geld bij de bank, maar verder kom ik niet zoveel buiten. Ik heb er ook geen plezier in, dan moet ik constant over mijn schouder kijken. Dat is heel stressvol, dan zit ik liever binnen zonder stress.'

'Misschien kunnen we ernaar toewerken dat die angst je niet al te veel belemmert. Want anders heb je helemaal geen levensvreugde meer.'

'Goed idee. Zeg mij maar hoe dat moet.'

'Je moet niet overmatig angstig zijn.'

'Wat is niet overmatig angstig?'

'Nou, je moet niet angstiger zijn dan nodig is.'

'Goed plan, maar hoe weet ik dat ik angstiger ben dan nodig is? Ben ik overmatig angstig als ik niet met vriendinnen uitgebreid in een restaurant ga zitten eten, omdat ik dan de hele avond naar de deur zit te kijken, bang dat er een verkeerd iemand binnenkomt? Ben ik overmatig angstig als ik het vervelend vind dat ik er tien minuten over doe om het ijs van de ramen van mijn auto te krabben? Vind jij dat ik dat soort dingen in mijn situatie gewoon kan doen zonder bang te zijn? Vind jij mij anders overmatig angstig?'

'Laten we eerst even teruggaan naar jouw schuldgevoel, want dat is in dit verband heel belangrijk. De meeste mensen teisteren zichzelf met schuldgevoelens, en als je je ergens schuldig over voelt dan heb je straf verdiend. Dat is altijd met elkaar verbonden, en jezelf straffen doe je door een symptoom of meerdere symptomen te maken. Je komt in een depressie terecht of raakt aan de alcohol, of gaat jezelf plezier ontzeggen.'

'Wacht even. Je gaat te snel. Als je jezelf schuldig voelt, dan vind je altijd dat daar straf bij hoort. En als de ander je niet straft, of het systeem of zo, dan straf je jezelf?'

'Ja, en jij straft jezelf met die angst. De angst dat hij jou kan doden is eigenlijk een symptoom. Je maakt een nieuw symptoom.'

'Dus het zit tussen mijn oren? Ik ben eigenlijk een beetje gek?'

'Nee, dat zeg ik niet.'

'Een aansteller dan, die voor zijn plezier de hele dag binnen zit? Of bedoel je dat ik spoken zie?'

'Nee, luister even. Ik zeg: "De angst die je maakt is een symptoom". Maar hij is ook reëel.'

'Hoe verhoudt zich dat dan tot elkaar? Fiftyfifty? En hoe vertaalt zich dat in wat ik wel en wat ik niet kan doen?'

'In jouw geval zou ik zeggen: je bent angstiger dan nodig is.'

'Hoe weet jij dat nou? Jij hebt toch geen direct lijntje met Wim?'

'Wat ik zeg is dit: er is angst die je uit schuldgevoel jezelf oplegt en er is angst voor de realiteit, dat er mensen op jou loeren, en die moet je allebei niet groter maken. Zorg dat je het behapt. Stel jezelf gerust.'

'Dat is een leuke. Hoe dan? Ik kan het maar één keer verkeerd inschatten. En ik wil graag blijven leven, want ik heb nog zoveel te doen. Maar ik wil vooral mijn kleinkinderen geen trauma bezorgen. Althans, dat wil ik zo lang mogelijk uitstellen. Dus zeg jij maar wat ik wel en niet kan doen. Wat is de balans? Wat is de verhouding tussen mijn angst uit schuldgevoel en de realiteit?'

'Dat weet ik niet, ik zeg alleen dat jij vanuit jouw schuldgevoel een stukje angst erop gooit.'

'Hoe groot is dat stukje dan? En hoe vertaal je dat praktisch? Kan ik gewoon weer naar buiten? Is binnenblijven overmatige angst?'

'Dat is moeilijk te zeggen.'

'Precies, en dat is mijn probleem. Hoe bepaal ik of de angst overmatig is? Dat ligt niet zo eenvoudig. En daarbij is het niet bepaald geruststellend dat Wim de schijn ook niet mee heeft. Of het nou mazzel – voor hem – is of door zijn hand, maar getuigen overlijden. Inmiddels al zes.'

'Het klinkt als iets wat je alleen in een slechte film verwacht.'

'Dat is het probleem. Iedereen denkt nog steeds dat ze naar een film zitten te kijken, maar het is mijn realiteit en die realiteit zegt mij dat ik niet overmatig angstig ben, maar gezond alert.'

'Ben je angstiger nu de rechtbank die man heeft vrijgelaten waar je over hebt verklaard?

'Een beetje.'

'Die loopt weer gewoon rond. Misschien gaat hij wel naar jou op zoek?'

'Ja, dat kan. Maar dat houdt me niet echt bezig.'

'Nee?'

'Nee, het is een heel andere angst dan mijn angst voor Wim. Onpersoonlijker. Abstracter. En veel minder definitief. Daarvan kan ik nog denken: hij doet het niet. Kijk, als die man een paar dagen vast heeft gezeten, maar hij wordt er verder niet voor vervolgd, dan zal hij me haten maar hij zal denk ik niet de moeite nemen een liquidatie te plannen, te bekostigen en het risico te nemen dat hij bij ontdekking alsnog de bak in gaat. Als hij van mijn verklaring verder geen schade heeft, zal hij mij ook niet zo snel schade willen toebrengen. Dat is een zakelijke afweging.

Bij Wim is het altijd persoonlijk – en definitief. Dat is heel wat anders. Ik heb hem als familielid in zijn eer aangetast en daar moet ik voor boeten. Daar ben ik bang voor. Die angst is er altijd, bijna tastbaar. Hij is de enige die dit zo in mij wakker kan maken. Dat heb ik met niets en niemand anders.

Dat anderen nu mogelijk ook op mij loeren, maakt de angst voor Wim misschien wel dragelijker. Als ik nu een schutter op me af zie komen hoef ik niet te denken dat het hem gelukt is. Nu kan het van iedereen komen.'

DERDE VERHOOR

Mama 2

Ik app een vriend.

'Wil je voor me bidden vandaag?'

'Doe ik iedere dag. En op zondag met achthonderd man. Nog iets specifieks?'

'Ja, bid ook maar voor hem.'

***

De voorzitter neemt het woord. 'Goedemorgen mevrouw Holleeder, ik wijs u erop dat u nog steeds onder het verband van de belofte staat die u heeft afgelegd.'

'Edelachtbare, mag ik u wat vragen? Ik heb een brief meegenomen die mijn moeder aan de EBI heeft geschreven. Zij wil ook wat doen om ons te steunen en wil graag dat ik die voorlees.'

'Kent u de inhoud van deze brief, meneer Holleeder?' vraagt de rechter aan Wim.

'Ja, mijn moeder wil niet dat ik eruit kom.'

Mijn hart breekt als ik hem dit hoor zeggen. Al mijn woede is verdwenen. Ik voel alleen maar medelijden. Zijn eigen moeder die de directeur van de Extra Beveiligde Inrichting vraagt hem daar binnen te houden.

Zittingen lang heeft hij geprobeerd de rechtbank ervan

te overtuigen dat hij altijd zo goed voor zijn familie is geweest. Onze telefoongesprekken zouden daarvan het bewijs zijn, gesprekken gevoerd in een taal opgelegd door hem, juist omdat Justitie niet mocht weten waar we het over hadden en hoe de verhoudingen echt lagen. Dat wij dat voor hem gedaan hebben, krijgen we nu als een boemerang terug, want lees maar: we spreken met hem af, we gaan gezellig koffie drinken. Wij zijn leugenaars als we zeggen dat we door hem geterroriseerd zijn. Maar in haar brief vertelt mijn moeder dat Wim allesbehalve een familieman is.

Ik praat op mezelf in: hou op, As, laat je medelijden je geest niet weer verslappen. Mama heeft je gevraagd dit te doen. Doe het dan ook. Voor haar en voor Rich. Hij is niet de broer waar jij naar verlangt. Hou vast aan de realiteit.

Ik doe wat ik met mezelf heb afgesproken als ik het moeilijk zou hebben. Ik dreun in gedachten het sectierapport over Cor als een mantra op: *Inschot hoofd met gedeeltelijke verscheuring van de halsslagader, inschot hoofd met perforatie van de hersenen, breuken van het schedeldak en de beide oogkassen, perforatie van de schedelbasis, breuken van de neus en de bovenkaak en uitschot naast de linker bovenlip...*

Dan lees ik voor.

'Hierbij deel ik u mede dat ik, moeder van Willem Holleeder, deze brief schrijf omdat als Willem uit de EBI zou komen de veiligheid van mijn kinderen en kleinkinderen in gevaar is. Ook mijn kleinkinderen, want die heeft hij rechtstreeks bedreigd in zijn laatste woord. Toen hij zei: "Ik zal mijn zusters *en hun kinderen* niets aandoen". U denkt misschien: hij zegt juist dat hij ze niks zou aandoen, maar hij zegt juist dat hij ze wel wat gaat doen, alleen weet hij dat u dat niet begrijpt. Maar ik begrijp heel goed wat Willem zegt. Hij dreigt mijn kleinkinderen hetzelfde aan te doen als mijn kinderen: ze te vermoorden. En daar mag hij de kans niet voor krijgen.'

***

'Hi mam.'

'Hoe is het gegaan?'

'Het was heftig.'

'Heb je mijn brief voorgelezen?'

'Ja, dat wilde je toch?'

'Ja, en wat zei de rechter?'

'Hij vroeg aan Wim of hij de brief kende. En die kende hij, vanuit de EBI.'

'O,' zegt ze.

'Vind je dat naar om te horen?'

'Het geeft me wel een raar gevoel.'

'Het gevoel dat je hem verraadt?'

'Hoe kan ik hem verraden? Ik heb altijd voor hem klaar gestaan. Hij heeft hier zelf voor gekozen.'

'Wat is het dan?'

'Ik weet het niet. Een raar gevoel.'

'Ik vond het wel erg voor hem toen ik het voorlas.'

'Hij vindt het erg voor de buitenwereld. Niet omdat ik het zeg.'

'Denk je dat hij van je houdt?' vraag ik.

'Daar sta ik niet bij stil. Hij is mijn kind.'

Bom

'Mam, weet je nog dat je in de Hoendiepstraat woonde?'

'Ja, natuurlijk.'

'Jij had toch van die houten stellingen voor de ramen?'

'Het pand was gestut, omdat ze dachten dat het aan het verzakken was. Er kwamen allemaal stenen los.'

'Wist je dat er aan die stelling een keer een bom was bevestigd?'

'Een bom? Meen je dat nou?'

'Ja, die hing aan een draadje voor jouw raam.'

'Daar weet ik niks van. Waarom zou iemand bij mij een bom plaatsen?'

'Het was ook niet voor jou bedoeld, maar voor Wim. Het was volgens het Openbaar Ministerie in opdracht van Endstra, maar volgens Wim in opdracht van Mieremet.'

'O, mooi is dat.'

'Heeft Wim jou daar nooit iets over gezegd?'

'Nee. Daar heb ik hem nog nooit over gehoord.'

'De officier van justitie heeft Wim gevraagd wat hij heeft gedaan toen hij die bom zag. Wim zegt dat hij erover heeft gedacht naar de politie te gaan, maar –'

'Hij gaat niet naar de politie,' onderbreekt mijn moeder me.

'Nee, dat zegt hij zelf ook: "Maar dat is niet mijn ding".

Hij zag de bom hangen toen hij de was kwam brengen,

op zondag. Hij dacht: hè? Hij hing aan een draadje. Later zag hij dat ie weg was. Daarna hing die bom er weer, maar uiteindelijk heeft hij 'm niet meer gezien.'

'Heeft die bom er twee keer gehangen? Waarom heeft hij daar niks over gezegd?'

'Dat vroeg die officier hem ook: "Heeft u uw moeder gewaarschuwd?" Wim zegt daarop: "Ik heb niet gepraat over een bom, maar ik heb wel gezegd: daar hangt een raar ding".'

'Dat is niet waar. Als hij tegen me had gezegd: "Daar hangt een raar ding", dan was ik toch gaan kijken? Ik wil toch weten wat er voor mijn raam hangt? En stel dat er iets had gehangen, denk je nou echt dat ik dat niet meer had geweten? Wie heeft er nou een raar ding voor zijn raam hangen, zoiets vergeet je toch niet? Echt, ik weet van niks. Hij heeft het daar nog nooit met mij over gehad.'

'Heeft hij ook niet gezegd: "Daar hangt een bom?"'

'Nee, natuurlijk niet, je denkt toch niet dat als ik weet dat er een bom voor mijn raam hangt, ik rustig thuis blijf zitten? Dan bel ik toch gelijk een van jullie? Dan hadden jullie het ook nog wel geweten.'

'Wij weten van niks.'

'Dat bedoel ik. Nee, echt niet. Hij heeft nooit iets gezegd. Maar dat had hij wel moeten doen. Ik had wel dood kunnen zijn. Of een van jullie. Jullie kwamen ook bij me, met de kleinkinderen.'

'Dat zei die officier ook: "U weet dat er dreiging kan zijn op uw leven, omdat u voor Endstra werkt. U ziet iets geks hangen. Dan denk ik dat ik mensen zou waarschuwen. Uw moeder heeft buren, er wordt post gebracht, uw moeder loopt in en uit..."

Wim antwoordde daarop: "Nu weet ik dat het een bom was. Toen dacht ik dat wel, maar ik wist het niet zeker. Als ik toen zeker had geweten dat het een bom was, had ik iedereen wel gezegd: ga weg. Ik heb gedacht: ik hou het in de gaten en ineens was het weg".'

'Als er ergens iets hangt waarvan je ook maar een klein beetje het idee hebt dat het een bom kan zijn, dan ga je toch niet weglopen en zie je wel wat er gebeurt?'

'Hij zegt: "Ik leef zoals ik ben. Ik kijk of iets wat is, of het wat wordt".'

'Of zijn eigen moeder wel of niet opgeblazen wordt.'

'Wim zegt: "Als ik zeker had geweten dat het een bom was, had ik mijn moeder daar wel weggehaald. Maar ik wist het niet zeker".'

'Dat gedraai van hem. Hij vindt het zelf zeker ook raar overkomen, dat hij me zo had achtergelaten in een huis met een bom aan mijn raam. Daar moest hij even snel iets op verzinnen. Maar hij heeft me niet weggehaald. Dat zou hij ook niet doen.'

'Nee, hij liet Sonja toch ook altijd zijn auto starten om te kijken of er geen bom onder zat.'

'Dat bedoel ik.'

'Mam, denk je dat hij van je houdt?'

'Dat weet hij alleen.'

Sandra appt

Ik lig uitgeteld op de bank bij Sonja als Sandra appt: 'Hoe is het gegaan vandaag?'

'Het blijft vreselijk om te doen.'

'Ben je druk? Of kun je nog ergens koffie doen?'

'Ik ben al binnen.'

'Wil je even wandelen?'

'Wat een rare vraag,' zeg ik tegen Sonja.

'Wat?'

'Sandra vraagt of ik koffie wil doen, of wil wandelen. Het is al negen uur en donker buiten. Wat raar.'

Sandra weet heel goed dat wij in het donker de deur niet meer uit gaan. Dan is de omgeving veel te onoverzichtelijk.

'Hoe kan ze dat nou vragen?' zeg ik tegen Sonja.

Ik app terug: 'Nou nee. Ik lig lekker op de bank bij Son. Mij te koud buiten.'

'Echt niet? Koffie is warm,' appt ze.

'Volgens mij wil ze echt dat ik kom!' zeg ik tegen Sonja.

'Dat klopt niet,' zegt Sonja. 'Niet gaan, hoor!'

'Ik ga zeker niet. Dit is zo absurd.'

'Bel haar! Misschien hoor je wat op de achtergrond.'

Ik bel Sandra, en zet haar op speaker zodat Sonja mee kan luisteren. Die beeldt het besturen van een auto uit. Ik denk hetzelfde, het klinkt alsof Sandra in een rijdende auto zit.

'Hi San, is het zo belangrijk dat je koffie wil doen?'

'Is de paus katholiek?' antwoordt ze.

Nu word ik helemaal onrustig.

Ik gebaar naar Sonja. Wat is dit? Zij gebaart dat ze het ook raar vindt.

'Maar ik zie je toch al snel?' vraag ik.

Een precieze datum en tijd zeg ik nooit door de telefoon, bang dat dat door de verkeerde mensen wordt opgevangen, maar zij weet dat ik haar morgen zie, want die afspraak hebben we samen al lang van tevoren gemaakt.

'Heeft het zoveel haast?'

'Ik denk het wel,' zegt ze.

Nu krijg ik helemaal de kriebels. Het liefst ga ik er meteen heen, om uit te zoeken wat er aan de hand is. Ik gebaar naar Sonja of we naar haar toe zullen gaan.

Die schudt heel beslist haar hoofd. Ze loopt naar me toe om me iets in mijn oor te fluisteren. Ik zet de telefoon van de speaker af en hou hem zo ver mogelijk van mijn hoofd vandaan.

'Dit klopt niet,' zegt ze heel zachtjes. 'Dit is niks voor Sandra.'

'Nee,' zeg ik. 'Ik heb het gevoel dat ze me wil lokken. Er zal toch niet iemand bij haar zijn? Dat ze gedwongen wordt om mij te laten komen?'

'Geen idee, maar niet gaan!'

'Als je het niet erg vindt, blijf ik lekker thuis, San.'

'Wat jij wilt,' zegt ze kortaf. Ze blijft aan de lijn, maar zegt geen woord. Wil ze me iets duidelijk maken? Stel dat er wél een gek bij haar is, dan kan ik haar toch niet zo aan haar lot overlaten?

Ik kijk vragend naar Son. 'Wat moet ik doen?' gebaar ik.

Zij schudt weer krachtig 'nee'. Niet gaan.

'Oké, dan zie ik je snel.' Ik hang op.

'Ik ga beveiliging bellen. Misschien kunnen zij wat doen,' zeg ik tegen Sonja.

Ik pak mijn telefoon en laat hem van schrik uit mijn hand vallen als de bel gaat.

Sonja rent naar de camera's. 'Ze staat beneden.'

'Is ze alleen?'

'Daar lijkt het wel op.'

'Oké, doe open en kijk goed of er niemand meeloopt.'

'Niemand,' zegt ze.

Ik kijk mee. Sandra staat voor de deur van het appartement.

'Doe maar open,' zeg ik tegen Sonja en trek Sandra snel naar binnen.

Haar gezicht is gespannen en haar ogen zijn rood doorlopen.

'Wat is er?' vraag ik.

'Ik zit er helemaal doorheen,' fluistert ze en begint te huilen.

Arme Sandra, haar vraag om contact was een schreeuw om aandacht geweest. Ik kan me wel voor mijn kop slaan.

'San, wat erg. Hier, ga lekker op mijn plekje liggen, beentjes op de bank, zo.'

'Ik zet koffie voor je,' zegt Sonja.

Ze komt algauw een beetje bij.

'San, ik moet je iets bekennen,' zeg ik schuldbewust. Ik vertel haar dat ik dacht dat ze me wilde lokken.

'Lekker dan. Stel ik me een keer kwetsbaar op, word ik meteen gewantrouwd. Dat doe ik dus ook nooit meer.'

'Doe inderdaad maar liever niet meer,' grap ik. 'Daar raken we van in een angstpsychose.'

'Ja, lach maar,' zegt Sonja. 'Net was je niet zo vrolijk.'

'Dat is waar. Laten we een code afspreken waarmee we elkaar kunnen waarschuwen voor het geval we gedwongen worden elkaar te lokken.'

De volgende dag ga ik naar haar toe. Ik bel haar wakker. Sandra komt al weken nauwelijks haar bed nog uit. Ze slaapt overdag, omdat ze de hele nacht Netflix-series kijkt. Ze is ronduit onuitstaanbaar. Er valt geen normaal woord met haar te wisselen, ze reageert op alles als door een wesp gestoken. Het isolement valt haar zwaar.

'San, ik weet niet of je het zelf in de gaten hebt, maar je moet echt iets doen aan de staat waar je nu in verkeert.'

'Staat? Welke staat?'

Daar gaan we weer. Ze zit weer in haar oude modus. Iedere vraag met een wedervraag beantwoorden.

'Je bent onuitstaanbaar voor je omgeving.'

'O, nou dank je. Had je nog wat anders?'

'Ja, dit moet veranderen, ik maak me echt zorgen om je. Je lijkt Ma Flodder wel. Alleen heb jij geen sigaar maar een elektronische sigaret in je mond.'

'O, je gaat nog even door? Gezellig dat je er bent.'

'San, ik meen het. Probeer nou even open te staan voor een gesprek.'

'Als je een klaagverhaal wilt horen, ben je bij mij aan het verkeerde adres. Met mij gaat het prima.'

'Nee, het gaat niet prima. Je hebt in korte tijd je vader en je moeder verloren. Je hebt je ouderlijk huis leeg moeten ruimen. Je hebt jarenlang met doodsangst door moeten werken, op een plek die bekend was bij Wim. Het gevecht met Justitie. Het onbegrip waar je tegenaan liep. Je hebt moeten verhuizen. De sores over je oude woning. De verhoren. De manier waarop hij je probeerde te vernederen. De jongens. De herinneringen aan Sam. De hele wereld die meeluistert hoe je je in de maling hebt laten nemen. Het is alles bij elkaar echt veel. Misschien op dit moment wel even te veel. Ik heb Son nog, mijn moeder. Ik heb toch nog een uitgebreider netwerk waar ik eventueel op terug kan vallen.'

'Ik heb Tonneke.'

'Ja, gelukkig heb je je stiefzus.'

Ze breekt.

'Zonder haar had ik het met mama niet gered. Zij kon wat ik niet kon. Haar elke dag heel zachtjes insmeren met zalf. Ik kon het niet, ik voel me daar heel schuldig over, maar ik voelde haar huid mee komen als ik haar insmeerde. Ik kon het gewoon echt niet aan.'

Tranen vullen haar ogen. Ik loop naar haar toe en pak haar vast.

'Je hebt helemaal nog niet om je moeder gehuild, San. Probeer niet alles zo in te houden. Dat is niet gezond.'

'Maar ik ben ook zo eenzaam. Ik zit de hele dag binnen. Ik kan niet naar een sportschool. Ik heb tien jaar alleen in België gewoond, maar dan kon ik tenminste ergens naartoe als ik dat wilde. Nu zit ik de hele dag thuis. Het maakt voor mij niet meer uit of het dag of nacht is. Ik zie toch niemand.'

'Hoe deed je dat dan in België?'

'Ja, toen had ik een doel, toen had ik de kinderen thuis en had ik twee honden. Het liefst zou ik weer een hond nemen. Maar ja, die moet je uitlaten, dus dat kan niet. Maar daar haalde ik heel veel plezier uit. Ik heb nu wel een kat, maar dat is toch anders dan een hond. Een hond houdt je echt gezelschap.'

Die avond stuurt Sandra mij foto's van dakloze hondjes. 'Kijk nou wat schattig. Misschien moet ik het gewoon doen. Ik moet toch iets van een leven hebben.'

'Misschien,' antwoord ik, wetende dat het beter is van niet, maar ik wil haar niet nog meer ontnemen.

'Ik doe het gewoon.'

Ze reageert op het hondje, maar dat heeft al een baasje. Gelukkig.

'Misschien moet je het toch nog even in beraad nemen, San. Je moet wel drie keer per dag naar buiten. Of je moet een hondje nemen dat het binnen op de krant kan doen.'

'O nee, dat vind ik vies. Dat doe ik niet. Maar je hebt gelijk. Een hondje kan niet.'

Een week later stuurt Sandra een berichtje. 'Kom je even naar mijn kindje kijken een dezer dagen?'

'Kindje?' app ik terug.

'Ja, kom nou maar gewoon. Dan zie je het wel. En neem Son mee.'

Ze staat al in de deuropening als Sonja en ik aan komen lopen. Op haar schouder zit haar kindje.

'Een papegaai?!' roept Sonja vol afschuw.

'Dit is Popeye de Tweede.'

'De tweede?' vraag ik.

'Ja, ik heb al eerder een papegaai gehad, en die heette ook Popeye.'

'Popeye, die naam past wel bij hem. De beschermer van Olijfje.'

'Nou, ik ben geen Olijfje meer hoor, eerder Bessie Turf.'

Het binnenshuis blijven heeft ook bij haar voor wat extra kilootjes gezorgd. Nog altijd is ze superslank, maar voor haar gevoel is ze een tientonner.

'Wat een goed idee.'

'Ja, hij moet nog leren praten maar dat komt wel, hè lieverd,' praat ze zachtjes tegen hem. 'Het is nog een baby. Maar met een beetje geluk praat ie straks terug.'

'Briljant plan,' zeg ik.

'Ja, goed hè? Probleem opgelost.'

'Ik zou toch liever ooit nog eens een leuke man vinden,' zegt Sonja.

'Dat gaat echt nog wel gebeuren, hoor. Volgens de waarzegster krijg je een relatie met een buitenlandse man of een man met werk in het buitenland,' zeg ik. In haar verlangen naar gezelschap was Sonja al naar twee verschillende waarzegsters geweest.

'In een getuigenbeschermingsprogramma zeker,' schampert Sandra. 'Sorry, ik wil de pret niet bederven maar wie wil jou nou?'

Sonja en ik kijken elkaar aan.

'Ja, even serieus. Waar ontmoet jij mensen dan?' vraagt ze aan Sonja.

'Ik zie nog steeds mensen,' verdedigt ze zich.

'Ja, maar dat zijn mensen die jou al kennen. Die zijn met jou meegegroeid. Maar in jouw situatie is er toch geen man die aan jou gaat beginnen?'

'Ik denk dat je altijd kans hebt op geluk. Ik kan me nog

goed die vrouw van de dansschool van Fran herinneren. Die reed achterop een auto en hield er een relatie aan over,' zeg ik.

'Nou, zodra Sonja haar naam op een schadeformulier zet, rijden ze met piepende banden weg.'

'Toch heeft de waarzegster voorspeld dat ik een hele leuke man krijg,' pruilt Sonja.

Sandra trekt haar wenkbrauwen op. 'Neem gewoon ook een papegaai, Son.'

'Ik moet er niet aan denken. Ik hoop toch echt nog eens weer normaal te kunnen gaan leven.'

De kuil

Als we net terug zijn in Sonja's huis, belt Richie me. Hij klinkt in paniek. 'Is mama bij jou?'

'Ja, ze is hier.'

'Laat ze haar telefoon dan opnemen, als ik bel. Ik maak me zorgen.'

'Doe even rustig. Is er iets gebeurd?'

'Ja,' zegt hij. 'Ik sta aan de bar en iemand achter mij zegt in mijn oor: "Jouw familie loopt gevaar. Je moet ze waarschuwen." Ik draai me om en zie een gozer weglopen. Ik ging snel achter hem aan. Maar buiten was hij al weg.'

'Maak je niet druk. Vast iemand die een geintje uit probeerde te halen.'

'Geintje? Dat zijn geen geintjes. Passen jullie op?'

'Ja, wij blijven gewoon binnen. Maar kom jij ook maar naar mama. Familie is een ruim begrip.'

Zodra hij binnenkomt begint Sonja tegen hem te tieren. 'Waarom ga je dan ook naar de kroeg? Waar is dat nou voor nodig?'

'Hij kan moeilijk de rest van zijn leven thuis blijven zitten, omdat wij tegen Wim getuigen,' neem ik het voor Richie op.

'Maar As, als hij een drankje op heeft, ziet hij het allemaal niet scherp meer.'

'Mam, het kan overal gebeuren. Als ik niet normaal kan

leven, dan ben ik er net zo lief niet meer,' zegt Richie.

'Hoor nou, hoe slap hij lult, As. Je bent niet goed bij je hoofd, jongen! Je weet niet waar je over praat!' schreeuwt Sonja.

Sonja heeft gelijk. 'Met alcohol ben je wel minder scherp, Rich.'

Maar ik weet ook dat het onmogelijk is de kinderen een normaal leven te ontzeggen uit angst dat er misschien ooit iets met ze gebeurt. Voor Sonja en mij is ieder pleziertje dat ze beleven een bron van zorg. Ik moet blij zijn dat Richie gezellig een avond de stad in gaat, het leuk vinden dat Francis een diner heeft in een restaurant, opgetogen zijn dat Miljuschka een huis heeft gekocht. Maar het vervult me met vrees, alles waar je als moeder van zou moeten genieten is een kwelling. Maar het is onvermijdelijk, zij gaan door, moeten door. Dus doe ik net of ik het leuk vind.

'Waar leven we in?' zucht Sonja als Richie de deur uit loopt.

'In de erfenis van ons verleden. In de realiteit van Wim. Maar Son, daar hoeven zij niet in te leven. We moeten hen loslaten.'

'Dat is makkelijk gezegd. Ik moet er even uit. Te veel stress. Ga je mee wandelen?'

'Het is donker buiten.'

'Maakt me niet uit. Ik ben klaar met die angst. Klaar met dit leven. Ik ga weer genieten.'

Ik ga met haar mee, omdat ik zie hoe overstuur ze is.

'Zet dan wel even een pruik op, jij geeft licht in het donker met dat witte haar.'

Ze zet een pruik op, en we gaan naar buiten.

Zwijgend lopen we naast elkaar, we denken hetzelfde. Het is een gevangenis: levenslang het idee dat er elk moment wat kan gebeuren. De kinderen leven hun leven. Het kan niet anders. En wij moeten dat aanzien en accepteren. Ik praat niet veel met ze over mijn angsten. Zij staan niet stil bij hoe wij inzitten over hen. De kinderen willen hun dromen najagen. Als ik ze met angst opzadel, kunnen ze dat niet. Het is een bijna onmogelijke balans: ze alert genoeg maar niet te bang maken.

'Weet je nog, de laatste keer dat we in het donker liepen?' vraagt Sonja.

'Ja, in het bos. Toen was hij op zoek naar de kuil die hij al voor ons had gegraven. Wat waren we bang. Kijk ons nou eens, we wandelen gewoon in het donker.'

'Omdat ik niet meer bang ben voor die kuil,' zegt Sonja. 'Zijn kuil kan mij niet meer laten stoppen met leven.'

'Maar als jij weer gewoon gaat leven, kan ik niet meer bij je zijn, want dan breng je mij ook in gevaar.'

Ik zie onmiddellijk op tegen de gedachte weer alleen te zijn. Sonja kijkt me aan. Ik zie aan haar dat zij hetzelfde denkt.

'Dan ga ik dat niet doen.'

Mama 3

'Je bent laat,' zegt mijn moeder als ik binnenkom.

'Ik was hier al, maar ik ben doorgereden. Ik had de hele weg een auto achter me aan.'

'Ik zit hier maar te wachten tot je komt.'

'Mam, ik rij echt niet voor de lol een halfuur om, hoor.'

'Ik heb hier helemaal niks en niemand. Zit hier maar te wachten tot er iemand langskomt.'

'Mam, je overdrijft, en mag ik je eraan herinneren dat wij deze situatie te danken hebben aan jouw zoon? Die zo is geworden omdat jij die Kale uitzocht als vader. Als jij dat monster niet op de wereld had gezet, dan had ik nu nog een gewoon leven gehad. Dus kijk mij er niet op aan dat ik een halfuur omrij omdat jouw zoon mij wil vermoorden.'

Ik voel me gelijk schuldig. Ik wil een goede dochter voor haar zijn, omdat ze dat verdient. Ze is er altijd tussen gesprongen als mijn vader ons sloeg. Dat had ook heel anders kunnen zijn. Mijn vriendinnetje Anna zat in een kindertehuis, omdat haar vader was overleden en haar moeder sigarettenpeuken op haar lichaam uitdrukte. Ik kan me nog goed herinneren hoe verbaasd ik was te horen dat een moeder hiertoe in staat was. Ik kende geen moeders die hun kinderen mishandelen. Dat was voor mij net zo'n verrassing als de eerste keer dat ik begreep dat niet iedere vader zijn kinderen sloeg.

Ik prees me gelukkig met mijn moeder, ook al liep het tussen ons niet altijd even soepel en zijn er nog steeds momenten dat haar gedrag me toch weer terug weet te brengen tot een kind dat bij het minste of geringste in de vechthouding staat. Zoals nu.

'Sorry. Ik ben een beetje lichtgeraakt. Ik was al gespannen door die auto achter me en dan ga je ook nog eens zeuren dat ik te laat ben. Ik weet dat je het moeilijk hebt. Het is ook moeilijk, al die veranderingen, en zeker op jouw leeftijd. Maar wij kunnen nu eenmaal niet altijd bij je zijn. We zijn er zo veel mogelijk, maar je zal toch ook moeten proberen weer een beetje vorm te geven aan je eigen leven, door erop uit te gaan. Waarom ga je niet naar het clubhuis als je je eenzaam voelt? Dat is speciaal voor ouderen. Daar doen ze aan gymnastiek.'

'Ik ga niet tussen al die ouwe wijven zitten.'

'Maar je bent zelf toch ook een oud wijf. Je bent drieëntachtig.'

'Nee, ik ga niet. Straks komen ze erachter wie ik ben en dan kunnen jullie hier niet meer komen.'

'Maar mam, ik heb liever dat jij gezellig naar het clubhuis kan. Wij vinden wel weer een manier om naar je toe te komen. Maak je daar geen zorgen om.'

'Nee, ik ga niet en hou d'r nou over op.'

'Je kan er wel niet over willen praten, maar dat lost niks op. Je bent doodongelukkig. Wees eerlijk: sinds je bent verhuisd, vind je niks meer goed. Je huis is niet goed, want je kan niet aan de overkant boodschappen doen. Maar dat is niet waar, want je kon al geen boodschappen meer doen, je kon al geen stap zetten zonder ons. Je omgeving is niet goed, maar je leeft hier in het groen en bent al lang niet meer ziek geweest. Terwijl in de Jordaan je huis zwart zag van het fijnstof en je altijd ziek was. Je buren zijn niet goed, maar bijna al je buren in de Jordaan zijn inmiddels dement of dood.'

'Die zijn maar beter af.'

'Wat bedoel je beter af? Beter af dement of dood?'

'Dood. Ik heb er soms gewoon geen zin meer in!'

'Mam, zeg dat niet. Ga alsjeblieft wat doen, ga naar die club. Vroeger leefde je ook altijd helemaal op als je je eigen dingen deed. We zitten nu alleen nog maar met elkaar, dat is niet gezond. Je hebt invloeden van buitenaf nodig. Vroeger ging je naar doggy-dance-training, of naar de meubelwinkel waar je hielp, of naar basketbal, of naar het pannenkoekenhuis van je broer Frits, dan was je altijd goed gemutst. Je had je eigen mensen om je heen. Bepaalde je eigen gezelligheid. Ga mensen ontmoeten. Beperk je leven niet tot ons. Wij vinden wel weer een manier.'

'Nee. Ik wil niet.'

'Waarom niet?'

'Stel, ik kom een bekende tegen. Die gaat weer tegen andere mensen zeggen wie ik ben. Dan word ik weer helemaal naar van binnen. Dat had ik ook met die nieuwe buurvrouw van hier. Ik wist niet dat zij het wist. Toen zei ze: "Jij hebt ook heel veel meegemaakt, hè, met je zoon." Dan krijg ik alweer dat rotgevoel, en daarom ga ik ook niet naar het clubhuis. Ik wil niet dat iedereen weet dat ik "de moeder van" ben. Daar wil ik niet mee geconfronteerd worden.'

'Je schaamt je?'

'Ja natuurlijk, zou jij je niet schamen? Hoe denk je dat ik me voel als de mensen over hem beginnen? Nu nemen zij mij niks kwalijk, maar het is wel mijn kind dat al die gekke dingen doet. Ik weet dat hij slecht is en ik vind het erg hoe ik zoiets op de wereld heb kunnen zetten, maar ik heb er niets tegen kunnen doen. Althans, dat hou ik me voor, anders kan ik mijn keel wel aan de kapstok hangen. Nee, ik wil gewoon niet dat de mensen hier weten wie ik ben. In de Jordaan was het anders. Daar kenden de mensen Wim van kind af aan. Ze vinden het allemaal even erg voor me, hoe hij geworden is. Ze houden me aan op straat: "Stien, wat erg voor je. Hoe kan het, hè? Jij bent altijd zo netjes".'

'Daar weten ze dat het niet aan jou als moeder lag?'

'Nee, ik heb jullie keurig opgevoed. Ik heb nog nooit iets geks gedaan. Jullie liepen altijd rond in gestreken kleertjes. Maakte ik allemaal zelf. Ik kookte elke dag. Het huis was schoon. Ik begrijp gewoon niet hoe hij zo geworden is. Ja, door je vader. Maar jullie zijn toch ook allemaal gewoon geworden.'

'Wij hebben ook wel de nodige schade opgelopen, hoor mam.'

'Maar jullie doen toch niet van die gekke dingen? Hij wel. En waar is dat nou allemaal voor nodig?'

'Nergens voor. Het heeft alleen maar ellende gebracht. Maar er zijn best mensen die je kunt laten komen.'

'Wie dan?'

'Je zus en je nicht. Of Annie. Je kunt Annie toch laten komen? Die is honderd procent betrouwbaar.'

'Nee. Annie heeft geen auto, die fietst alles. Dat is ook al een vrouw van in de tachtig, die kan niet dat hele eind hierheen komen fietsen.'

'Dan halen je kleinkinderen Annie wel zo nu en dan op.

We gaan gewoon een schema opstellen waardoor jij je eigen mensen weer kunt zien. We gaan gelijk beginnen. Bel je zus en vraag of ze met je nicht op de koffie komt.'

Onder mijn toeziend oog belt ze. Als ik er niet bij blijf, vindt ze weer redenen om het niet te doen.

'Ze komen woensdag,' zegt ze.

'Mooi, dan kom ik ook, maar zeg dat maar niet. Dat hoeven ze van tevoren niet te weten. Ben je wat rustiger nu?'

'Jawel.'

'Het is allemaal even wennen, mam, maar het komt echt wel goed.'

Die woensdag komen mijn tante en nicht binnen. Mijn nicht steekt onmiddellijk tegen mij van wal.

'Assie, jij ook hier! Wat leuk! Dat had ik niet verwacht.'

Ze is een prachtige vrouw met echt witblond haar, niet dat geblondeerde van de vrouwen die ik ken via Sonja. Ze heeft kuiltjes in haar wangen als ze lacht, en dat doet ze doorlopend. Ze heeft haar leven goed op orde met een geweldige man, twee prachtige kinderen en een leuke baan bij de drogist. Familie kun je niet kiezen, maar voor haar had ik gekozen. Ze is in alles fanatiek, ook in haar praten.

'Hoe kan het, hè As? Wat heeft Wim jullie een ellende gebracht. Dat is toch niet te geloven.'

Ze begint steeds luider te praten en haar handen praten mee. Het is alsof ik in de spiegel kijk. Ik lach.

'Ik moet je vaker zien. Dan word ik er tenminste aan herinnerd dat het qua temperament ook wel ietsje minder kan.'

Bij de koffie met gebak halen mijn moeder en haar zus herinneringen op aan het salamanderkacheltje waar een oliepitje op stond. Daarop stond een bak kokend water. Het kleine zusje van mijn moeder lag in de stoel naast de kachel. Ze zwaaide met haar benen op en neer, met haar voeten in de richting van het kacheltje. Het lusje van haar veter kwam om het oliestel. Met een zwaai trok ze het naar zich toe. De bak met kokend water golfde over haar heen. Mijn moeder zag het gebeuren, ze gilde. Haar zusje schreeuwde het uit van de pijn. Mijn oma stond beneden te praten met de bellenpoetser en rende de trap op. Op de grond lag haar dochtertje van drie, van haar knieën tot haar middel verbrand.

'Ze is gered door de eerste vlucht penicilline,' vertelde mijn moeder. 'Dat hadden we hier nog niet. Het is een wonder dat ze het heeft overleefd. Als de olie over haar heen gekomen was, was ze dood geweest.'

Toen ze dertien was moest ze geopereerd worden, omdat de brandwonden niet meegroeiden en ze krom begon te lopen.

'Ze had de mazzel dat in het Binnengasthuis net een nieuwe kliniek werd geopend waar ze huidtransplantaties uitvoerden.'

Ze was de eerste patiënt.

Het had haar getekend. Lichamelijk en geestelijk. Zwemmen met leeftijdsgenoten vond ze het ergste. Door haar verwondingen was mijn tante een zorgenkindje. Mijn moeder redde zich wel.

'Ze zal zich schuldig hebben gevoeld, doordat ze beneden was toen het ongeluk gebeurde,' verklaarde mijn moeder het verschil in aandacht.

Mijn moeder vond mijn oma een harde vrouw.

'Misschien kwam dat door opa,' opperde ik. Mijn oma

had haar man haar hele huwelijk met een andere vrouw moeten delen. Haar tante had tegen mijn oma gezegd dat ze dat niet moest pikken, ze moest vechten voor haar man, ze moest niet accepteren dat ze haar kerel afpakte! Ze gingen er samen heen. De bedriegster had opengedaan en naar mijn opa verwezen. Er veranderde niets.

'Ben je niet boos op je vader, dat hij altijd bij die andere vrouw bleef?' vroeg ik mijn moeder.

Dat was ze niet. 'Mijn moeder was geen warme vrouw. Ze was niet echt gezellig.'

Ze was vijftien toen ze zich aan het voorbereiden was voor de wedstrijd.

'Stientje. Kijk, je vader is er,' riep een teamgenootje. Haar vader kwam niet vaak kijken als zij korfbalde. Nu kwam hij aanlopen, samen met een voor haar vreemde vrouw.

'Hij riep me en toen heb ik me omgedraaid en ben kwaad weggelopen.'

'Dus je was wel boos op je vader?' vroeg ik.

'Ja, ik vond dat niet kunnen tegenover mijn moeder.'

'En tegenover jou?'

'Tegenover mij? Ik had geen probleem met hem, hij is altijd een hele lieve vader voor me geweest.'

Volgens mijn moeder had mijn oma het aan zichzelf te wijten dat haar vader hen zo goed als had verlaten. Ik had haar al vaker gezegd dat ik haar standpunt niet fair vond. Ze was van de generatie waarbij de man het inkomen binnenbracht en de vrouw voor het huishouden en de kinderen zorgde. Financieel afhankelijk en drie kindermonden te voeden had ze weinig andere keus dan bij hem te blijven.

Mijn opa liet haar ook niet in de steek. Zo zat hij vijf dagen per week aan de eettafel bij zijn minnares en de rest van de week schoof hij bij mijn oma, mijn moeder, tante en oom aan. Mijn moeder had er geen last van dat zij de B-keus van haar vader was. Ze wist ook niet dat hij in de vijfendertig jaar dat hij zijn ontrouw volhield haar nog twee halfzusjes had gegeven.

'Dat wist je wel,' zei ik. 'Je hebt me verteld dat ze nog op zijn begrafenis waren.'

Maar mijn moeder zei zich daar niets van te kunnen herinneren.

Iris 6

'Iris, waarom blijft mijn moeder zo hardnekkig vasthouden aan het ideaalbeeld van haar vader?'

'Ik denk dat je moeder splitst. Je herinnerde haar er even aan dat ze haar vader begreep, omdat haar moeder niet zo'n warme vrouw was, maar dat ze toch ook wel boos op hem was. Dat is wat volwassen mensen doen: enerzijds snap je het, anderzijds ben je ook kwaad. Dan heb je twee verschillende gevoelens ten aanzien van hetzelfde object. Dat heet ambivalentie verdragen. Jouw moeder kan niet verdragen dat ze voor haar vader twee gevoelens naast elkaar heeft. Als je dat niet aan kunt, dan kom je met jezelf in conflict en dan ga je splitsen. Dan is iemand alleen maar goed of alleen maar slecht.'

'Waarom doet ze dat?'

'Splitsen komt doordat je niet geleerd hebt een mens in zijn totaal te ervaren, met zijn goede en zijn slechte kanten, en toch het vertrouwen te behouden.'

'Doen wij kinderen dat ook?'

'Ieder mens splitst in de eerste twee levensjaren. Je deelt de wereld op in goed en kwaad, stout en lief, zonder ruimte voor nuances. Die nuances leer je, omdat je merkt dat alles twee kanten heeft. Niet iedereen is helemaal goed, maar ook niet helemaal slecht, niet altijd lief maar ook niet altijd gemeen. Als je dat níét leert, blijf je primitief reageren.'

'Hoe leer je het?'

'Door de omgang met elkaar binnen het gezin. Door met elkaar te praten over de gemengde gevoelens die je voor elkaar kunt hebben. Door van je vader te kunnen houden, maar ook boos op hem mogen zijn. Kunnen houden van én kunnen haten.'

'Ik heb nooit boos op mijn vader kunnen zijn. Ik heb nooit tegen hem kunnen zeggen hoe ik me voelde. Het zou niet in me opkomen. Hoe voer je een gesprek met iemand waar je bang voor bent? En als kinderen gingen we met elkaar om, zoals wij dat mijn ouders zagen doen. Daar was niets genuanceerds aan. Ik denk niet dat wij dat geleerd hebben.'

'Je kunt het ook buiten je gezin leren.'

'Denk jij dat ik splits?'

'Ik denk het niet. Mensen die splitsen delen anderen in twee typen op: in goede en slechte. De goede mensen worden geïdealiseerd, en de slechte mensen worden tot levensvijand gemaakt. Maar wat denk je zelf?'

'Ik zie in iedereen wel iets goeds maar ook vaak iets slechts. Ook in mezelf. Niemand is perfect en hoeft dat van mij ook niet te zijn. Iedereen mag fouten maken. Ik kan wel door iemands gedrag ineens totaal afknappen. Ik moet mezelf dan echt dwingen om het gesprek aan te gaan, anders schrap ik die persoon uit mijn leven zonder hem of haar een kans te geven zich te verklaren.'

'Dan wil je je eigen gelijk in stand houden. Je wil niet gecorrigeerd worden in het beeld dat jij hebt van iemand. En als je dan het gesprek toch aangaat?'

'Dan blijkt het vaak veel genuanceerder te liggen. En wordt het contact meestal hersteld.'

‘Dan probeer je in ieder geval niet te splitsen.’

‘Nee. Ik denk dat Wim wel splitst. Hij kan zijn vrienden eerst adoreren, en het volgende moment uitspugen. Hij kan het moeilijk accepteren dat mensen weleens tegenvallen. Vaak is niet duidelijk wat dat heeft veroorzaakt. Hij praat daar ook niet over. Zonder dat je het weet is hij beledigd en trekt hij zijn conclusies.’

‘Splitsen is zo gebeurd: een goede vriend kan om een onaangenaam kleinigheidje aan de kant worden gezet.’

‘Dat is bij uitstek iets wat ik in Wim herken. Alleen gaat het bij hem veel verder dan alleen aan de kant zetten.’

Tom

Het is stil en saai. Niemand komt op bezoek. Contact met buren: kan niet. Mijn neefje, nichtje, zelfs mijn dochter weet niet waar ik woon. Vrienden vertel ik het ook niet.

'Vertrouw je me niet?' vraagt Tom, al sinds jaar en dag een vriend van de familie. Hij was via Rich aan komen waaien.

'Natuurlijk wel. Maar het gaat niet alleen om mij. Ik bescherm jou ook als ik je niet vertel waar ik woon.'

'Ik zou toch nooit doorvertellen waar jij woont?'

'Ik weet dat het laatste wat jij wilt is mij in gevaar brengen. Maar mag ik je wat vragen?'

'Ja.'

'Vertel jij aan mensen in jouw omgeving dat je mij weleens ziet?'

'Nee, alleen aan mijn vriendin. Maar ja, dat is mijn vriendin, die zou nooit iets zeggen.'

'En je moeder?'

'Ja, ook aan mijn moeder, maar die zou ook nooit iets zeggen.'

'En wees eens eerlijk, je beste vriend ook?'

Hij kleurt rood in zijn gezicht.

'Ook dus. Begrijp me goed, het is geen verwijt. Ik ben al blij dat je me nog wilt zien, maar drie mensen die weten dat je mij weleens ziet, is eigenlijk al veel. Vooral in de kringen waarin jij vaak verkeert.' Tom is een enthousiast stapper. Altijd al geweest. 'Wat als je een keer in de kroeg hangt, je hebt te veel gedronken en iemand weet het er bij jou uit te trekken?'

'Laat maar,' zegt hij zichtbaar geërgerd.

'Nee, wacht even. Als de verkeerde mensen ter ore komt dat jij misschien weet waar ik woon, dan loop je het risico dat die types jou in een kofferbak gooien en je dwingen het adres te geven. Begrijp je?'

Hij knikt. 'Het is duidelijk. Ik hoef het niet te weten,' zegt hij op beledigde toon.

'Maar begrijp je ook dat het niets met mijn vertrouwen in jou te maken heeft, maar alles met de veiligheid van ons allebei?'

'Ik vind het moeilijk, het heeft toch met vertrouwen te maken.'

Ik probeer hem uit te leggen dat het daar niets mee te maken heeft, maar het verloop van ons samenzijn blijft ongemakkelijk. Zijn onbegrip maakt me verdrietig, dagenlang blijft het aan me knagen. En in de maanden daarna komt dat nare gevoel regelmatig terug.

'Heb je gehoord wat Tom is overkomen?' appt Sonja mij.

'Wat dan?'

'Hij was uit eten met een groep vrienden en daar is iets in zijn drankje gegooid. Hij was helemaal de weg kwijt. Ze hebben hem thuis moeten brengen. Thuis lag hij te gillen dat hij zijn vriendin niet kon vinden, maar die was gewoon thuis. Hij was volledig van de kaart en kon zich de volgende ochtend niets meer herinneren.'

'Weet hij wie het in zijn drankje heeft gedaan?'

'Hij weet helemaal niets meer.'

'Hij kan zich ook niet herinneren wat hij heeft gezegd?'

'Nee.'

'Met wie hij heeft gesproken?'

'Ook niet.'

'Waar hij is geweest?'

'Nee. Helemaal niks.'

'Heftig,' zeg ik tegen Sonja.

Later die dag krijg ik nog een berichtje van Sonja. Het komt van Tom.

'Zeg even tegen As dat ik haar nu begrijp.'

Iris 7

‘Waar wil je het vandaag over hebben?’

‘Ik was laatst bij mijn moeder en toen hadden we het over Tom, een vriend van de familie. Hij werd gedrogeerd toen hij was gaan stappen met zijn vrienden. Dat neemt mijn moeder hem kwalijk. Hoe kan hem dat nou overkomen? vroeg ze zich af. Ik zei: “Misschien omdat hij zijn vrienden vertrouwt?” Dat vindt zij belachelijk, want niemand is te vertrouwen. Het geeft aan hoe ze in het leven staat, ze verwacht van ons ook dat we niemand vertrouwen. Nu ben ik al niet goed van vertrouwen, maar om ieder dagelijks dingetje in wantrouwen te verpakken, vind ik zo negatief. Ik irriteer me daaraan. Ik zou willen dat ze wat positiever was.’

‘Het was zijn fout dat hij niet waakzaam genoeg was?’

‘Juist, mijn moeder zou zoiets nooit overkomen, want zij let de hele dag op.’

‘Dat maakt haar sterk. Het is haar overlevingsmechanisme, en dat van jullie, geworden. Als kind probeerde je je tegen dat dreigende geweld van je vader te verweren, het te ontlopen door bijvoorbeeld uren op de wc te gaan zitten, door je af te zonderen en jezelf niet toegankelijk te maken. Daar heeft je moeder je bij geholpen, zij heeft uitgedragen: wees waakzaam voor je vader. Jouw moeder had jullie ook bij kunnen brengen dat je vader wel een beetje bruut was, maar dat hij eigenlijk een heel goed hart had, dat hij het niet zo meende. Daar worden kinderen ook gek van. Ze zien dat hun moeder wordt geslagen en vernederd, maar dat zij toch steeds zegt: "Het is toch mijn man, het is mijn hartendief".'

'Nee, dat heeft mijn moeder nooit gedaan. Als mijn vader thuiskwam met etenstijd, moesten we allemaal op tijd binnen zijn en dan bespraken we voor hij binnenkwam onderling hoe fijn het zou zijn als hij onder een auto kwam. Wij hoopten elke avond allemaal dat hij een ongeluk zou krijgen als hij terugfietste van zijn werk naar huis. Als hij wat later was dan normaal, dan was er meer reden voor hoop.'

'Dus hij heeft zich duidelijk bij jullie allemaal in de onmin gewerkt?'

'Ja, bij ons allemaal.'

'En je moeder deed eraan mee?'

'Ja, maar dan kwam hij toch weer thuis en begon hetzelfde ritueel weer opnieuw.'

'Dan was iedereen weer waakzaam.'

'Ja.'

'En met die gewelddadige vader moesten jullie chronisch waakzaam zijn. Als je chronisch waakzaam bent, ga je de wereld vertalen in het nodig hebben van wantrouwen. Je moet oppassen met vertrouwen hebben in andere mensen, vertrouwen hebben is zwak en geeft ruimte aan kwetsbaarheid. De ander kan daar kwaad mee willen. Jullie moeder is erin geslaagd jullie waakzaam te maken, maar daarmee heeft ze jullie geen vertrouwen in de mensheid gegeven.

En wantrouwen staat liefde in de weg. Het gevoel dat het fijn is om liefde voor andere mensen te voelen wordt niet ontwikkeld. Jouw moeder heeft dat niet met kwade bedoelingen gedaan, integendeel, ze heeft jullie sterker willen maken. Door jullie aan te leren dat je heel erg op moet letten wat er in je leven met je gebeurt. Dus een derde oor en een derde oog. De waakzaamheid stond bij haar bovenaan. Het voorkomt dat je wordt gekwetst.'

'Dat verklaart misschien waarom Wim al zijn vijanden heeft overleefd.'

VIERDE VERHOOR

Storm

'Oma, waar is Corrie Snorrie doodgeschoten?'

'Hoe kom jij bij die naam?' vraag ik verbaasd.

'Zo noemt Noura haar opa Cor.'

Hij is bij zijn nichtje geweest en dan komen er vaker dit soort vragen.

'Maar vertel nou, waar is Corrie Snorrie doodgeschoten?'

'In het Oude Dorp van Amstelveen.'

'Dat bedoel ik niet, ik bedoel waar op zijn lichaam?'

'O, eigenlijk overal. Hij is beschoten met een wapen waar veel kogels achter elkaar uit komen.'

'Met een soort Mega Blaster dus.'

'Een Mega Blaster? Wat is dat?'

'Die kun je in de speelgoedwinkel kopen. Daar kun je tien Whistler Darts achter elkaar mee afschieten,' legt hij uit in mij volledig onbekende speelgoedtermen.

'O, oké.'

'Die zijn echt vet gaaf, oma. Mag ik er zo een?'

Een vriend (V) van Cor

V: 'Je weet toch hoe Cor was? Die zei altijd alles.'

Sonja: 'Ja, die zei alles.'

V: 'Helemaal met een slok op.'

S: 'Dat was vreselijk gewoon. Ik weet nog dat hij bij jou een keer een bitterbal op je hoofd stuksloeg, weet je dat nog? Hij had een slok op, plakte die een bitterbal zo op je kale kop. Dat brandde volgens mij echt, hè?'

V: 'Zo'n blaar had ik.'

S: 'Ja dat geloof ik, verschrikkelijk.'

V: 'Deed zeer. Liep ik met zo'n verband op m'n kop.'

S: 'Dat vergeet ik nooit. Ik dacht: o mijn god. Wat doet ie nu weer?'

V: 'Hij deed wel rare dingen altijd, ja. Bij Adriaan. Pakte die het pistool en hield hem onder schot. Hij was zo dronken. Zei die: "Wil je nog wat tegen je dochter zeggen, want je gaat vandaag dood".'

S: 'Ah, nee. O, god.'

V: 'Die had helemaal in z'n broek gepist.'

S: 'Nee?'

V: 'Weggerend, zonder sleutels naar de auto. Die werd in de nacht opgepikt, die heeft ook wat met hem meegemaakt, hoor.'

S: 'O, o.'

V: 'Hij was echt... als die lam was, jeetje, erg op een gegeven moment. Jezus christus. Hij wist gewoon niet meer wat ie deed.'

S: 'Nee.'

V: 'Hij gaf me een klap op me bek in de wc, ik schrok me de tyfus. Ik stond te plassen, ineens achter me: pats. Ja, in één keer. Uit het niets, hè. En zonder reden, dat is nog het mooie van alles. Ik wist helemaal niet waarom. "En ik waarschuw je", zei die toen, "ik waarschuw je". Waarom? Mag ik nog even weten waarom, gek? Ja, dat deed die vaker, dat deed die vaker. Uit het niets. Op een gegeven moment pikte ik het niet meer, dan wist ik het al. Dan zag ik het aankomen.'

S: 'Dan merk je het aan zijn doen en laten.'

V: 'Dan had ik hem een paar keer een gooi gegeven, lag die languit. Ik had hem een keer bij die Hilversumse kroeg, jezus christus, kwam ik van achteren... Tussen de wc-potten en de muur, hè... Hij kon niet meer bewegen. Heb ik de deur dicht gedaan, ben ik aan de bar gaan zitten.'

S: 'Toch maar even kijken?'

V: 'Ik ga toch maar even kijken, zat ie er nog tussen. Heb ik hem er maar uitgehaald. Ik zweer het, hij zat er nog tussen.'

S: 'Wat erg.'

V: 'Ook dronken. Hij was soms zo dronken, dan gooide hij de whisky, hij moest continu whisky hebben, dan had hij al anderhalve fles op of zo. Dan gooide hij die whisky eruit en dan gleed ie uit gewoon. Het kon er niet meer in.'

S: 'Hij was wel heel erg op een gegeven moment.'

V: 'Ja, heel erg.'

S: 'Weet je dat ik het ook gewoon nog zielig vond. Ik vind het echt heel erg.'

V: 'Maar daarvoor bleef ik ook bij hem lopen. Omdat ik wist dat hij niet... Hij wist ook wel dat ie... Want hij lag tot één uur in zijn bed. Weet je wat ik er het ergste aan vond? Dat ik het een paar dagen ervoor met hem erover had, en hij ook dacht dat hij er wel een beetje vanaf zou zijn. Dat er geen gevaar meer was. Hij had het gevoel dat er geen gevaar meer was.'

S: 'Ik heb dat ook aan Cor niet gemerkt dat er wat was, of zo.'

V: 'Nee, er was niks in zijn beleving.'

S: 'Nee, want anders is hij zo oplettend altijd. Echt zo oplettend.'

V: 'Hij was heel erg oplettend. Zag alles.'

S: 'Ja.'

V: 'En hij heeft het helemaal niet. Hij had het helemaal niet verwacht. Jammer dat hij [de dader/AH] het gedaan heeft. Ik denk dat hij later voor mijn gevoel een beetje spijt had en degenen die het gedaan hebben voor mijn gevoel. Iedereen in de onderwereld zei ook dat het niet kan kloppen, weet je wel. Want hij was geen slechte man.'

S: 'Nee, echt niet.'

Francis 1

Francis was negen maanden oud toen een arrestatieteam haar ouderlijk huis binnenviel en zij uit haar wiegje werd getild door vreemde handen. De politie was op zoek naar haar vader voor zijn aandeel in de Heineken-ontvoering, maar hij was op de vlucht: Francis was een jaar toen hij werd gearresteerd in Parijs en overgebracht werd naar de in de lichtstad gelegen Santé-gevangenis. Vanaf dat moment 'werkte' haar vader daar. Net als Wim.

Eén tot twee keer per week reed ze met haar moeder en oma op en neer naar Parijs, stond ze uren met hen in de rij tot ze naar binnen mochten. Haar vader zat achter gewapend glas, fysiek contact was verboden. Bij het afscheid kuste ze het glas, haar vader kuste terug. Francis was drieënhalf toen hij naar Nederland kwam, maar hij kon nog steeds niet bij haar wonen.

Francis stelde vragen. Andere vaders werkten ook, maar kwamen wel gewoon thuis. Haar vader kon dat niet, want hij moest altijd 'overwerken'. Ze ging weer naar hem toe. Na gangen met stalen deuren kwam ze in een grote zaal vol met tafels, waaraan vaders zaten die daar ook werkten. Op de kinderopvang knutselde ze spinnen van kastanjes. Ze vierde er Sinterklaas en kerst.

Behalve de vaders werkten er ook mannen in uniformen.

Zij deden de deuren open en dicht. Van hen mocht haar vader niet opstaan om naar een ander tafeltje te lopen. Bij hen bleef haar vader achter als ze wegging. Ze begreep inmiddels waarom, maar voor haar was hij geen boef maar gewoon haar vader. Op haar achtste kwam hij af en toe naar huis, op proefverlof. Het zou niet lang duren voordat hij voor altijd thuis kwam wonen.

Inmiddels was haar moeder in verwachting van haar zusje Bo. Francis werd nauw bij het heugelijke feit betrokken. Samen met haar moeder en oma liep ze uren door de Prenatal om spulletjes uit te zoeken. Ze kocht van haar spaargeld een fotoalbum en legde het klaar op de commode toen haar moeder naar het ziekenhuis ging. Haar zusje kwam ter wereld, maar kwam nooit thuis. Het fotoalbum dat ze voor haar gekocht had, bleef leeg.

Haar vader kwam na zijn vrijlating wel naar huis, en nam zijn opvattingen over een gezinsleven mee. Voor Francis betekende het een grote verandering. Ze was tot haar achtste tussen vrouwen opgegroeid. Haar beeld van een man werd bepaald door haar oom Gerard, die in niets leek op Cor en Wim.

Haar vader werd niet de man op wie haar moeder had gehoopt.

Hij hield van feesten en drank. Haar moeder lokaliseerde hem meer dan eens in een seksclub. Zodra de portiers haar via het kijkgaatje voor de deur zagen staan, werd er niet meer opengedaan. Daarom liet ze Francis aanbellen en stormde vervolgens zelf naar binnen. Francis zag haar vader voor het eerst in haar leven dronken en kwam klem te zitten in de ruzies die dat tussen haar ouders opleverde.

Een jaar later ging ze naar de internationale school. De voertaal en het onderwijs op die school was Engels.

'Hoe kun je Francis nou naar de internationale school sturen? Ze spreekt geen woord Engels, dan raakt ze toch achterop?' vroeg ik bezorgd aan Sonja.

'Ach, dat redt ze wel.'

'Hoe weet je dat? Jullie spreken zelf geen woord Engels. Hoe ga je haar begeleiden met haar huiswerk?'

'Ja, dat weet ik ook niet. Cor wil dit nou eenmaal.'

En dus ging Francis naar een school gevuld met kinderen uit de bovenklasse van alle landen ter wereld, een bovenklasse die haar vader voor haar ambieerde, met kinderen die geen idee hadden van de Heineken-ontvoering. Het was haar redding.

Dat haar ouders niet mee konden naar ouderavonden, omdat ze niet begrepen wat er werd gezegd en sowieso geen idee hadden van een schoolopleiding, was alleen maar een voordeel. Haar moeder viel uit de toon met haar geblondeerde haar en Versace-kleding, en haar vader viel op door zijn patserige auto. Ze nam haar tante mee. Natuurlijke haarkleur, studentenbrilletje, saai gekleed, Engels sprekend. Het maakte de kans kleiner dat haar klasgenoten zouden ontdekken waar ze vandaan kwam.

Als haar vader haar naar school bracht, wilde hij bij het afscheid steevast een kus van zijn kleine meisje. Ze voelde zich daar al snel te groot voor, maar ze deed het, anders begon hij te toeteren voor de deur van de school en zagen anderen hem, in die opvallende bak. Op school was haar vader een zakenman die in Spanje woonde. Hij was niet Cor van Hout en haar oom was niet Willem Holleeder. Als Francis de poort van de school binnenging, bestonden de Heineken-ontvoerders niet.

Ondanks dat ze 'een kind van haar moeder was', bouwde haar vader een eigen relatie met haar op. Hij gaf haar de taak 's ochtends koffie te zetten en een kop zwarte koffie naar hem te brengen. Het was een moment samen. Ze deelden de interesse voor paarden. Francis reed vanaf haar zesde jaar en was acht toen er een witte pony met een grote rode strik om zijn buik op haar stond te wachten in de manege.

Ze was zo veel mogelijk in de stallen, om de paarden te verzorgen. Cor ging al zijn hele leven naar de paardenkoersen en was als fervent gokker altijd in de paardenstallen op zoek naar de tip die hem de winst op zou leveren. Francis ging mee, net als haar moeder en haar oompje.

Ze leefde in twee werelden. In haar wereld thuis, waar Wim nadrukkelijk deel van uitmaakte, was alles extreem: het plezier, het geld, de humor en de ellende. De communicatie was bot. De omgang met elkaar ruw.

Haar wereld op school was anders, gewoon. De kinderen, hun ouders en leraren waren beheerst, een respectvolle omgang met elkaar was vanzelfsprekend. Persoonlijke ontwikkeling was belangrijk, sporten en studeren werd gefaciliteerd, en Francis maakte er dankbaar gebruik van. Ze deed zo veel mogelijk naschoolse activiteiten en kwam pas tegen etenstijd thuis. Ze handhaafde zich prima, haar werelden waren gescheiden en niemand op school wist wie ze was.

Voor Francis was het een gewone schooldag toen ik de conciërge van haar school vroeg of hij haar uit de klas wilde halen. Ze zag me al staan op de gang. Verschrikte ogen. Ze moest mee naar huis, want haar vader had een ongeluk gehad. De werkelijkheid was veel erger, er was een aanslag op hem gepleegd. Hij, haar moeder en broertje waren in hun auto beschoten, en haar vader was in het ziekenhuis opgenomen met schotwonden.

Haar klasgenoten stuurden bloemen als blijk van medeleven. Haar twee werelden hadden elkaar geraakt.

Ze moest op de vlucht, weg van school, naar Frankrijk, bang voor wat er met haar, haar vader, moeder en broertje kon gebeuren. Voor het eerst ervoer ze de schaduwkant van de wereld waarin haar vader leefde. Ze leerde wie er achter de aanslag zat.

'Dat heeft je oompje gedaan,' zei Cor, toen ze met haar vingers zijn kogelgaten telde.

Ze was dertien jaar en in haar hoofd was het een rommeltje. Hoe kon ze begrijpen dat ze bang moest zijn voor iemand die zo dichtbij was? Haar oompje zag ze al snel niet veel meer, hij was overgelopen naar het kamp van de daders. De ruzies tussen haar ouders gingen vanaf dat moment alleen nog maar over hem.

Een jaar later stormden gewapende mannen haar huis binnen. Door de aanslag op het leven van haar vader een jaar daarvoor dacht ze dat de mannen haar vader kwamen vermoorden. Het bleek een inval van Justitie. Haar vader werd gearresteerd voor handel in drugs. Het voorval zorgde ervoor dat ze zich ook in haar eigen huis niet meer veilig voelde. Ze schaamde zich, maar ging de volgende dag gewoon naar school en deed alsof er niets was gebeurd. Op school zeiden ze er niets over. De inval bestond daar niet.

Haar vader zat opnieuw vast, en zij ging weer op bezoek. Hij had zijn belofte aan haar – dat hij voor altijd thuis zou komen wonen – verbroken. Door de afwezigheid van haar vader zag haar oompje zijn kans schoon om weer veelvuldig langs te komen. Het bracht Francis in verwarring. Ze moest normaal doen tegen Wim, voelde zich daardoor ontrouw aan haar vader. Ze werd innerlijk verscheurd. Ze hield van haar vader én van Wim, met wie ze in gelukkiger tijden in Spanje 's ochtends vaak een krantje ging halen. Of in Nederland, brood en beleg. Normale huiselijke dingen, die ze niet met haar vader deed.

Haar oompje, die altijd samen met haar vader was. Of met haar moeder. Of met haar vader en moeder. Hij was er altijd geweest, en nu was zijn aanwezigheid niet gewoon meer. Ze was in verwarring, bang en boos. Boos omdat niemand was geworden wie hij beloofd had te zullen zijn.

Ze was zeventien jaar toen ze buiten schoten hoorde en binnen haar vader tegen haar moeder hoorde schreeuwen dat 'haar broertje', haar oompje dus, voor die schoten verantwoordelijk was en dat het nu oorlog werd.

Ze leefde altijd in angst en werd heen en weer geslingerd tussen liefde en haat voor degene die die angst bij haar opriep: haar eigen vader. Ze was altijd bezorgd om hem, maar dit keer ook woedend, omdat hij na de aanslag thuis bleef wonen.

Ze wilde hem weg hebben, ze wilde dat hij zou vluchten, zoals na de eerste aanslag op zijn leven. Maar hij ging niet weg. Haar oompje had gezegd: 'Hij gebruikt jullie als schild. Hij denkt dat er niks gebeurt als jullie erbij zijn.' Francis reageerde niet. Ze ging zo normaal mogelijk verder met haar leven.

Na de middelbare school deed ze een vervolgopleiding.

Om werkervaring op te doen, ging ze stage lopen.

'Wat verdien je daarmee?' had Cor gevraagd.

'Een stagevergoeding.'

'Hoeveel is dat?'

'Vierhonderd gulden in de maand.'

'Ik geef je het driedubbele als je mama helpt met de boodschappen.'

'Nee, dank je, pap. Ik wil mijn eigen geld verdienen.'

Ze kreeg een vriendje van goeden huize. Zijn vader wilde dat hij de relatie met Francis beëindigde, omdat hij geen zin had in een Cor van Hout of Willem Holleeder aan zijn deur. De jongen moest kiezen voor Francis of voor zijn familie. Francis werd aan de kant gezet. Vanaf dat moment voelde ze zich besmet, had ze het gevoel dat zij vanwege haar familie minder waard was.

Op 26 februari 2002 werd Richie negen jaar, en om dat te vieren ging Francis met de rest van het gezin uit eten bij de Chinees in het Oude Dorp. Die middag was in het nieuws dat John Mieremet een aanslag op zijn leven had overleefd.

'Jammer, anders was het een perfecte avond geweest,' had Cor aan tafel tegen Sonja gezegd.

John Mieremet en zijn compagnon Sam Klepper waren de mede-opdrachtgevers voor de eerste aanslag op Cor in de Deurloostraat. Wim had na de aanslag hun kant gekozen. Sam Klepper was zestien maanden eerder, op 10 oktober 2000, op het Gelderlandplein geliquideerd.

Nu was er een poging gedaan Mieremet te liquideren. Hij werd beschoten toen hij het kantoor van zijn advocaat verliet.

'Ben je nu bang?' had Cor aan Sonja gevraagd.

'Nee,' had ze geantwoord.

Maar natuurlijk was ze bang. En Francis was doodsbang. De vete was nog niet ten einde. Wat zou hen nu te wachten staan? Zou het toch nog komen tot het bloedbad dat Wim in 1996 uit naam van Mieremet al had aangekondigd? Ze was woest op haar vader, huilde op haar kamer, er was nog meer reden om bang te zijn.

Maar ze begreep hem ook. Natuurlijk kon hij het niet over zijn kant laten gaan dat zijn vrouw en zoontje waren beschoten.

De onmin tussen haar vader en haar oompje duurde voort. Oompje bleef haar zo nu en dan bellen. Of ze even wilde komen. Hij wilde haar even zien. Of ze even wat wilde gaan eten met een van zijn vriendinnen?

Hij belde, hij had wat leuks voor haar gekocht. Kon ze even ergens heen komen? Ze had een auto, dus hij kon haar overal naartoe laten rijden. Thuis komen bij haar, bij Cor en Sonja, deed hij immers al lang niet meer. Francis ging, en deed wat ze moest doen: normaal. Hij vroeg haar of ze geen au pair wilde worden voor de dochter van een vriendinnetje van hem in Duitsland? Ze hoefde haar vader niet te vertellen dat het werk via hem kwam.

In 2003 gebeurde waar ze al het grootste deel van haar leven bang voor was. Haar vader werd door een man op een motor met een automatisch vuurwapen doodgeschoten. Francis bleef achter met haar verdriet om een relatie waar ze eigenlijk net aan begonnen was. Ze had haar vader gevraagd waarom hij na de ontvoering niet uit de criminaliteit was gestapt. Waarom hij toch in die wereld bleef hangen. Ze confronteerde hem met haar boosheid, haar teleurstelling, het leven in angst. Waarom kon hij de drank niet afzweren uit liefde voor haar en haar broertje?

Ze had antwoord gekregen. Hij had haar vergeving gevraagd en dat opende de weg naar een volwassen relatie. Dat pad bewandelden ze toen hij uit haar leven verdween. Ze was nog lang niet klaar haar vader te laten gaan.

Haar oompje was de dag van de moord bij haar thuis. Van haar moeder moest ze normaal doen. Ze moest normaal doen toen ze enkele dagen later kleren met hem moest kopen, die ze moest dragen op de begrafenis. Maar normaal doen werd steeds moeilijker, ze ontweek hem zo veel mogelijk. Hem afwijzen of confronteren durfde ze niet. Iedere keer dat hij haar mierzoet vroeg te komen omdat hij een rok, een truitje of een jas voor haar had gekocht, wist ze dat ze iets voor hem moest doen.

Ze wist dat ze door hem werd gebruikt.

Francis leefde zo normaal mogelijk. Ze vond haar eerste baan bij een groot bedrijf. Haar werkplek had uitzicht op de parkeerplaats. Wim vroeg haar naar de Garlic Queen, zijn favoriete restaurant, te komen, hij was er samen met Sandra. Hij vroeg hoe het op haar werk ging. Francis was op haar hoede. Hij vertelde dat daar iemand werkte die hij kende, een grote vastgoedman. Francis moest even voor hem in de gaten houden in wat voor auto hij reed en wanneer die auto er stond. Ze heeft onmiddellijk haar baan opgezegd.

Ze kon hem niet helpen, ze was ontslagen, had ze gezegd.

Ze was dertig en in blijde verwachting toen haar oompje nog niet zo lang vrij was en herhaaldelijk zijn ongenoegen over haar liet blijken. Een van zijn vriendinnen – met wie Francis altijd uit eten moest – had hem verteld dat Francis had gezegd dat Wim haar vader had 'gedaan'. Ze gedroeg zich volgens Wim ook naar die wetenschap. Ze was zijn laatste detentie maar één keer op bezoek geweest. Francis had te lang normaal moeten doen, om op te kunnen brengen vaker te gaan.

Ze wist dat ze daar op afgerekend zou worden als hij vrijkwam. Ze probeerde hem zo veel mogelijk te ontlopen. Als ze hem zag lopen op het Gelderlandplein, verstopte ze zich achter een pilaar in de hoop dat hij haar niet zou zien. Haar hele zwangerschap zag ze haar moeder lijden onder de terreur van haar oompje, en was ze bang voor het moment dat het op haar over zou slaan.

Aan het einde van haar zwangerschap nam ze haar moeder in huis. Met haar dikke buik maakte ze elke dag haar bed op, omdat haar moeder 'het niet kon'. Hoogzwanger stond ze elke dag voor haar te koken. Ze had gewild dat het omgekeerd was, dat zij zich de dochter van haar moeder kon voelen in plaats van dat zij nu moeder voor haar was.

Maar Sonja kon het niet. Verstijfd van angst zat zij de hele dag als een dood vogeltje op de bank, omdat haar broer haar afperste, zijn zin niet kreeg en de opdracht voor haar liquidatie al had gegeven. Die nacht kreeg Francis weeën en moest ze naar het ziekenhuis, haar moeder achterlatend, bang dat er wat met haar kon gebeuren.

Ze was net moeder toen ze haar oompje op band hoorde zeggen dat haar moeder mocht tossen wie hij het eerst dood zou laten schieten: haar of haar broertje.

Ze moest niet alleen meer bang zijn voor zichzelf – ze had nu ook een baby.

Francis 2

‘Wat ben je aan het doen?’ vraagt Francis.

‘Ik ben een tap aan het uitwerken. Maar ik ben blij dat je er even bent, want ik word er kotsmisselijk van. Ik kan die stem gewoon niet meer aanhoren.’

‘O, is het zo erg?’

‘Ja, die gekte waar ik weer in terugga, mezelf aan moeten horen: gedwee, onderdanig, hem vooral geen argwaan laten krijgen. Ik hoor de angst door mijn eigen stem heen, dat eindeloos repeteren van zijn onlogische logica, uur na uur. Zijn complottheorieën. Het is zo vreselijk. Ik word er elke keer weer naar van. Dus ik ben blij dat jij er bent. Even afleiding, voordat ik weer verderga.’

‘Zal ik het voor je doen? Ik kan blind typen.’

‘Ik weet niet of dat nou wel zo’n goed idee is. Dan komt al zijn gif in jouw systeem. Daar word je niet gelukkiger van.’

‘Maar jij hoeft niet altijd al het lijden op je te nemen. Laat mij het maar doen. Dan doe ik ook wat voor papa.’

‘Maar het is echt heel naar. Kun je dat wel aan?’

‘Dat zien we wel. Ik kan het in ieder geval proberen. Schuif op, dan neem ik het van je over.’

Ze zet de koptelefoon op en begint te typen. Na vijf minuten vertrekt haar gezicht en zet ze hem af.

'Mama mag niet over papa praten, hè?' zegt ze met een woeste blik in haar ogen.

'Nee.'

Ze zet de koptelefoon weer op en even daarna weer af.

'Sorry, As. Ik kan dit niet aanhoren. Hij zegt gewoon dat hij mama dood gaat maken.'

'Dat wist je toch? Daarom heeft ze bij jou ondergedoken gezeten.'

'Ja, maar als je het hem zo hoort zeggen, op een toon alsof het de normaalste zaak van de wereld is... Sorry, maar dat trek ik niet. Vind je het heel erg? Jij zal ongetwijfeld hetzelfde hebben?'

'Maakt niet uit, Fran. Ik doe het al wat langer, en ik weet dat er een moment komt dat het voorbij is, dus dat hou ik nog wel vol.'

'Heeft mama dit ook gehoord?'

'Ja, natuurlijk.'

'Heeft de rechtbank dit ook?'

'Ja.'

'Hoe kan hij dan op de rechtbank zeggen dat hij een familieman is?'

'Tja.'

'Als jullie niet waren gaan getuigen dan zou hij mij mijn vader én mijn moeder hebben afgenomen.'

'Dat had gekund.'

'Hoe kan hij dan zeggen dat hij van mij houdt?'

'Omdat hij heeft besloten jou en Rich niets aan te doen.'

'Daaruit blijkt dat hij van ons houdt?'

'Ja, volgens hem wel.'

'Wat is die man veranderd hè, As? Hij was altijd bij papa,

mama en mij. Hij kwam me 's morgens altijd ophalen om verse broodjes bij de bakker en vers beleg bij de slager te halen. Ik begrijp gewoon niet hoe hij zo kan zijn veranderd.'

'Misschien is hij niet veranderd, maar was hij altijd al zo.'

'Denk je dat?'

'Ja, dat denk ik.'

'Waarom?'

'Omdat zijn geschiedenis uitwijst dat veel mensen die echt dicht bij hem stonden het leven hebben gelaten. Daarom verbaast het mij niks dat hij je moeder wilde doen, ook al is het zijn zus. Hij wil het liefst ook Gerard doen, dat is zijn broer.'

'Maar hoe kan dat? Hoe kan iemand zo zijn?'

'Ik zal het Iris morgen vragen, dan zie ik haar. Je kunt ook meegaan als je met vragen zit, dan kan je het zelf vragen.'

'Nee, onderzoek jij het maar. Het is mij op dit moment te zwaar.'

Iris 8

'Misschien meent hij het niet?' antwoordt Iris als ik haar vertel wat Wim over Sonja had gezegd.

'Het staat op band, Iris. Ik ken hem. Hij meent wat hij zegt. Ik probeer hem in het gesprek zelfs nog op andere gedachten te brengen, door te zeggen dat hij er niet mee zou kunnen leven als hij dat zou doen. Maar dan zegt hij dat hij "er niet mee ken leven" als hij het niet zou doen. In hetzelfde gesprek kom ik er nog eens op terug, als ik hem vraag het niet te doen als ik naast haar loop, want dan ga ik ook. Daar hoef ik me geen zorgen om te maken, zegt hij dan, "nooit in mijn hele leven niet". Hoe duidelijk wil je het hebben? Wat hij zegt laat echt niets aan de verbeelding over. Ik begrijp dat hij mensen van het ene op het andere moment indeelt in goed en kwaad, maar waarom gaat hij zo ver? Hij kan het daar niet bij laten. Hij verklaart ze tot vijand.'

'Als je, zoals jullie, opgroeit in een omgeving met een vijand, in dit geval jullie vader, dan kan het zijn dat je eraan gewend bent een vijand om je heen te hebben. En dan creëer je die zelf.'

'Ja, dat doet hij. Van het ene op het andere moment heeft hij geen goed woord meer voor iemand over en dan is het einde verhaal.'

'Waarschijnlijk heeft die ander hem in zijn beleving dan

iets aangedaan, waardoor hij zich gekrenkt voelt.'

'Ja, er is dan altijd wel iets wat hij onvergeeflijk vindt. Vaak hele banale dingen: Sonja die hem de auto van Richie niet wil lenen, Sonja die hem geen toestemming vraagt of ze naar de filmset in Amerika mag, Cor die hem niet laat meedelen in de loterij die hij gewonnen heeft, Endstra die hem niet mee laat doen in de bovenwereld. Die keuzes van de ander vat hij dan op als een persoonlijke aanval en dan slaat hij helemaal door. De ander is dan de gezworen vijand.'

'Hij voelt zich gekrenkt. En die krenking brengt hem bij de angsten die hij als jongetje had: de angst om klein en machteloos te zijn, geen controle te hebben over wat een ander met je kan doen, de angst om in de maling genomen te worden. Dat wil hij nooit meer ervaren.'

'Als iemand mij iets heeft aangedaan, wil ik hem dat ook het liefst betaald zetten. Zoals toen ik er voor de eerste keer achter kwam dat Jaap vreemdging. We waren in Spanje, hij ging naar een telefooncel om te bellen, terwijl er in dat huis een telefoon was. Ik vertrouwde het niet en sloop achter hem aan. Ik stond achter hem toen ik hem hoorde zeggen: "Ik hou van jou, poeps". Ik had het gevoel dat de grond onder me wegzakte. En toen kwam de woede, als een tsunami. Het was een extreem heftig gevoel.

Ik heb hem – terug bij dat vakantiehuis – in het zwembad gegooid. Ik moest vechten tegen de aandrang een mes uit de keuken te pakken en hem dood te steken. Op dat moment voelde dat voor mij als de enige manier om mijn woede te bekoelen. Echt. Het was net alsof iemand anders in mijn lichaam zat, die me zei: "Steek hem neer, steek hem neer". Alsof geen andere wijze van genoegdoening voldoende zou zijn. Ik weet nog dat ik naar dat messenblok keek en hardop tegen mezelf moest zeggen: "Niet doen, niet doen". Ik bleef maar naar mijn handen kijken om mezelf ervan te overtuigen dat ik geen mes had gepakt. Ik was heel bang om de controle over mezelf te verliezen. Dat was volgens mij echt wel het gevoel van krenking.'

'Maar je bent de controle over jezelf niet kwijtgeraakt. Je hebt het toch niet gedaan?'

'Nee.'

'Je hebt zoiets toch nooit gedaan?'

'Nee, natuurlijk niet.'

'Dat bedoel ik. Het is bij een fantasie gebleven. We hebben allemaal weleens wraakfantasieën. Kinderen hebben dat vaak, maar de werking van het geweten behoedt het kind – en later de volwassene – de wraakfantasie uit te voeren. Bij jou zit dat dus wel goed. Ik denk dat jij reageerde vanuit de beschadiging; jij hebt mij beschadigd, nu zal ik je krijgen. Boontje komt om zijn loontje. Maar daar stopt het.

Bij Wim gaat het verder. Hij reageert meer vanuit krenking. Een krenking ligt veel dieper, is onbewust veel verwoestender voor het gevoel van eigenwaarde. Hij voelt de krenking niet als een beschadiging, maar als een gruwelijke daad van een ander die hem is aangedaan. Daardoor voelt hij zich klein. Dat wil hij niet. En dan moet hij weer grandioos zijn. Sterker zijn dan de ander.'

'En dat kan hij maar op één manier. Waarom zo fataal?'

'Hoe meer hij zich moet opblazen om zich maar niet klein te voelen, des te sterker wordt de behoefte aan wraak. En die is dan vaak buitenproportioneel groot. De wraakacties zijn zwaarder dan de situatie rechtvaardigt, en kunnen zelfs een obsessieve vorm aannemen. Als de persoon niet leert dat de krenking niet het gevolg is van wat hem overkomt, maar voortvloeit uit een trauma dat hij met zich meedraagt vanuit het verleden, dan blijft hij vruchteloos naar genoegdoening door wraak zoeken en zal hij die heel moeilijk kunnen vinden.'

'Dat is nou precies wat ik bedoel als ik zeg dat hij pas tevreden is als ik op de grond lig. Begrijp je nu waarom ik nooit overmatig angstig kan zijn? Ik moet wel, want ik wil niet dood.'

'Over dat onderwerp zijn wij het nog niet eens met elkaar. En ik denk niet dat dat snel verandert.'

'Dat denk ik ook niet.'

'Dan gaan we verder met wat je ook zegt: je wil niet dood.'

'Nee.'

'Dat is heel gezond.'

'Ja, ik zou graag wat luchtiger tegen de dood aan willen kijken, maar ik ben bang voor de klap in het donker. Terwijl ik morgen ook een hartaanval kan krijgen.'

'Of in de douche kan uitglijden over een stuk zeep en je nek breken.'

'Ja.'

'Dat hebben we allemaal, maar dan heb jij nog iets extra's. Jij hebt een broer die op je loert.'

'En dat vind ik een dingetje. Ik durf niet naar huis te gaan. Zodra ik uitstap en mijn huis in ga, heb ik het. Dan ben ik bang. Bij Sonja heb ik dat niet.'

'Hoe kan dat nou?'

'Doordat je samen bent. Samen zie je meer. De een houdt de deur open, de ander start de auto vast. Je kunt nog wat doen. En gezelschap helpt als je bang bent. Ik heb er heel veel last van. En ik kan het niet doorbreken. Ook niet als ik het rationaliseer. Normaal kom je dan tot een conclusie. Die kan zijn: ik hoef daar niet zo bang voor te zijn. Maar ik weet dat ik wel bang moet zijn. Het ergste vind ik de angst in huis, je niet veilig voelen op de plek waar je woont. Ik kan die angst niet loslaten.'

'Ben je boos op je broer dat hij jou zo angstig maakt? Dat hij je nog steeds in zijn greep heeft?'

'Nee, dat vind ik vanzelfsprekend. Het is wat ik had verwacht.'

'Fantaseer je weleens over een gesprek met hem?'

'Nee, dat heeft totaal geen zin. Je hebt te maken met iemand die als stelregel heeft: "Pas als ik aardig doe, moet je oppassen". Dus je hebt nooit een eerlijk gesprek. Die illusie maak ik me totaal niet. Ik kan dit niet oplossen. Dat maakt me zo onzeker.'

'Het is ook echt een verhaal van afwegingen. Je kon niet anders.'

'Nee, met Sonja was hij al klaar, en ik zou zeker ook nog eens aan de beurt komen.'

'Stelt dat nou gerust, zo'n gedachte?'

'Dat het voor mij afgelopen zou zijn, of ik nou wel of niet was gaan getuigen? Het maakt de beslissing te gaan getuigen makkelijker, maar de gedachte dood te gaan stelt niet gerust.'

'Dat je broer jullie wil laten liquideren, kan dat ook een irreële angst van jou zijn?'

'Nee, ik ben best realistisch. Ik weet wat hij kan en dat hij zich nooit, nooit, nooit laat overheersen, en zeker niet door zijn kleine zusje. Hij gaat hoe dan ook terugbijten. Hoelang hij erover moet doen maakt niet uit. Het gaat om wraak.'

'Sommige mensen hebben wraak nodig. Een gezond mens kan van wraak af zien.'

'Dat kan hij absoluut niet. Waarom eigenlijk niet?'

'Een gezond mens weet dat hij het niet altijd in zijn leven hoeft te winnen. Altijd moeten winnen is een irreëel denkbeeld. Mensen kunnen wraak enorm opblazen. Ze willen iemand zijn die iemand dubbel terugpakt. Dat geeft hun eigenwaarde.'

'Dus hoe kom ik van mijn angst af? Ik kan Wim niet veranderen.'

'Hooguit kun je er anders mee leren omgaan.'

'Maar dan neem ik mezelf in de maling.'

'Dat is iets waar ik jou niet vanaf kan praten.'

'Nee.'

Angst is een slechte raadgever

Ik ben aangekleed, de broodjes zijn gesmeerd en ik ben klaar voor vertrek. In de Bunker vind ik mijn weg weer naar de getuigenbox. Het scherm gaat omhoog: we kunnen beginnen.

'Mevrouw Holleeder, ik wijs u erop dat u nog steeds onder het verband van de belofte staat die u heeft afgelegd.'

***

Ik kom binnen en hoor mijn moeder hoesten. 'Dat klinkt niet best, mam. Misschien heb je weer een longontsteking. Zullen we even naar de dokterspost gaan en antibiotica halen?'

'De dokter is vanmorgen al geweest. Ik heb al een kuur gekregen. De apotheek heeft het net gebracht.'

'O, fijn. Moet je niet naar bed dan?'

'Nee, ik wil even opzitten.'

'Wil je thee?'

'Lekker.'

'Hoe is het verhoor gegaan?' vraagt ze als ik het water op zet.

'Prima, maar daar gaan we het nu niet over hebben. Die ellende is niet goed voor je als je ziek bent. We gaan even gezellig samen een kop thee drinken.'

Ik zet de thee voor haar neer en ga bij haar aan tafel zitten.
'Hoe gaat het bij Iris?' vraagt ze.
'Goed.'
'Leer je daar nou wat van?'
'Zeker.'
'Wat dan?'
'Dat angst een slechte raadgever is.'
'Dat had ik je ook wel kunnen vertellen. Dat had je een hoop tijd bespaard.'

Iris 9

'Hoe ging je verhoor?'

'Het is verbijsterend hoe hij de schuld altijd weer bij een ander neerlegt.'

'Is dat wat je er het meest van is bijgebleven?'

'Ja, want misschien komt het daardoor dat ik ben gaan geloven dat het mijn schuld is dat hij daar zit, terwijl het zijn misdrijven zijn. Mijn jongere broertje Gerard deed dat ook altijd bij me. Als hij iets uit zijn handen liet vallen, was het mijn schuld. Als er file ontstond, was het mijn schuld, en als het regende ook. Wim heeft hetzelfde. Als hij valt met de scooter dan is het de schuld van Sonja, omdat hij Rich' auto niet mag lenen. Als hij Peter met de dood bedreigt, is het Peters schuld dat hij moet zitten. Het is het ultieme ontkennen van elke verantwoordelijkheid.'

'Dat doe jij niet.'

'Nee, ik doe eerder het tegenovergestelde. Ik vind al snel dat iets mijn schuld is. Ik kan me nog herinneren dat ik op de kleuterschool zat, en dat we weleens met de hele klas naar buiten gingen. Als we dan weer naar binnen moesten, vormden we een lange rij langs de muur, waar de schoolbel zat. Er was altijd wel een kind dat op de schoolbel drukte, en dan moesten we net zo lang buiten in de rij blijven staan tot degene die het gedaan had zijn vinger opstak. En dat deed ik dan maar.'

'Waarom?'

'Ik deed dat gewoon. Ik denk, achteraf, omdat ik gewend was altijd de schuld te krijgen.'

'Doet Son het? De schuld bij een ander leggen?'

'Nee. Alleen mijn vader en de jongens.'

'Over je moeder zei je wel dat ze de schuld altijd bij een ander neerlegde.'

'Ja, als het om ons ging. Wij konden nooit iets verkeerd doen. Ik weet eerlijk gezegd niet of zij dat ook doet als het om haarzelf gaat. Maar waarom doet hij dat? Waarom legt hij de schuld buiten zichzelf?'

'Hij kan zichzelf niet als schuldig zien, want dan is hij weer klein. Dat betekent dat hij nooit zelf een fout kan maken. Hij moet volmaakt zijn. Een normaal mens kan zeggen: ik heb ook wel mindere eigenschappen. Dat kan hij niet, want hij wil zich niet klein voelen.'

'Dat verklaart ook waarom hij volhoudt dat iedereen liegt. Als hij aan zichzelf niet kan toegeven dat hij fouten heeft gemaakt, dan moet de ander wel altijd liegen.'

'Zo is het.'

Nummer 1

Ronald belt me. ‘Komt Sonja weleens in Bye?’

‘Ik weet het niet. Hoezo?’

‘We hebben informatie binnengekregen dat daar personen rondlopen die belangstelling voor haar hebben. Ik vind dat je dat moet weten.’

‘Ik geef het aan haar door.’

Ik probeer Sonja te bellen, maar ze neemt niet op. Ik maak me zorgen en bel iedereen om haar heen.

‘Als het goed is, is ze thuis,’ zegt mijn moeder.

Ik bel haar opnieuw. Weer geen gehoor. Ik stap in mijn auto en rij naar haar woonadres. Ze is inderdaad gewoon thuis.

‘Waarom neem je niet op?’ vraag ik opgefokt. ‘Dan denk ik toch dat er wat aan de hand is?’

‘Ik stond onder de douche,’ zegt ze gedwee.

‘Een uur onder de douche! Dan neem je toch je telefoon mee, je weet toch dat iedereen ongerust wordt als je niet opneemt?’

‘Sorry, vergeten.’

‘Vergeten, vergeten, hoe kun je dat nou vergeten? Nou moet ik weer helemaal hiernaartoe komen, omdat jij je telefoon vergeet.’

Stoïcijns kijkt ze me aan en gaat onverstoorbaar verder met haar badkamerritueel. Dit haat ik. Ik verwacht dat ze sorry zegt, dat ze gevoelens van spijt toont, maar ik praat tegen een muur van onverschilligheid.

Ik word steeds kwader.

'Wil je niet weten waarvoor ik helemaal hiernaartoe kom?' verhef ik mijn stem.

'Waarvoor kom je hiernaartoe?' herhaalt ze als een robot mijn woorden.

'Nou, dat zal ik je vertellen. Ronald heeft mij gebeld, want die kon jou niet bereiken, want jij stond onder de douche en was je telefoon vergeten. Ronald belde niet zomaar. Hij vroeg of jij weleens in Bye kwam.'

'Ja, en?'

'Kennelijk word jij daar gezien.'

'O, oké.'

'We hadden toch afgesproken dat je daar niet meer heen zou gaan?'

'Ik was er maar eventjes.'

'Ja, maar dus lang genoeg om gezien te worden. Wat als ze je gevolgd zijn naar je huis?'

'Nee, ik kijk toch om me heen?'

'Maar wat als je een *tracker* onder je auto had?'

'Nee, dat had ik niet.'

'Hoe weet je dat nou? Heb je dat gecontroleerd voordat je naar huis ging?'

'Nee.'

'Nou dan. Maar weet je wat het is, Son? Jij staat niet nummer 1 op zijn lijstje, dus het kan jou niet schelen dat je op deze manier verraadt waar ik ben.'

'Niet waar!'

'Wel waar, want jij wil gewoon naar buiten kunnen, en of

je mij daarmee in gevaar brengt, is dan niet belangrijk.'

'Echt niet!'

'En het erge is, je vertelt het me niet eens, dus ik loop zo met open ogen in de val. En dan, Son?'

'Hou op, As, met je gemopper.'

'Wie stond eerst nummer 1 op zijn lijstje?'

'Hou op!'

'Nee, zeg het! Wie? Nou, wie!' schreeuw ik.

'Ik,' zegt ze zacht.

'Precies. Ik kom op voor jou, en de kinderen, en dan doe jij dit. Maar ik ben hier klaar mee, ik kom niet meer bij jou. Ik neem geen risico, je zoekt het maar uit, mij zie je niet meer.'

'Maar jij bent geen mensenmens. Jij kunt de hele dag zonder mensen, maar ik heb mensen om mij heen nodig!' schreeuwt ze.

'Als jij niet zonder mensen om je heen kunt, dan moet je doorgaan met mensen zien, maar dan moet je mij met rust laten.'

'Zo vaak ben ik er de laatste tijd helemaal niet geweest.'

'Eén keer is genoeg, Son! Misschien weten ze al waar je woont.'

'Ik ga er niet meer heen, echt niet. Ik doe het niet meer.'

'Daar ben je nu te laat mee.'

'Voor jou is het anders, jij hebt genoeg te doen.'

'O ja? Wat dan?'

'Jij kunt tenminste nog schrijven!'

'Serieus! Ik kan allang niet meer schrijven! Als ik alleen al aan schrijven denk, krijg ik het benauwd. Ik moet mijn dagen zien door te komen door elke dag iets te verzinnen.

Verzin jij zelf ook eens wat.'

'Wat moet ik verzinnen dan?'

'Weet ik veel. Zoek een interesse of een hobby.'

'Wat dan?'

'Luister, je bent zevenenvijftig, daar moet je inmiddels zelf maar iets op bedenken.'

'Ik weet niks.'

'Nee, je weet niks. Je weet nooit wat.'

Als ik die woorden uitspreek, hoor ik mijn broer praten.

'Ga je weg?' vraagt ze.

'Ja, ik kan het me niet permitteren dat jij het gevaar naar mij toe brengt. Moet ik het je nog een keer zeggen? Ik sta tegenwoordig nummer 1 op de lijst.'

'Dat weet ik, maar daar heb je zelf voor gekozen,' zegt ze bits.

'Sorry, wat zeg je? Heb ik ervoor gekozen om op een dodenlijst te staan?'

'Je hebt er toch zelf voor gekozen om tegen Wim te getuigen?'

'Jazeker, dat heb ik zeker.'

'Wat kan ik daar dan aan doen?'

'Wat jij er aan kunt doen is bedenken dat ik dit vooral voor jouw man, jouw kinderen en jou doe. Ik stond voordat we gingen getuigen niet op nummer 1, dat was jij. En het enige wat ik van jou vraag, is dat je niet in een of andere criminele tent uren gaat zitten tafelen, zodat mijn moordenaars, niet de jouwe, hè, nee, *míjn* moordenaars, uitgebreid de gelegenheid hebben om jou te observeren en mij in het vizier te krijgen. Maar dat is kennelijk te veel gevraagd.'

'Maar ik ben echt voorzichtig geweest.'

'Hou er maar over op, Son. Dit gesprek heeft geen zin. Ik zie je wel weer.'

Woest sla ik de deur dicht, stap in de auto en voel me Wim.

Iris 10

'Iris, het werkt niet.'

'Wat werkt niet, Astrid?'

'Met Son. Ik trek haar passiviteit niet meer. Een therapeut zei me dat ik het al mijn leven lang zo met haar doe. Son is Son, en het kost me meer energie om afstand van haar te nemen dan om door te gaan op de oude voet. Maar dat gaat niet, er is geen oude voet meer. Wim is er niet meer. Ik word gek van haar. Ik, het zogenaamd sterke zusje, ben totaal niet opgewassen tegen de verpletterende kracht van haar zwakheid.'

'Maar jullie wonen nu ook bij elkaar. Dat maakt het ook wel wat anders.'

'Ja, en sinds ik niet meer werk is dat voor haar een paradijs. Ik ben nu vierentwintig uur per dag beschikbaar, en ze verzint elke dag iets anders om mij aan haar te binden. En ik kan wel weg, maar ik durf even niet naar mijn eigen plekken.'

'Je blijft uit angst?'

'Maar vooral ook omdat ik anders eenzaam ben.'

'Dus het is een afweging.'

'Ja, maar ik erger me zo aan haar. Elke dag is er bij haar de terugkerende dwang "ergens koffie te gaan drinken", want ze "kan er niet tegen de hele dag binnen te zitten". Ze wil wandelen, de frisse lucht in. En ik kan er geen weerstand aan bieden, al weken doorbreek ik mijn discipline en geef toe aan haar drang er elke dag even uit te moeten.'

'Als Sonja koffie gaat drinken kan ze denken: ik doe normaal dus ik ben normaal, maar er is niets normaals aan haar leven.'

'Ze wil onder de mensen zijn. Ze zegt dat ze dat niet wil opgeven.'

'Dat kán ze niet opgeven. Sonja heeft mensen van buitenaf nodig.'

'Dat hebben we allemaal.'

'Ja, maar zij net even iets anders. Hoe vaak zie jij Mil?'

'Niet vaak.'

'Maar toch is ze altijd bij je. Je hoeft haar niet elke dag te zien om haar aanwezigheid te voelen.'

'Nee, klopt.'

'Dat heeft Sonja niet. Zij moet de mensen lijfelijk om zich heen hebben. Anders voelt ze niet dat ze er zijn.'

'Hoe komt dat?'

'Ik denk door de rol die jouw moeder ten opzichte van haar heeft gehad. Als ik jouw verhalen hoor, dan is jouw moeder al vanaf dat Sonja klein is met haar samen.'

'Iedere dag. Tot aan haar tweeënvijftigste heeft mijn moeder elke dag voor haar gekookt.'

'Jouw vader was een concreet gevaar in de dagelijkse gezinssituatie. Wim is de oudste jongen van het gezin en ik denk dat je vader het vooral op hem had voorzien. En dat Sonja kans heeft gezien zich te verstoppen achter haar moeder. Ik denk dat Sonja en jouw moeder zich veilig voelden bij elkaar, onafscheidelijk waren tot ver in de volwassenheid, gezellig knus met elkaar leefden. Maar daardoor is de natuurlijke drang naar het zelf willen doen in het leven bij Sonja ingeperkt. Als alles goed gaat, leer je als kind je door je ervaringen veilig te voelen. Ook als de moeder, die je veiligheid verschaft, niet in de buurt is. Zo leer je zelfstandig positieve en negatieve ervaringen te doorstaan en te verwerken. Je kunt dus zonder die moeder van alles ondernemen. Je leert het alleen te doen. Door de onafscheidelijkheid van Sonja en jouw moeder is dat proces bij haar niet helemaal goed verlopen. Zij heeft daardoor het liefst altijd iemand om zich heen. Zij wil deel zijn van iemand anders, versmelten met een ander. Dat hoeft niet per se haar moeder te zijn. Als er maar iemand is, waardoor ze niet alleen is.'

'Zoals ik.'

'Ik denk niet dat het veel uitmaakt wie. Als er maar iemand is.'

'Er komen niet veel mensen meer in aanmerking. Je zou denken dat ze daarom wat zuiniger op me is, maar niet dus. Het is net of ze me niet hoort. En dat maakt me helemaal kwaad.'

'Je wordt boos, omdat je tegen een muur praat. Je krijgt geen emotie terug. Maar dat is haar manier geweest om jullie gezin te overleven. Sonja kon zich altijd achter jouw moeder verschuilen. Zo maakt ze zichzelf onzichtbaar. En dan is ze er niet bij. Dat doet ze ook tijdens zo'n gesprek. Ze maakt zichzelf even weg en dat drijft jou tot waanzin. Ik zie dat ook wel in de spreekkamer. Mensen blokken waar je bij zit, als tweede natuur. Dan vraag ik: "Ben je er nog?" Dan zijn ze als het ware uit het gesprek gestapt. Maar dat gebeurt pas zodra er iets engs of bedreigends voor ze is. Op het moment dat jij Sonja zo ter verantwoording roept, wordt ze bang dat jij weggaat en dat gevoel weert ze automatisch af door niet meer bij het gesprek te zijn.'

'Vreselijk vind ik dat, maar het ergste is dat ik me daarna weer schuldig voel omdat ik boos op haar ben geworden.'

'En dan ga je weer compenseren en dingen doen die je eigenlijk niet wilt.'

'Precies. Daar ga ik weer. Koffie drinken. Maar waarom kan ik haar druk niet weerstaan, waarom wil ik haar altijd tevreden houden? Ik weet dat ik het doe, maar toch doe ik het. Altijd weer, een leven lang. En ik haat mezelf dat ik het niet kan laten. Wíl laten, want zoals zij afhankelijk is van mij, zo ben ik afhankelijk van haar. Niet omdat we goede gesprekken voeren, want we praten eigenlijk nooit met elkaar. Niet omdat we dezelfde interesses hebben, want alles wat ik leuk vind om te doen, vindt zij vervelend. Wat ik lekker vind, vindt zij vies. Wat ik mooi vind, vindt zij lelijk. De boeken die ik lees zijn stom. De muziek die ik luister is herrie. We hebben geen enkele gemeenschappelijke interesse. Maar ze is nu eenmaal mijn zusje, zoals Wim nu eenmaal mijn broer is. Ze bepalen allebei mijn leven, of beter gezegd: ik laat hen mijn leven bepalen. Wim doordat hij problemen veroorzaakt, Sonja doordat ze niets doet aan de problemen die haar "overkomen". Een pakket aan problemen waarvoor ik me altijd geroepen voel ze op te lossen. Haar passiviteit zet iedereen om haar heen in beweging. Ze hoeft er niet eens om te vragen. Wanneer stop ik er eens mee?'

'Het is niet altijd even nobel wat we vanuit onze rigide patronen doen. Het is vaak een verontschuldiging ze te kunnen blijven volgen. Jij ontleent er ook wat aan. Misschien is het voor haar wel heel goed als jij het patroon doorbreekt.'

'Ik moet wel, ik wil dat we met elkaar op een andere manier om blijven gaan. Ik wil niet zoals Wim van iedere relatie weglopen.'

'Jullie moeten erover in gesprek gaan. Als jij het nou bespreekbaar maakt?'

Mama 4

Sonja is er al. Ze verschoont de kattenbak en doet de afwas voor mijn moeder.

'Je begrijpt me toch wel, Son?'

'Ik begrijp je heel goed.'

'We zitten gewoon in een moeilijke situatie en we moeten het elkaar niet nog moeilijker maken.'

'Je hebt gelijk. Ik ga voor hem niet thuis zitten en liefst heb ik jou bij me, maar ik weet dat het voor jou beter is van niet.'

'Ben je niet boos?'

'Nee gek, natuurlijk niet. Jij ook niet op mij?'

'Nee.'

'Ik ga weer,' zegt Sonja.

'Ga je nu al weg?' vraagt mijn moeder.

'Ja, ik ga even naar Klara.'

'Waar is dat nou voor nodig?'

'Nou, dat vind ik gezellig.'

'Huh! Klara. Wat moet je daar nou mee?'

'Mam, dat is een vriendin. Mag ik?'

'Nee,' zeg ik. 'Ze heeft liever van niet.'

'Ben je nou gewoon weer jaloers dat ik iets met een vriendin ga doen?' vraagt Sonja aan mama.

'Ik ben niet jaloers.'

'Jawel,' zeg ik. 'Je bent jaloers op iedereen die in onze buurt komt.'

'Ik ben niet jaloers, ik wil niet dat jullie gekwetst worden.'

'Mam, geen van mijn vriendinnen was ooit goed genoeg,' zegt Sonja.

'Maar dat was ook zo.'

'Dat is niet waar, mam.'

'Maar wie is er dan wel goed genoeg volgens jou?'

'Jullie! En Mil en Francis.'

'Buiten de familie, mam.'

'O, buiten de familie. Dat weet ik niet. Daar hou ik me niet mee bezig.'

'Maar mam, ik ga je nu iets vertellen: er is ook leven buiten de familie.'

Iris 11

'Het voelt alsof je het met niemand buiten de familie leuk mag hebben. Heb jij een idee waarom mijn moeder dat nou doet?' vraag ik Iris.

'Jouw moeder weet haar kinderen heel goed bij zich te houden.'

'Als ik iets met mensen buiten de familie doe en daarover vertel, zie ik haar alweer een snoetje trekken.'

'En dat snoetje betekent: je overtreedt de cirkel.'

'Ja, zij doet dat, maar Son doet dat ook. Als je iets leuks gaat doen met iemand anders en je neemt hen niet mee, dan voelt het alsof je vreemdgaat, alsof je ontrouw bent.'

'Niemand anders mag meedoen. Zo ga je weer terug naar je gezin, je verlaat ze niet, je gaat niet bij ze weg. Je mag haar gezin niet verlaten.'

'Maar er mag ook niemand bij. Vandaar dat partners op voorhand niet meetelden. Vrienden en vriendinnen werden ook uitgesloten. Waarom doet ze dat?'

'Als je moeder dat zo voelt – dat ze het fijn vindt om jullie voor zich alleen te hebben – dan begrijp ik dat best, want dat hebben veel moeders. En dat is ook goed voor kinderen. Zo weet een kind: ik hoor bij deze moeder en niet bij de moeder aan de overkant.'

'Ze zegt dat ze het doet, omdat ze niet wil dat we gekwetst worden.'

‘Dan is ze nog steeds bang dat jullie iets overkomt en probeert ze die angst te bedwingen door jullie in haar nest te houden, door niemand anders toe te laten.’

‘Wim doet wat mijn moeder ook doet, hij wil ons voor zichzelf hebben. Maar anders dan mijn moeder doet hij het niet om ons te beschermen, of uit angst dat ons iets overkomt, hij doet het omdat hij onbeperkt gebruik van ons wil kunnen maken. Mijn moeder doet het uit liefde voor ons. Hij doet het uit liefde voor zichzelf.’

VIJFDE VERHOOR

Miljuschka 4

'We zijn geland.'

'Wij staan er.'

'Oké, kijk wel een beetje uit.'

'Ja, zeker.'

'Er zijn mensen in het vliegtuig die weten wie ik ben. Dus ook wie jij bent, als de kids op je afrennen met hun "Oma, oma, oma!"'

'Ik pas op.'

Thuiskomen is pas echt thuiskomen als je dierbaren op je staan te wachten. Sonja is mee.

'Ga weg daar, anders zien ze je.' Ik trek haar achter een pilaar. Zo kunnen we kijken of ze al bij de band staan, zonder dat mensen ons zien.

'Daar zijn ze,' zeg ik opgetogen tegen Sonja. Ik app Miljuschka: 'Ik zie jullie.'

'Hi, mam!' appt ze terug.

'Als je de ontvangsthal inloopt, ga dan naar rechts de roltrap op, naar de parkeerautomaten.'

Ze komt de schuifdeuren door en kijkt om zich heen. Twee vrolijke koppies volgen hun moeder de gans.

Ik app haar weer en zie haar haar telefoon uit haar zak pakken. 'Ik loop achter jullie. Niet omkijken.'

Ze leest het en loopt stoïcijns door. Sonja rekent ondertussen het parkeerkaartje af.

‘Ik sta bij “Vuurtoren”,’ app ik.

Ik loop achter ze aan tot ze op de parkeerplaats stilstaan. Ik app: ‘Ik sta derde rij, links.’ Ze komen weer in beweging. Vlak voordat ze bij mijn auto zijn, haal ik ze in en ga voor ze staan. De kids roepen ‘Oma, oma, oma!’ en vliegen me in de armen. Dan is Sonja aan de beurt.

Ik pak alvast de koffers en begin in te laden. We zijn klaar om te vertrekken.

‘Kom lieverds, de auto in, we gaan.’ Ik plof voorin. Sonja gaat met de kids achterin.

Miljuschka zit naast me. ‘Heerlijk, mam, weer thuis te zijn. Lekker dat je ons bent komen halen. Maar wat loop je te hijgen.’

‘Ja, dat komt van dat gesjouw met die koffers. Ik ben een beetje kortademig de laatste tijd.’

‘Misschien moet je je hart weer eens na laten kijken.’

‘Ja, ik heb al een afspraak gemaakt. Komt goed.’

‘Waar is Omie?’ vraagt Storm.

‘Die paste niet meer in de auto, ze zit thuis op jullie te wachten,’ antwoord ik.

‘We hebben een cadeautje voor haar,’ zegt Storm.

‘Ja, een olifantje voor bij haar verzameling,’ zegt Stientje.

‘Wat lief. Dat zal ze leuk vinden.’

‘Oma, wie leeft er langer: Omie of jij?’ vraagt Storm.

‘Ik. Omie is al drieëntachtig.’

‘Hoc oud denk jij dat je wordt?’

‘Honderd.’

‘Behalve als jouw broer jou –’ Hij maakt een snijbeweging langs zijn keel.

‘Of als ik onder een tram loop,’ relativeer ik zijn zorg.

'Oma, waar is de onderwereld?' komt Stientje erdoorheen.
'Hoe bedoel je?'
'Nou, waar is die? Ligt die bij Spanje?'
'Nee, joh. Die ligt bij Amerika,' corrigeert Storm haar.
'Allebei niet. De onderwereld bestaat niet.'
'O, bestaat jouw broer dan ook niet echt?' vraagt Stientje.
'Ja, die wel.'
'Maar ik heb hem nog nooit gezien,' zegt ze.
'Ik heb je toch weleens een foto laten zien?'
'Ja, maar is hij dan wel echt?'
'Ja, Stientje,' roept Storm geïrriteerd. 'Hij is toch ook steeds op de radio.'
'Ja, zeker. Hij is hartstikke echt,' antwoord ik.
'Woont hij in de onderwereld?' vraagt Stientje.
'Zo kun je het zien, maar de onderwereld bestaat niet zoals een land bestaat. Jullie hebben toch die wereldbol bij papa?'
'Ja.'
'Nou, daar staan alle landen op, maar daar zit de onderwereld niet bij.'
'O, ik snap het al,' zegt Stientje. 'De onderwereld zit onder de grond!'
'Zo klinkt het wel, maar zo is het ook niet. Met de onderwereld wordt eigenlijk alle boeven bij elkaar bedoeld. Die kunnen overal wonen. In Spanje, Amerika, Nederland.'
'Maar hij is wel een echte boef, toch, oma, jouw broer?' vraagt Stientje.
'Ja, hij is wel een boef.'
'Oma, waar ben jij bang voor?' vraagt Storm.
'Ik ben helemaal nergens bang voor.'

'Ook niet voor jouw broer?'

'Nee. Waar ben jij bang voor?' vraag ik hem.

'Weet ik niet.'

'Mooi. Houden zo. Als je het niet weet, kun je er ook niet bang voor zijn.'

Ik ben opgelucht dat hij niet zegt bang te zijn dat mij iets overkomt. Dat is het laatste waar ik hem mee wil belasten.

Na vijf minuten zegt hij: 'Mijn enige angst is dat de wereld explodeert. Door de manier waarop de mensen met de aarde omgaan. Ik weet dat het een keer gebeurt, maar ik wil niet dat het gebeurt als ik nog leef.'

Zijn angst is gelukkig een heel andere dan waar ik zo bang voor ben.

'Wat een vragen weer, hè?' zegt Miljuschka tegen me in het Frans, zodat de kids het niet verstaan.

'Ja, het leeft kennelijk nogal.'

'Komt door de media-aandacht. Ze zitten in de auto en horen op het nieuws jullie namen. En het is voor kinderen ook spannend, natuurlijk. Ze spelen de hele dag politieagentje. Het is het gevecht tussen goed en kwaad. Ik had Marc nog aan de lijn. Zijn zoontje zit bij Storm op school. Hij vertelde me dat hij met het verhaal aan kwam zetten dat Storms oom Willem Holleeder is. Hij zei er verder niets over, maar het is kennelijk wel een wetenswaardigheid.'

'Het is toch opmerkelijk,' zeg ik. 'Ze hebben het erover dat zijn oom Willem Holleeder is, niet dat zijn oma Astrid Holleeder is.'

'Tja, de fascinatie voor de mystiek van een bad guy,' zegt Miljuschka. 'Een boef spreekt veel meer tot de verbeelding.'

Het steekt me dat Wim nog steeds zo verleidelijk is, nog

steeds zo'n aantrekkingskracht heeft. Als ze hem maar niet gaan idealiseren.

Thuisgekomen bel ik Storm via Skype.

'Ik ben druk, oma. Ik ben een spelletje aan het spelen. Ik skype je later wel weer.'

'Hé, wacht nou heel even.'

'Nee, want de sheriff zit achter me aan.'

'Welk spel speel je dan?'

Hij noemt de naam van een spel dat mij uiteraard niets zegt.

'Waarom zit de sheriff achter jou aan dan?'

'Ik heb net een overval gepleegd.'

Mijn adem stokt. Ik word niet goed. 'Maar waarom heb je dat gedaan?'

'Oma, het is maar een spelletje, hoor.'

'Laat ik het anders zeggen. Hoe komt het dat jij in het spel een overval pleegt?'

'Omdat je sheriff kunt zijn en boef. En ik ben de boef.'

'Waarom kies je ervoor boef te zijn? Waarom ben je niet gewoon sheriff?' vraag ik, het gesprekje met Miljuschka nog vers in mijn geheugen.

'Sheriff zijn is saai. Dan kan je niet gepakt worden. Maar ik ga nu, want ik moet vluchten,' zegt hij en loopt uit het beeld.

Die nacht kan ik de slaap niet vatten. Wat is toch die aantrekkingskracht van het foute? vraag ik me in talloze varianten af. Waarom heeft hij het over zijn oom en niet over zijn oma? Hebben we er weer een in de familie? De volgende ochtend skype ik Miljuschka.

Storm neemt op. 'Hé, oma.'

'Hé, jongen. Wat ben je aan het doen?'
'Spelletje spelen.'
'Dat van gisteren?'
'Ja.'
'O, en ben je nog steeds niet gepakt?'
'Ik ben nu sheriff, oma.'
'O, waarom dan?'
'Ik ga liever boeven vangen.'
'Oké.'
'Ik ga weer verder, doei!'
'Dag jongen.'
Ik hang op. Ik ben gerustgesteld.

Cardioloog

Vanwege een lekkende hartklep en een verwijde aorta sta ik onder controle bij een cardioloog. Om te vermijden wat Wim is overkomen – een spoedoperatie aan zijn hart – moet ik eens in de zoveel tijd worden gecontroleerd. Aanvankelijk hadden Wim en ik dezelfde cardioloog, dankzij hem kon ik daar terecht. Maar sinds mijn verklaringen uit zijn gekomen ben ik er niet meer heen gegaan. Mijn laatste controle is alweer drie jaar geleden, en ik wil uitsluiten dat de kortademigheid en wat andere klachten daar iets mee te maken hebben.

Ik zoek een kliniek waar ik me kan laten controleren. De afspraak moest van tevoren worden gemaakt, daar was in dit geval geen ontkomen aan. Twee weken lang sta ik al met mijn naam in een agenda waarvan ik niet weet wie daar toegang tot heeft. De kans dat een werknemer de afspraak bewust heeft doorgegeven aan de verkeerde mensen, acht ik nihil, maar ik kan niet uitsluiten dat het uit pure interesse ergens wordt genoemd. Dus ben ik voorzichtig, en loop met mijn kogelwerend vest aan naar binnen. In het toilet doe ik het uit en stop het in mijn tas.

Ik meld me aan bij de receptie direct rechts van de ingang. De jonge dame zegt dat ze me zo verder komt helpen en vraagt of ik even in de wachtkamer plaats wil nemen. In de kleine ruimte zitten nog een dame en twee heren. De twee heren kijken mij onderzoekend aan. Waarom? vraag ik mij direct af.

Ik kan niet anders dan recht tegenover hen plaatsnemen. Ze blijven naar mij kijken en als ik terugkijk, kijken ze weg. Ik krijg het gevoel dat ze een meer dan gewone belangstelling voor me hebben. Ik raak gespannen. Zitten ze er voor mij? Zijn ze mijn afspraak te weten gekomen? Mijn hoofd begint te bonken. Rustig blijven. Zelfs als ze er voor mij zitten, kunnen ze niet weten wie ik ben. Niemand weet hoe ik eruitzie, zeker vandaag de dag niet. Die gedachte stelt me enigszins gerust en het bonken in mijn hoofd neemt wat af.

Dan wordt er vanuit de receptie geroepen, zo luid dat het voor iedereen in de wachtkamer goed hoorbaar is: 'Mevrouw Astrid Holleeder, kunt u even komen?'

Ik schrik me wezenloos. Ik zie de dame en de heren opkijken. Ze hebben mijn naam gehoord. De receptioniste heeft zojuist een enorm uithangbord om mijn nek gehangen. Het liefst ga ik gelijk weg, dan maar geen onderzoek. Maar wat als deze heren er zitten om het sein te geven als ik naar buiten loop?

Ik app iemand op wie ik altijd kan rekenen: 'Kun je nu naar me toe komen en buiten de boel in de gaten houden tot ik weer veilig in mijn auto zit?'

'Ik kom eraan,' appt hij terug.

Gelukkig, dan heb ik ogen buiten. Dat scheelt.

Ondertussen loop ik naar het kamertje van de receptioniste. Het duurt nog zeker dertig minuten voor hij hier is. Dan kan ik beter hier blijven en net zo goed het onderzoek nog even laten doen.

'U heeft mij erg laten schrikken zojuist,' zeg ik tegen een

vriendelijk meisjesgezicht. 'Ik ben namelijk erg gebaat bij anonimiteit.'

Ik zie dat het kwartje bij haar valt. 'Ja, natuurlijk. Ik zie het nu. U bent –'

'Ja, helaas wel,' antwoord ik.

'O, sorry,' zegt ze met rode wangen. 'Dat zal me niet weer gebeuren.'

Na de intake stuurt het meisje me voor het onderzoek door naar een verpleegster. 'U heeft een uitgebreid onderzoek vandaag, zie ik,' zegt ze. 'Dat betekent een echo, dan een fietstest, dat duurt ongeveer dertig minuten, en dan nog een hartfilmpje.'

Dat kost me alles bij elkaar zeker een uur, dat duurt me te lang. Ik wil hier weg zodra ik ogen buiten heb.

'Ik kom niet voor de fietstest,' maak ik haar gelijk duidelijk.

'Maar in de aanvraag staat –' probeert ze ertegen in te brengen.

'Nee, dank u,' onderbreek ik haar. 'Ik hoef geen fietstest. Ik doe altijd alleen een echo- en een hartfilmpje. Dat is wel genoeg.'

Enigszins van haar stuk gebracht door mijn koerswijziging begint ze aan de echo. Dat gaat gelukkig vlot.

'U kunt direct door naar de kamer voor het hartfilmpje,' zegt ze.

'Dat is fijn, want ik heb een beetje haast.'

'Dan meet ik in afwachting van degene die het hartfilmpje moet maken uw bloeddruk alvast even op.'

'Nog beter.'

'189/110. Dat is wel hoog,' zegt ze ernstig.

'Ja, ik zie het. Heb ik niks van gemerkt,' zeg ik zo luchtig mogelijk, ik heb geen tijd voor complicaties of afwijkingen. Ik wil over een halfuur weg zijn.

'Nog een keer meten,' zegt ze. '190/112.'

Wat een gezeur dit. 'Nou stop maar, want we gaan steeds een beetje omhoog,' grap ik.

'Laat me nog even de andere arm doen.'

'Vooruit.'

Ik doe onverschillig, maar inwendig schrik ik van wat de stress met mijn lichaam doet. En door die constatering wordt het alleen maar erger.

'192/120.'

'Die arm doen we zeker niet meer, want die probeert een record te vestigen,' zeg ik.

Het is de stress die mijn bloeddruk tot ongezonde hoogte omhoog jaagt.

Een andere verpleegster komt binnen. 'Ik kom even het hartfilmpje maken. Daarna worden de uitslagen van de tests door de cardioloog met u besproken.'

Het wachten op de uitslag gebeurt in een kamer een verdieping hoger. De mannen zitten daar ook weer. Dat stelt mij gerust. Ze komen hier kennelijk echt voor een onderzoek, anders waren ze niet naar een verdieping hoger gedirigeerd. Het bonken in mijn hoofd neemt iets af. Als ik naar binnen mag, stelt de arts zich aan mij voor. We nemen plaats en hij bestudeert aandachtig de uitslagen. Mijn kwaal is iets verergerd.

'Wordt het te erg, dan moeten we opereren, maar zover is het voorlopig nog niet. Maar je bloeddruk is wel hoog,' zegt hij ernstig. 'Die moeten we omlaag brengen met medicatie.'

'Nee, dat hoeft echt niet. Mijn bloeddruk is zo hoog, omdat ik net even een stressmomentje had.'

'Wat bedoel je?'

'Ik was even geschrokken en ben op dit moment extra alert, daar komt die hoge bloeddruk door. Maar dat is zo weer over. Ik hoef echt geen medicatie.'

Hij laat zich niet zomaar overtuigen en ik wil niet te veel uitweiden over wie ik ben en wat er is gebeurd, omdat het mensen af kan schrikken.

'Ik begrijp dat je het liever niet hebt, maar ik kan jou hier niet weg laten gaan zonder medicatie. Dat is onverantwoord.'

'Maar het is iets dat nu even opspeelt. Niks aan de hand. Gelooft u me maar.'

'De situatie met je broer zal niet gemakkelijk voor je zijn.' Hij brengt het onderwerp ter sprake dat ik zo graag wil vermijden.

'Nee, maar over het algemeen gaat het prima met me. Ik pas me aan, en ben heel tevreden met hoe mijn leven er nu uitziet.'

'Ja,' zegt hij alsof hij me maar met moeite kan geloven. 'Maar ik kan me voorstellen dat je er vaak stress door ervaart. En ook als deze verhoging incidenteel voorkomt, is dat niet goed voor je.'

Dat wist ik niet. 'Dus als ik dit vijf keer in de week kort zou hebben, is het niet goed?'

'Nee.'

Nou, daar zit ik ruim aan. Minstens vijf keer per week spuit de adrenaline zowat mijn oren uit. Is het niet vanwege een situatie die me angst aanjaagt, dan is het wel vanwege gedoe met Justitie of een verhoor door de advocaten van Wim.

'Wat kan ik daaraan overhouden?'

'Een beroerte of een hartfalen.'

Hmm, ik kom hier nu juist vanwege de conditie van mijn hart en ik heb ook al eens een tia gehad. Dat was in augustus 2013, de periode dat ik volop met Wim aan de ene kant en Justitie aan de andere kant bezig was. Het hele jaar 2013 en 2014, tot aan maart 2015, heb ik met een bonzend hoofd rondgelopen. Mijn gezicht rood als een tomaat. De druk achter mijn linkeroog was zo zwaar dat ik er amper mee kon kijken. Ik was bloed gespannen, tot aan het moment dat hij eindelijk werd gearresteerd. Dat zal dan ook wel hoge bloeddruk zijn geweest, denk ik.

'Ik dring aan op medicatie,' zegt de cardioloog. 'Maar ik wil het zo met je afspreken: meet twee weken lang je bloeddruk. Als het inderdaad dit ene incident is, dan neem je de medicatie niet. Wijk je regelmatig af van 120/80, dan moet je echt aan de pillen.'

'Afgesproken,' zeg ik.

Zo gezegd, zo gedaan, en na een week begrijp ik dat pillen onvermijdelijk zijn. Bijkomend voordeel is dat ze een kalmerend effect hebben. Ik heb altijd een enorme weerstand tegen medicatie gehad die stemmingen beïnvloedt, maar na jaren stress en vechten zie ik er inmiddels naar uit wat rustiger in mijn hoofd te worden.

'Begrijp je me nu?' vraagt Sonja. 'Waarom moet je met stress lopen als je een pilletje kunt nemen en het weg is.'

'Alsjeblieft, Son. Niet deze discussie. Ik vind het al erg genoeg dat ik op dit punt in mijn leven ben aangekomen.'

'Nou, ik maak er geen drama van. Je zult merken hoe lekker het is als je een beetje verdoofd door het leven gaat.'

Sneaky

Eerst een ontsteking in mijn schouder en nu weer een ontsteking in mijn kies: het is alsof de duvel ermee speelt. Verder voel ik me redelijk rustig. De broodjes zijn gesmeerd. Het vervoer richting de Bunker staat alweer klaar. Ik stap in, ik stap uit, en het ritueel begint weer.

'Mevrouw Holleeder, ik wijs u erop dat u nog steeds onder het verband van de belofte staat die u heeft afgelegd.'

***

'Hoe ging het?' vraagt mijn moeder zodra ik binnenkom.

'Ik heb even geen zin om erover te praten, vind je dat goed?'

'Dat is goed, lieverd.'

'Ik heb eten gemaakt,' zegt Sonja.

'Nee! Dat bestaat niet. Jij hebt in je leven misschien vier keer een pan aangeraakt.'

'Dat is niet waar.'

'Nee, As, dat is niet waar,' roept Richie. 'Vijf keer!'

'Oké, Rich heeft gehaald,' lacht ze. 'Maar we hebben eten.'

'Hé jongen, lief van je.'

'Ja, ik dacht: doe ik ook iets.'

'Wat ben je aan het doen?'

'Spelletje spelen.'

Hij speelt *Red Dead Redemption*. Een Driscoll sluipt door het struikgewas. Hij rent het veld over en houdt zich even schuil in een schuur, om na enkele seconden alweer te vertrekken op een gereedstaand paard.

'Kijk As, hij is een beetje zoals jij. Hij kan ook nooit ergens te lang blijven. Hij moet altijd sneaky doen en snel, snel weer weg,' zegt hij met een glimlach.

'Goed opgemerkt, grapjas,' zeg ik.

Dan wordt de Driscoll beschoten. Zijn paard valt en hij ligt bewegingloos op de grond. Langzaam vervaagt het beeld. Het is een dramatische aanblik.

'Is hij nou aan het doodgaan?' vraag ik Richie.

'Ja.'

'Dit kan ik nu even niet aanzien,' zeg ik.

'Het valt mee,' zegt hij. 'Let maar op.'

De Driscoll sterft, maar twee seconden later staat hij weer op, klaar voor het vervolg van het spel.

'Is hij nu weer levend?' vraagt Son.

'Ja.'

'Gaat hij nooit dood?'

'Nee.'

'Dat is lekker. Dat willen wij ook wel, hè As?'

'Wat zijn jullie grappig vandaag, mensen.'

'We willen je een beetje opvrolijken.'

'Jullie zijn lief.'

'Maar As, wat hij nou allemaal zegt...' komt mijn moeder tussendoor.

'Mam, laat het rusten. Vandaag zit er weer op. We gaan het gezellig maken. Samen eten. Ik ga eerst even douchen. De dag van me afspoelen.'

Als ik klaar ben staat de tafel gedekt.

'Kom lekker zitten,' zegt Sonja.

'Ga je nog naar Iris?' vraagt mijn moeder.

'Vraag je dat omdat je vindt dat ik dat nodig heb?'

'Ja, eigenlijk wel, ja. Ik vind je somber de laatste tijd. Dat is niets voor jou.'

'Nou, af en toe heb ik dat. Ik zit niet altijd lekker in mijn vel.'

'Dat vind ik niet zo gek, hoor. Met wat wij doormaken,' zegt Sonja.

'Ik kan dat hele gedoe met het proces vaak moeilijk van me af zetten. Hij speelt het bij mij zo op de persoon. Zijn haat is zo groot. Die voel ik door de getuigencabine heen. Alles is Astrid, Astrid, Astrid. Over zijn criminele vriendjes wil hij niks zeggen, beroept hij zich op zijn zwijgrecht, maar ik heb het gedaan. Zoals altijd een ander het gedaan heeft. Maar de gesprekken met Iris zijn zinvol, mam.'

'Wat zegt ze dan allemaal?' vraagt mijn moeder.

'Van alles over jou, over Son, over Wim. Hoe het allemaal zo gekomen is. Wat wil je weten?'

'Alles.'

'Maar nu even niet. Nu wil ik een moment dat niet beheerst wordt door hem.'

Iris 12

'Hoe gaat het vandaag? Ben je wat rustiger?' vraagt Iris.

'Ik neem de bloeddrukverlagers.'

'Je hebt het gedaan.'

'Ja, ik heb het nog wel eerst aan mijn huisarts gevraagd. Hij vond ook dat ik ze moest nemen. Mijn bloeddruk is al wat gezakt. En ik ben wat rustiger in mijn hoofd.'

'Je hebt geen bijverschijnselen?'

'Volgens mij niet, maar het duurt even voordat het echt werkt. Dat is een kwestie van afwachten.'

'Hoe vond je het afgelopen keer gaan?'

'Enerzijds zinvol, anderzijds heel naar.'

'Waarom naar?'

'Het ging weer over de gesprekken die ik heb opgenomen. Die worden aan mij voorgehouden, en ik moet daar dan vragen over beantwoorden, dan zit ik weer midden in onze verhouding zoals die was voordat hij vast kwam te zitten. De automatismen. Altijd buiten lopen, altijd je telefoon uit. Fluisteren. Iris, wanneer ga jij met je echtgenoot "effe een stukkie lopen", omdat de politie niet mag horen wat je tegen elkaar zegt?'

'Nooit. Ik denk helemaal niet over de politie na.'

'Heb je je telefoon uit?'

'Nee. Hoezo dat?'

'Vind je dat een rare vraag? Wim niet, je hoort het regelmatig in de opgenomen gesprekken: "Is je telefoon uit? Leg maar effe weg." Want als je je telefoon aan hebt staan kunnen we worden afgeluisterd. Dus die moet uit. Fluister jij vaak in gesprekken?'

'Nee, ik zou niet weten waarom.'

'Wij altijd, wanneer iets niet mag worden gehoord door de politie. Het praten via lichaamstaal. Het knikje met het hoofd betekent: weg hier. Het praten met onze handen. Duim en wijsvinger tegen elkaar heen en weer schuiven is het gebaar van geld, een draaiende vinger in de lucht betekent: er is hier mogelijk afluisterapparatuur geplaatst, het graaigebaar dat betekent: ik ga alles afpakken, de wijsvinger vooruit en duim omhoog betekent: die gaat eraan.

Jij bent getrouwd, daar hoef je het niet elke dag opnieuw over te hebben, dat weet je. In dat kader bespreek je wat je die avond gaat eten, waar je naartoe op vakantie gaat, waar je gaat wonen. Het huwelijk is je kader. Zo zijn in onze gesprekken de liquidaties ons kader. We zijn niet op zoek naar het antwoord op de vraag wat hij heeft gedaan. Dat weten we al. De manier waarop wij praten over wat hij heeft gedaan is door strategieën te bespreken hoe voorkomen kan worden dat hij daar ooit nog eens voor wordt gestraft. Wie wat over hem zegt. Hoe beschuldigingen voor te blijven. Onze hele manier van praten is absurd. De inhoud bizar. Nu ik uit die gekte ben en ernaar terug moet, zie ik pas hoe krankzinnig het is.'

'Wat maakt dat bij je los?'

'Ik reageer er fysiek op, ik word helemaal naar vanbinnen. Ik moet het aanhoren en ondergaan, maar het is niet normaal. Ik praat in die gesprekken met hem over het doodschieten van mijn zusje. Over Cor. We bespreken nooit normale dingen. Alleen over misdaad, het bewaken van zijn positie, de dreigingen. Dat heb ik jaar in jaar uit ondergaan, dat doet iets met je. Het was continu.

Je zit in een soort mishandelingssituatie. Het opnemen hield me overeind. Het gaf de gesprekken een functie. Ik had een doel. Zonder dat doel was ik gek geworden. Je moet proberen je er een voorstelling van te maken: als je de vreselijkste dingen bespreekt over je zusje, je nichtje, je zwager of je broertje en moet doen alsof dat normaal is. Dat is niet gezond.'

'Ik kan me er niets bij voorstellen.'

'En dan is zijn verdediging dat op de opnames te horen is dat ik hem toch hartelijk begroet als ik hem ontmoet. "Dat klonk toch gezellig?" zegt die advocaat van hem. Met andere woorden: het waren leuke gesprekken en ik vond Wim een gezellige jongen. Ik snap dat niet. Dan denk ik: kun jij gezellig doen met een man die zegt dat hij je zusje het ziekenhuis in zal slaan, die haar doorlopend angst aanjaagt en haar als toetje wil laten omleggen? Van wie je weet wat hij in het verleden heeft uitgespookt en hoe hij met mensen omgaat?

Je zegt tegen Pablo Escobar toch ook niet dat zijn haar niet goed zit als hij een *bad hair day* heeft? Al zou hij kaal zijn, dan nog zou je tegen een man van dat kaliber zeggen: "Wat zit uw haar goed!"

Maar ik lach weleens op die opnames met hem, zegt die advocaat dan. Dat deed ik zeker. Ik wist precies hoe ik me bij hem moest gedragen, en dat deed ik omdat wij weten wat hij kan aanrichten. Mijn nichtje was zwanger, haar moeder zat bij haar ondergedoken. Dan zegt Wim: "We hebben een leuke relatie". Ja, hoe dan? Het is absurd. Ik vond het nog het ergste voor Wim dat ik dat allemaal nog eens expliciet moest vertellen. Waarom wil die advocaat dat hij dit hoort? Ik vroeg hem ook waarom dat nodig was. Hij pijnigt Wim ermee.

Ik acteer in die gesprekken, ik toon geen echte emotie. Het is een gespeeld contact, omdat ik bang voor hem ben. Ik heb hem in de maling genomen. Hij was vrijuit aan het praten en ik nam hem op.'

'Je hebt hem gekrenkt?'

'Ja, elke keer dat ik een antwoord geef, krenk ik hem opnieuw. Dat voel ik gebeuren als ik daar met hem in die zittingszaal zit.'

'Ben je hierdoor nou angstiger dan hiervoor?'

'Ja, want hij gaat buitenproportioneel wraak nemen. Dat hadden we toch al geanalyseerd? Maar dat wist ik daarvoor al, hoor. Daar is voor mij geen ontkomen aan.'

'Laten we hopen dat je door de medicatie wat rustiger wordt en wat minder angstig.'

'Ik hoop het ook. Ik moet ook niet meer van die lange verhoordagen maken. Ik dacht dat ik dat wel aan zou kunnen, omdat ik het gewend was door mijn werk. Maar nu ik zelf getuige ben, is het toch heel anders. Ik kan het niet, het is allemaal zo dichtbij, er komt zoveel naar boven. Onder iedere zin ligt een hele geschiedenis die ik op dat moment doorleef. Een hele dag is me te veel. Ik ga dat de volgende keer ook zeggen.'

'Kun je daar iets over zeggen?'

'Ik kan vragen of ik in de toekomst halve dagen kan. Dat doen Son en San ook, halve dagen. Ik heb mezelf overschat.'

'Het is een parallelle wereld waar je met hem in leefde.'

'Ja, en daar ben ik bijna uit. Dat is zo fijn. Niet meer die spanning als er weer iemand is geliquideerd, af moeten wachten wat de reactie zal zijn. Of er vergelding komt, hoe het voor hem uitpakt, hoe het voor de rest van de familie uitpakt. Die terugkerende zorg. Als dit proces voorbij is, hoef ik nooit meer aan die tijd terug te denken.'

Fiets

Mijn moeder heeft geen medicijnen meer. Ik moet naar haar toe om ze te brengen. Sonja kan niet, normaal doet zij alle boodschappen, zodat ik er niet uit hoef. Ik loop de deur uit richting mijn auto die aan de overkant van de straat staat geparkeerd. In de auto erachter zit een man achter het stuur. Hij maakt geen aanstalten uit te stappen. Ik blijf aan de andere kant van de weg, loop mijn auto voorbij en sla rechtsaf. Uit het zicht steek ik mijn hoofd de hoek om en kijk of de man uitstapt. Hij zit nog steeds in de auto. Ik kan niet blijven gluren, want er zijn mensen op straat. Ik loop verder.

Ik twijfel. Deze situatie, of een variant erop, doet zich vaker voor en telkens moet ik afwegen hoe erop te reageren. Wat zal ik doen: teruglopen en nog eens kijken? Of gewoon mijn auto pakken om naar mama te gaan? Ik herken zowel de auto als de man niet uit 'de buurt'. Misschien zit hij gewoon te wachten op iemand en is het helemaal niets. Aan de andere kant, ik kan maar één keer een verkeerde beslissing nemen.

Ik neem geen risico en loop door naar mijn andere auto, die staat om de hoek geparkeerd. Hij start niet. Ik probeer het opnieuw, niets. Ik stap uit. Dit is echt een tegenvaller. Twee auto's in de buurt en alle twee niet bruikbaar. Drie straten verderop zit een fietsenwinkel, misschien dat ik daar een fiets kan huren. Voor mijn gevoel moet ik de afstand naar mijn moeder wel kunnen fietsen.

In de winkel kijk ik op Google Maps hoe ver het is. Dat valt tegen: vijfendertig kilometer, en ik heb nul conditie. Daar heb ik me flink op verkeken. Met de auto ga ik door de tunnel, maar met de fiets moet ik daar helemaal omheen rijden.

'Kan ik u helpen?' vraagt de fietsenmaker.

'Nee, sorry. Ik zie dat ik toch wel ver moet, vijfendertig kilometer heen en weer terug. Dat ga ik niet redden.'

'U kunt ook deze nemen,' zegt de man. 'Deze is elektrisch. Dan heb je als het ware altijd de wind mee.'

'Kan ik die ook huren?'

'Ja, dat kan.'

'Doet u mij die dan maar.'

Kort na de geboorte van Miljuschka pakte ik het sporten weer op. Ik reed op de fiets terug van mijn karateles naar mijn huis in de Kerkstraat. Om daar te komen moest ik de Magere Brug over de Amstel oversteken. Het was tien uur 's avonds en aardedonker. Vlak voor de brug zie ik fel oplichtende koplampen mij tegemoet komen. Het is er smal, maar breed genoeg voor een auto en een fietser. Ik ben al op de brug als ik zie dat de koplampen niet uitwijken en recht op mij afkomen. Ik kijk naar rechts van mij, daar is de reling van de brug. Links, iets verder weg, hetzelfde. Ik kan geen kant op. De koplampen komen steeds dichterbij. Ik kan ze niet ontwijken.

Ik ga op de trappers van mijn fiets staan en geef me over.

Stemmen boven mij. Een vrouw zegt: 'O, gelukkig, het is niet mijn dochter.'

Een man antwoordt: 'Nee, maar ze is wel de dochter van iemand anders. Rustig maar meisje, de ambulance is onderweg. Beweeg je maar niet.'

Geschreeuw: 'Ik zag het gebeuren! Ze vloog meters door de lucht. Ze klapte keihard op het asfalt. Het was net een lappenpop. Hij is doorgereden, hij is doorgereden!'

Ik doe mijn ogen open. Een aantal mensen staat over mij heen gebogen. Ik lig op de grond. Ik moet opstaan. Ik probeer te bewegen. Mijn armen op te tillen. Het lukt niet. Ik wil mijn benen buigen, dat lukt ook niet. Ik was volledig verlamd. In beugels werd ik de ambulance in gedragen en naar het ziekenhuis afgevoerd.

Miljuschka was drie maanden oud, ik moest haar voeden. Paniek overspoelde me. Misschien zou dat nooit meer lukken.

Mijn hoofd had zo'n harde klap gemaakt dat het enige tijd duurde voordat mijn hersenen weer konden communiceren met mijn ledematen, maar het felle licht van de koplampen stond blijvend in mijn onderbewuste gegrift. Op elke tweebaansweg kwamen ze weer op me af en begon ik te hyperventileren. Het duurde tien jaar totdat ik in een lesauto durfde te stappen.

De bestuurder die mij had aangereden, was niet gestopt, was niet uitgestapt, had niet gekeken hoe het met me was. Eenmaal thuis uit het ziekenhuis kreeg ik een telefoontje. Het was de politie. Ze hadden de dader achterhaald, en hadden wat vragen voor me. De persoon die mij had aangereden heette Van Hout, en omdat ik een Holleeder was, vroegen ze zich af of het om een vergeldingsactie ging.

Ik deed er zestig lessen over voordat ik voor de eerste keer af mocht rijden. De examinator was een vrouw, ze vroeg me wat ik deed in het dagelijks leven. Ik vertelde haar met een brok in mijn keel dat ik er net achter was gekomen dat mijn man een ander had en dat ik alleenstaande moeder was geworden. Om de rekeningen te kunnen betalen, wilde ik zo snel mogelijk mijn eigen advocatenkantoor beginnen.

Terwijl ik het vertelde, voelde ik het verdriet opkomen. Het was nog zo vers, maar ik kon het me niet permitteren emotioneel te worden, ik móést dit examen halen, daar hing veel van af voor mij.

'Wil je de auto nu achteruit in dat parkeervak inparkeren?'

Dit was mijn zwakke punt. Ik had het in al die zestig lessen maar twee keer gedaan, en niet tot tevredenheid van mijn rijinstructeur. Maar het moest lukken, ik had het rijbewijs nodig voor mijn kantoor. Ik aarzelde even.

Ik zette de versnelling in zijn achteruit en parkeerde netjes tussen de lijnen. Ik was geslaagd. Toen ik eenmaal mijn rijbewijs had gehaald, kwam ik de auto niet meer uit.

Vandaag zou voor het eerst zijn. Op het idee gebracht door Wim, die een periode op een gewone fiets rondreed, had ik me al eerder verdiept in elektrische fietsen, maar had het idee niet doorgezet.

'Hoe hard gaat deze?'

'Ongeveer vijfentwintig kilometer per uur.'

'Wat is zijn actieradius?'

'Tussen de dertig en de honderdvijftig kilometer. Als je de meeste ondersteuning bij het trappen kiest: dertig. Maar er zijn ook accu's die tussen de zeventig en tweehonderdvijftig kilometer halen.'

Dat zijn behoorlijke afstanden, en als je een extra accu meeneemt, kun je ook niet onverwacht stil komen te staan. Mijn oog valt op het hoekje met accessoires voor de elektrische fietser.

'Is een helm al verplicht?'

'Nee, maar wel aan te bevelen. Je gaat toch tussen de vijfentwintig en dertig kilometer per uur.'

'Wordt een helm veel gedragen?'

'Ja, heel veel. Het is eerder regel dan uitzondering.'

Mooi, denk ik en hou een helm met zonneklep in mijn handen. 'Mag ik die even passen?'

Ik zet hem op: de bovenhelft van mijn gezicht wordt bedekt door zwarte kunststof, mijn kapsel is niet meer te zien. Mijn profiel onderbroken. Herkennen wie op die fiets zit, wordt lastig. Ideaal. De voordelen schieten door mijn gedachten: met een fiets kom je overal, smalle straatjes en steegjes, je kunt zo nodig over de stoep rijden, tegen het verkeer in. Je bent veel behendiger.

Natuurlijk ben je kwetsbaarder op een fiets. Je mist het pantser van een kogelwerende auto om je heen. Aan de andere kant ben je op een fiets veel moeilijker te traceren. Een fiets hoeft nergens buiten te staan, die kan uit het straatbeeld verdwijnen door hem mee naar binnen te nemen. Je hoeft niet te parkeren, waarna je vaak een afstand moet overbruggen naar je bestemming. Je zet hem voor de deur en stapt naar binnen.

Een ander groot voordeel is dat je op de fiets niet eenvoudig een tracker kunt plaatsen. Het ontbreken van een kenteken geeft voor mij de doorslag.

Ik stap op en vlieg over de weg. De beweging van het fietsen voelt vertrouwd. Google Maps wijst de weg en ik val van de ene verbazingwekkende schoonheid in de andere. Parken met konijntjes die ruziemaken met kauwtjes, bomen besneeuwd met bloesem, de geur van gemaaid gras, een strandje met spelende kinderen, een brug over een kanaal vol zwoegende vrachtschepen. Wat is deze stad mooi. Fietsers hebben er hun geheel eigen infrastructuur, een netwerk parallel aan dat van de auto, maar dan zoveel groener, zoveel afwisselender, zoveel mooier.

Zeventig verbluffende kilometers later breng ik de fiets terug.

Briljant idee van Wim, een fiets.

Iris 13

'Heb je nog medicijnen voor je rikketik? En helpt dat voor het oplaaien van je angsten?'

'Nee. Ik heb niet meer dat heftige hartbonken. Maar mijn angst is hetzelfde. Die wil ik ook niet kwijt. Mijn angst beschermt me. Ik kan wel tegen mezelf zeggen: ach, er gebeurt vast niets, maar dan ga ik tegen mezelf lopen liegen, en dat ga ik niet doen. Ik ga mezelf geen rad voor ogen draaien. Het is alleen een kwestie van tijd. En jij of ik, niemand kan voorspellen wanneer dat is. Daarom: zodra ik mijn huis uit loop ben ik angstig. Ik ga eigenlijk liever niet naar buiten.'

'Tuurlijk moet je naar buiten. Je hebt ook beweging nodig. '

'Daar hoef ik niet voor naar buiten, ik heb een loopband thuis. Maar hele dagen thuis zitten, daar word je depressief van.'

'Absoluut, ieder gezond mens wordt daar depressief van.'

'Ik ben al weken somber. En het wordt steeds erger. De somberheid zit inmiddels door mijn hele lichaam. In mijn spieren, mijn botten, ik voel het overal. Er is helemaal niets wat mij interesseert. Ik schaam me ervoor dat ik zelfs de vreugde in mijn kleinkinderen niet kan ontdekken.'

'Je bent zo mat. Ik heb je niet eerder zo gezien.'

'Ik weet het gewoon niet meer. Wat is nou de zin van het

leven? Minstens tien keer per dag dringt die vraag zich aan me op. Zelfs als ik bij mijn kleinkinderen ben, denk ik: ja en? Ik probeer eruit te komen door veel te lezen, door aanknopingspunten te vinden die me de zin weer doen zien.

Ik heb net een boek gelezen over iemand die de gruwelen van de oorlog heeft overleefd en nóg de zin van het bestaan ziet. Dan schaam ik me. Als iemand dat na het doormaken van zoveel leed nog kan zien, hoe kan ik dan zo ontevreden en ondankbaar zijn? Maar ondanks dat ik dat tegen mezelf zeg, zie ik het nog steeds niet. Ik voel me verdoofd.'

'Je moet elke dag een mooi momentje koesteren,' zegt Iris.

'Ik zie de mooie momentjes niet meer. En ik heb ook geen zin om ze te zoeken. Ik voel me dood vanbinnen. Het is de beperkte manier van leven. Het is niet vol te houden. Ik heb het echt geprobeerd.'

'Weet jij hoe mensen ondergedoken blijven? Hoe doen mensen dat? Hoe schuil jij?'

'Niet opvallen. Niet dat leuke rugzakje om dat ik heb gekregen, want daar zit rood in. Geen kleurige kleding aan. Geen lippenstift. Kleine bewegingen. Niet te hard praten, maar ook niet opvallend zacht. Niets doen wat aandacht trekt. Opgaan in de menigte. Kleurloos zijn. Elke dag zo kleurloos, dat je er vanbinnen grijs van wordt. Dat de kleurloosheid je stemming is. Door je constant te gedragen als een grijze muis, verander je langzaam in een grijze muis.

Vreugde straalt en heeft de kleur van de zon. Vreugde is iets wat je deelt en uitdraagt. Het is hoorbaar in gelach. Zichtbaar in een blij gezicht en in uitbundig gedrag. In je eentje vreugde beleven kan maar beperkt. Natuurlijk vind ik het fijn als ik op een dag een mooi stuk heb geschreven. Ben ik blij als mijn moeder belt en vertelt dat ze een goede nachtrust heeft gehad. Maar mijn blijdschap deel ik niet. Er is niemand die die lach op mijn gezicht ziet. Mijn huis is leeg.

Natuurlijk kan ik zo nu en dan iets voor mezelf regelen. Een vriendin opzoeken of een vriend. Maar ik deel niets meer met ze dus er is bijna geen gespreksonderwerp meer. Hun leven in de buitenwereld gaat door en ik zit binnen. Dat is zwaar.'

'Kan het zijn dat je gaat breken?'

'Nou, het is wel iets waar ik geen oplossing voor weet.'

'Kun je niet terug naar Son?'

'Dat zou kunnen.'

'En helpt dat dan?'

'Dan ben ik in ieder geval niet alleen. Alleen durf ik me niet onder de mensen te begeven.'

'En dat heb je niet als je met Son bent?'

'Nee, dan kun je nog op elkaar letten. Dan ben je elkaars ogen en oren en twee zien meer dan een. Daardoor kun je samen meer doen. De schaduwkant is dat als ik bij Son ben, ik dat beetje energie dat ik heb zo uit me voel lopen. Dat werkt ook niet.'

'Maar als Son tegen de angst helpt, dan wordt het op een bepaald moment toch een afweging. Wat heb je liever: minder energie en niet zo angstig of meer energie en angstig.'

'Ja. Dan heb ik toch liever meer angst. Ik kan niet bij Son blijven, want ik word lamlendig van die afhankelijkheid en passiviteit.'

'Ben je dan nog het beste met jezelf?'

'Het is lastig. Het is angst en eenzaamheid. Misschien moet ik er maling aan hebben en gewoon mijn kind, kleinkinderen, familie, vrienden en vriendinnen bij me thuis laten komen. Gezellig eten samen. Voetbal kijken. Ik kan best wel wat dingen organiseren, maar omdat ik verstandig met mijn positie om wil gaan doe ik dat niet.'

'Fantaseer eens. Je nodigt je vriendinnen uit om te komen eten en dan...'

'Dan moet ik bang zijn, omdat ze weten waar ik woon. Ze kunnen onbewust lekken.'

'Hoe gaat dat dan? Die vertellen: "Ik heb gegeten bij Astrid. O, welke Astrid, o die. Waar woont ze dan?" Zoiets?'

'Ja.'

'Dus dat maakt je ook weer angstig.'

'Ja.'

'Maar Astrid, even vrolijk: alles beter dan dood te zijn.'

'Alles om te voorkomen dat je doodgaat. Daarom zit ik ook geïsoleerd. Ik wil niet dat hij zijn zin krijgt.'

'En in het buitenland in een beschermingsprogramma? Werkt dat?'

'Ja, dat werkt. Dan ben je veilig.'

'Wil je dat dan nu al niet?'

'Nee.'

'Maar als je dat doet, ben je wel minder bang.'

'Dan ben ik liever bang. Ik laat mijn kinderen niet achter bij Wim.'

'Maar dan kun je je angsten wel aan, gek genoeg, want anders was je wel in een getuigenbeschermingsprogramma gegaan.'

'Zo kun je het ook zien.'

Miljuschka 5

'Ga je mee naar *The Lion King*? Ik heb Mil, de kids en mama ook meegevraagd,' zegt Francis.

'Nee, dank je,' antwoord ik. 'Met Mil in een zaal zitten is geen goed idee.'

Sonja is wel meegegaan. In de pauze van de voorstelling belt ze me.

'Hebben jullie het gezellig?' vraag ik.

'Ik ben eruit gelopen. Ik zit in de auto. Fran zag een man kijken en hoorde hem zeggen: "Dat is een bekende Nederlander", wijzend op Mil. "Die zit hier met haar hele familie". Toen ben ik maar weggegaan. Het is goed dat je er niet bij was.'

'Ik kan kaartjes krijgen voor Beyoncé!' roept Miljuschka dolenthousiast door de telefoon. We delen onze liefde voor popmuziek en popconcerten: UB40, Spice Girls, 3T, de neefjes van Michael Jackson – waar we geen noot van hebben gehoord omdat een zaal vol tienermeisjes hysterisch begon te gillen zodra de microfoon richting hun mond ging – maar ook alle grote sterren hebben we gezien: Madonna, Pink, Norah Jones, Alicia Keys en om nooit te vergeten: Christina Aguilera. Haar nummer over de relatie met haar moeder is ons lijflied.

Ze wil zo graag. Hoe kom ik daar onderuit? Ik wil niet dat mijn situatie constant tussen ons in staat. Ik beweeg mee, doe net alsof ik een normale moeder ben. Ik kan even niet anders. Er zijn nog een paar dagen te gaan, misschien is het lot mij gunstig gestemd.

Twee dagen later krijg ik een appje: 'Sorry mam, ik kan toch niet. Ik moet werken.'

Gelukkig, denk ik. 'Geeft niet, lieverd,' app ik terug.

'Oma, ik moet zaterdag voetballen. Kom je kijken?'

'Nee, lieverd. Oma kan niet.'

Ik heb geen idee wie daar zijn. Ik kan het risico op herkenning en foto's niet nemen.

'Ga je mee naar het zwembad, oma?'

'Nee, lieverd. Oma kan niet.'

'Ga je mee naar de dierentuin?'

'Nee, ik kan helaas niet.'

'Ga je mee naar de film?'

'Nee, moppie.'

'Kom je kijken naar mijn presentatie?'

'Nee, lieverd.'

'Mag ik bij jou slapen?'

'Nee, dat kan toch niet.'

'Zullen we samen –'

'Nee, Fran, dat gaat niet.'

'Ga je –'

'Nee.'

'Kun je?' vraagt Miljuschka. Ze doet mee aan *Dance Dance Dance*. Van alle dansparen die meedoen zit de familie in de zaal. Ik ben er niet.

'Nee,' zeg ik. Ik vind het vreselijk om haar zo teleur te stellen. Maar ze zegt dat ze het begrijpt.

Niet veel later belt haar partner mij, hij vertelt me dat ik er echt heen moet, omdat dat heel belangrijk is voor Miljuschka. Mijn eerste reactie is woede. Waar bemoeit hij zich mee? Hij komt net kijken en heeft geen idee van onze familiegeschiedenis. Als ik 'nee' zeg is het 'nee', en daar ga ik niet over in discussie. Alsof ik dit wil. Mijn bloed kookt: wat denkt hij wel, me zo op mijn tekortkomingen te wijzen? Want zo voel ik het, ik schiet tekort. Hij raakt mijn pijn en als een gewond dier bijt ik van me af.

Ik moet kalm blijven. Hij kan dit ook niet begrijpen of overzien. Ik besluit het hem rustig uit te leggen. Hij begrijpt het nu beter.

Zelf begrijp ik het nu ook beter, en ik zorg dat ik erbij kan zijn. Zonder dat iemand weet dat ik er ben, zit ik in een achterafkamertje bij de staf. Trots als een pauw kijk ik naar een televisiescherm waarop ik mijn kind zie dansen op het podium achter me.

ZESDE VERHOOR

Cor

Mijn oog prikt. Steeds erger. Die naald zit er weer. Ik krijg vaker een irisontsteking als ik veel stress ervaar. Het begint met rode aderen eromheen. Dan beweegt de iris niet meer mee bij licht en donker, en moet ik direct naar het ziekenhuis, en zo snel mogelijk behandeld worden. Als het vannacht doorzet, kan ik morgen niet getuigen. Beter ga ik nu gelijk even naar het ziekenhuis.

Het lijkt een patroon te worden. Tegen de tijd dat ik moet getuigen, krijg ik een ontsteking in mijn lichaam.

De volgende ochtend heeft de medicatie al effect: ik kan naar het verhoor. Vanaf de locatie waar ik word opgehaald tot naar de getuigenbox is gemiddeld een uur. Ik zit weer klaar. Microfoon voor me. Het scherm gaat omhoog. We kunnen beginnen.

De voorzitter neemt het woord. 'Goedemorgen mevrouw Holleeder, ik wijs u erop dat u nog steeds onder het verband van de belofte staat die u heeft afgelegd.'

***

'Hi mam. Hé Fran, jij ook hier? Ik wist dat je zou komen.'

'Het ging vandaag over papa, hè?' zegt ze.

'Ja, over alle drie de aanslagen.'

'Hoe is het gegaan?'

'Ik was erg emotioneel. Boos vooral. Ik word zó boos als ik daar weer aan terugdenk.'

'Ik zie het nog zo voor me,' begint mijn moeder. 'In de Deurloostraat. Ik dacht dat het weer een stom geintje was van Cor. Dat het iemand was met een klappertjespistool. Ik ben nog achter die vent aan gerend, maar hij was al weg. Ik ging snel terug naar Cor. Hij was helemaal verdwaasd. Hij deed zijn horloge af en gaf het aan me, zijn hand en zijn horloge zaten helemaal onder het bloed.'

'Zijn horloge lag op het aanrecht. Ik heb het schoongespoeld onder de kraan,' zegt Francis.

'Wist je dat Rich de avond van de tweede aanslag eigenlijk met papa mee naar voetbal zou gaan? Dan had hij twee aanslagen meegemaakt.'

'Maar daar denken die lui niet aan. De eerste keer maakte het ze ook niet uit dat mama en Rich erbij zaten. Het was moeilijk om daar weer aan terug te denken vandaag.'

'Over de tweede aanslag zegt hij dat hij nog gewoon goed was met papa, toch?'

'Ja. En Cor zou ook nooit tegen iemand hebben gezegd dat Wim achter de aanslagen zat.'

'Hoe kan hij dat nou zeggen? Papa zei al toen ik als kind in het zwembad om zijn nek hing en zijn kogelgaten telde: "Dat heeft je oompje gedaan."'

'Alles wat wij zeggen, ontkent hij.'

'Maar hij kan het niet ontkennen. Bij de tweede aanslag zat de politie gewoon bij ons thuis. Toen liep papa tegen mama te schreeuwen: "Je broer gaat eraan, je broer gaat eraan! Dit is al de tweede keer." Hij wilde nog wedden om een tientje met die agent, dat het nu oorlog zou worden. Die agent schreef alles op. Hoe kan hij dan zeggen dat hij nog goed was met papa?'

'Hij moet toch wat.'

'Hij legt papa woorden in de mond.'

'Ja, hij praat voor de doden. Dat is makkelijk, die zeggen niets terug.'

We drinken thee en hangen zwijgend tegen elkaar aan.

'Ik ga,' zeg ik. 'Tot gauw, lieverd. Probeer er maar niet te veel aan te denken.'

Wat een puinhoop heb je ervan gemaakt, Wim, van al die levens.

En waarom?

Iris 14

'Hoe is het gegaan?'

'Het verhoor ging goed. Daarna zag ik Francis en dat was moeilijk. Het gelieg doet haar pijn.'

'Liegen is macht. Je zet een ander volledig op het verkeerde been. Dat brengt je uit balans. Je voelt je machteloos.'

'Maar je kunt ook niet anders verwachten van iemand voor wie liegen een onderdeel is van zijn werk. Liegen is voor hem een kosten-batenanalyse, geen morele kwestie. Als liegen hem zijn vrijheid oplevert, is zijn afweging snel gemaakt.'

'Hij kijkt niet naar goed of fout, maar alleen naar de mogelijke positieve of negatieve gevolgen voor hemzelf?'

'Ja, dat begint al bij het plegen van de misdaad. Dat is ook een afweging. Wil ik goed of fout doen? Wat levert het me op als ik fout doe en wat kost het me? Hoe groot is de kans dat ik gepakt word en hoe hoog is de straf die ik kan krijgen? Kan ik straf voorkomen door te liegen? Een misdaad plegen en liegen gaan hand in hand. Alleen door te liegen kun je straf voorkomen.'

'Dat is toch wel bijzonder.'

'Zo is het rechtssysteem. Maar je hoeft niet te liegen als je gepakt bent. Je kunt ook bekennen. Maar dat doet vrijwel niemand, want bekennen is vragen om straf.

Je kunt ook ontkennen. Ontkennen is vanzelfsprekend,

als je niets hebt gedaan. Ontkennen terwijl je het wel hebt gedaan, is riskant. Als je door de politie wordt gehoord, heb je namelijk nog geen idee wat het bewijs tegen je is. Ontken je bijvoorbeeld door te zeggen: "Ik kan die diefstal niet hebben gepleegd, want ik was in een andere stad op dat moment", en blijken er in het dossier camerabeelden van jou te zitten op de plaats delict, dan heb je aantoonbaar gelogen en mag dat liegen weer als bewijs tegen je worden gebruikt.

Als laatste optie heb je het recht om te zwijgen. Dan hoef je geen antwoord te geven op moeilijke vragen. En kun je ook niets verkeerd zeggen, dat tegen je gebruikt kan worden. Als je schuldig bent, is dat eigenlijk het beste om te doen. Ook al is het wel altijd verdacht, want als je het niet gedaan hebt, waarom zou je dan geen antwoord geven op vragen die de politie stelt?'

'Er ligt een hele strategie aan ten grondslag.'

'Dat is de manier waarop het in het strafrecht gaat. De juridische werkelijkheid is tot op zekere hoogte maakbaar en zeker ervaren misdadigers weten hoe ze het spel moeten spelen.'

'En Wim is ervaren?'

'Wim is ervaren, intelligent en een superstrateeg.'

'Ondertussen beschuldigt hij jullie van liegen.'

'Ik had niet anders verwacht. Wanneer je gesprekken met elkaar voert waar niemand anders bij is, is het heel gemakkelijk om te zeggen dat er iets anders is besproken. Het is zijn woord tegen het mijne. Daarom heb ik onze gesprekken opgenomen, om te kunnen bewijzen dat ik niet lieg. En om leugens die hij over mij zou vertellen te kunnen ontzenuwen. Ik weet hoe Wim met de waarheid omgaat.

Hij had het me zo vaak gezegd, als hij vermoedde dat iemand met de politie sprak: "Dan trek ik hem gewoon mee". Meetrekken: door iemand een verzonnen rol toe te dichten die niet te weerleggen valt – want hoe bewijs je dat er geen strafbare feiten worden besproken waar je aan deelneemt als je met Willem praat? Hoe weerleg je dat? Voor Wim is met hem gezien worden al genoeg, hij vult vervolgens zelf wel in wat er is besproken. Ga je daar maar eens onderuit kletsen. Ik moest hem wel opnemen om te kunnen bewijzen dat ik geen strafbare feiten met hem pleegde.'

'Wat een wantrouwen.'

'Ja, triest hè? Maar zo zit de onderwereld en alles wat daaromheen hangt in elkaar. Daarom neem ik iedereen op die over mij kan liegen, uit pure zelfbescherming. Er is geen officier van justitie, rechercheur, advocaat, belastingambtenaar, crimineel of familielid die een gesprek met mij kan verdraaien. Alles ligt vast. Dat is wel zo helder.

En officieren van justitie, rechercheurs, belastingambtenaren en andere overheidsdienaren hebben er vast geen probleem mee dat ik ze opneem. Zij werken voor de overheid dus zijn ze verplicht eerlijk te zijn, maar voor het geval dat niet zo was, legde ik het gesprek toch maar liever vast. Hetzelfde geldt voor criminelen, die op de een of andere manier aan Wim zijn gelieerd. Zij zijn per definitie oneerlijk, en dus vragen ze erom opgenomen te worden. Advocaten: er was er een aantal dat zich zo vereenzelvigde met het belang van hun cliënt, dat ik hun gesprekken voor de zekerheid ook maar vastlegde.

Ik nam zelfs familieleden op als de situatie daarom vroeg. Vertrouwen is leuk, als je het je kunt permitteren. Ik ben blij dat ik iedereen heb gewantrouwd. Maar Wim mag van mij zeggen dat ik lieg als hij zich daar prettig bij voelt.'

'Wat hij doet als hij jullie beschuldigt van liegen is de verantwoordelijkheid voor zijn eigen gedrag bij jullie neerleggen. Hij minimaliseert zo de gevolgen van zijn gedrag.'

'We liegen allemaal weleens, maar de meeste mensen voelen zich daar toch niet prettig bij. Liegen doet hem niets. Hij heeft er geen enkel probleem mee. Het is niet eens zijn tweede natuur, het is, zoals mijn moeder zegt, zijn hoofdnatuur. Hij liegt ook tegen beter weten in, alsof hij zelf niet meer ziet wanneer hij wel en wanneer hij niet moet liegen. Zoals wanneer hij Cor woorden in de mond legt, terwijl er processen-verbaal zijn waarin staat dat Cor iets heel anders zegt.'

'De eigen waarheid wordt steeds stugger.'

'Ja, maar ik begrijp hem wel, hij kan niet anders. En hij mag liegen, hij is verdachte, en als verdachte mag je liegen. Als getuige ben je verplicht de waarheid en niets dan de waarheid te vertellen. Daarom moet een getuige de eed afleggen, gaan staan, de hand omhoog doen en de rechter nazeggen: "Zo waarlijk helpe mij God Almachtig", en als hij niet gelovig is moet hij de belofte afleggen, gaan staan en de rechter nazeggen: "Dat beloof ik". Ik heb de belofte afgelegd. Vanaf dat moment sta ik onder ede. Zeg ik over Wim iets wat niet waar is, dan verklaar ik in strijd met de eed die ik heb afgelegd, en pleeg ik meineed. Op meineed staat een straf van maximaal negen jaar. Als ik zou liegen, kan ik een gevangenisstraf krijgen.'

'Is dat zo?'

'Ja. Een getuige is ook verplicht antwoord te geven op vragen. Een getuige kan niet weigeren. Als hij dat wel doet, kan hij worden gegijzeld. Dat betekent dat een getuige wordt opgesloten in een huis van bewaring, net zolang tot hij antwoord heeft gegeven. Dat is bij een verdachte ook anders. Die mag liegen, maar ook zwijgen. Hij heeft zwijgrecht. Een verdachte hoeft op lastige vragen geen antwoord te geven. Hij hoeft geen enkele vraag te beantwoorden. Dat recht heeft hij omdat hij op geen enkele wijze hoeft mee te werken aan zijn eigen veroordeling.'

Ik spreek de waarheid

Op maandag 11 april 2016, vanaf omstreeks 11.30 uur, verhoorden wij in het hoofdbureau van politie te Amsterdam, de verdachte:

Willem Frederik Holleeder 29 mei 1958 Amsterdam Nederland

Willem = Verdachte Willem Holleeder

V1 = Verbalisant 1

V2 = Verbalisant 2

De verdachte verklaarde:

V1: 'Je bent niet tot antwoorden verplicht. Dat is de eerste, je hoeft geen medewerking te verlenen. Je bent vandaag aangehouden, omdat je ervan verdacht wordt, één of meerdere moorden gepoogd hebt, uit te lokken. Dat is de reden voor je aanhouding nu.'

Willem: 'Ja.'

Willem: 'Prima. Nou, wat ik wil zeggen is dat ik me ga beroepen op mijn zwijgrecht.'

V1: 'En dan heb je zelf nog iets te zeggen of mede te delen?'

Willem: 'Ja, ik zal me beroepen op mijn zwijgrecht. Ik ben nu toch al aan het verklaren bij de rechter-commissaris en ik zal dit ook meenemen bij de RC. Daar zal ik over dit ook gaan verklaren dan. Dat is wat ik zeg. Dat is alles.'

V1: 'Oké. Dus ook voor deze verdenking...'

Willem: 'Gaan ik gewoon ook weer bij de RC, ben daar toch aan het verklaren, doe ik dat in één keer mee.'

V1: 'Doe je dat in één keer mee. Ga je daar verklaren?'

Willem: 'Ja.'

V1: 'Dat is duidelijk. Maar... dat neemt nog niet weg dat wij hier gewoon doorgaan.'

Willem: 'Ga gewoon door, doe wat je wilt. Maar dan weet je vast van tevoren dus, dat ik hier niks zal verklaren.'

V1: 'Ja. Maar... inhoudelijk niet?'

Willem: 'Nee, ik ga nu niks verklaren.'

V2: 'Weet je dan al waarvoor je bent aangehouden?'

Willem: 'Dat is me gezegd.'

V2: 'Ja?'

Willem: 'Ja, voor eh... uitlokking of zo?'

V2: 'Ja. Op wie?'

Willem: 'Dat is me vanochtend gezegd.'

V2: 'Heb je daar enig idee van?'

Willem: 'Op mijn zusters, en voor de rest hou ik het erbij.'

V2: 'En daar ga je zoals ik het begrijp bij de RC wel wat over vertellen?'

Willem: 'Nee, ik neem dit mee, met alle verklaringen die ik uitleg bij de RC.'

V2: 'Ja.'

Willem: 'En ik ga met mijn advocaten bespreken wanneer ik dat ga doen. Dat is alles.'

V2: 'Maar moeten we een bloedbad verwachten dan?'

Willem: 'Van wat?'

V2: 'Van wat wij denken dat jij een liquidatieopdracht op je zus hebt uitgegeven?'

Willem (lacht): 'Wat een onzin. Wat ik ken zeggen nog,

dan hou ik er echt mee op, want je bent heel scherp, je bent een goede verhoorder. Eh... het is gewoon echt complete onzin. Dat heb ik tegen je collega ook al gezegd in de EBI. En niemand hoeft zich daar druk om te maken. Helemaal niemand in de hele wereld. En zeker mijn zusters niet. Er is helemaal niks aan de hand. En voor de rest zal ik verklaren bij de RC daarover.'

V1: 'De waarheid? Je bent aan het verklaren?'

Willem: 'De waarheid, ja.'

V1: 'Oké. Hetgeen wat wij nu hebben, waar wij nu hier mee zitten met ons onderzoek, kan dan in ieder geval de waarheid niet zijn, want dat spreekt tegen, wat jij zegt, namelijk dat je zusters niks te vrezen hebben. Die hebben heel veel te vrezen. Dat blijkt uit het onderzoek van ons.'

Willem: 'Ja? Oké. Ik ben benieuwd.'

V1: 'Ja, maar dat kan dus op voorhand al volgens jou de waarheid niet zijn?'

Willem: 'Ja. Ik spreek de waarheid.'

V1: 'Jij spreekt de waarheid?'

Willem: 'Ik spreek de waarheid.'

V1: 'En wat een ander vertelt is niet waar? We weten nog niet wat er eventueel verteld is, maar het is niet waar?'

Willem: 'Nee. Kijk, het maakt niet uit wat er verteld is.'

V1: 'Nee, dat maakt ook niet uit.'

Willem: 'Als het niet zo is, als het niet waar is, dan is het niet waar.'

V1: 'Want het is niet waar. Nee, want Willem zegt wat waar is, en wat een ander zegt is niet waar?'

Willem: 'Je hebt me die vraag gesteld, die heb ik naar eer en geweten heb ik die gewoon eerlijk beantwoord. Is helemaal geen probleem. En voor de rest ja, ga ik me niet druk maken om wat andere mensen zeggen. Ik weet wat er is. Er is niks.'

V1: 'Maar wat je ook vertelt, wat jij vertelt is de waarheid? En de verklaringen die we hebben liggen eventueel, die zijn op voorhand al niet waar?'

Willem: 'Luister, wat ik zeg is de waarheid. Dus... ongeacht wat jullie hebben, wat jullie niet hebben, wel hebben, niet hebben, maakt verder niet uit. Want ik zeg de waarheid, en er is niks. En als er niks is, dan is er niks! Zo simpel is het.'

V1: 'Ik hou je voor wat een ander gezegd heeft. En misschien verandert dat wat in je herinnering of zo, want je herinnert je dan waarschijnlijk ook alleen je waarheid, en als dit dan toch de waarheid is, moet het uit je herinnering komen. Dus blijven we aan het draadje trekken.'

Willem: 'Jij wou even aan het draadje trekken?'

V2: 'Ja, als deze man nou de waarheid vertelt, hoe zit het dan met jouw waarheid?'

Willem: 'Ik beroep me op mijn zwijgrecht.'

V2: 'Dus dan is het geen waarheid maar zwijgrecht.'

Willem: 'Hoe bedoel je?'

V2: 'Nou, als hij de waarheid vertelt, dan kan jij de waarheid niet vertellen, want uit wat hier gezegd wordt, zou blijken, wat jij met die twee jongens besproken hebt.'

Willem: 'Ik beroep me op mijn zwijgrecht.'

V2 (leest voor wat de getuige heeft verklaard): '*Kan je niet effe wat voor me regelen?*'

Willem: 'Ik beroep me op mijn zwijgrecht.'

V2 (leest voor wat de getuige heeft verklaard): '*Heb jij geen vrienden die wat voor mij kunnen doen?*'

Willem: 'Ik beroep me op mijn zwijgrecht.'

V2: 'En dan komt de aap uit de mouw, het gaat over je zussen die verklaringen over jou afgelegd hebben.'

Willem: 'Ik beroep me op mijn zwijgrecht.'

V2: 'Als wij nou denken dat die man de waarheid vertelt, wat vind je daar dan van?'

Willem: 'Ik beroep me op mijn zwijgrecht.'

V2 (leest voor wat de getuige heeft verklaard): *'En toen ik zei dat ik zou weggaan van hier, en hij zei tegen mij dat ik moest contact, hij heeft voor mij een nummer gegeven.'*

Willem: 'Ik beroep me op mijn zwijgrecht.'

V2 (leest voor wat de getuige heeft verklaard): *'Toen ik hier was gekomen op de E gegaan. Ik wil me ook geen zorgen maken voor die nummer. Ik wil niet in de problemen komen voor zijn dingen of zo. Maar het moest, hij wou, dat ik met iemand zou gaan bellen. En die mensen zouden mij iets vertellen. Zo heeft hij het tegen mij gezegd.'*

V1: 'Dan volgt hieruit de vraag van ons: kun je je dit herinneren? Met wie heb je dit gesprek gevoerd? En heb jij een nummer, wij begrijpen een telefoonnummer, aan iemand meegegeven?'

Willem: 'Ik beroep me op mijn zwijgrecht.'

V1: 'Heb je al enig idee wie dit verklaard zou kunnen hebben?'

Willem: 'Ik beroep me op mijn zwijgrecht.'

V1 (leest voor wat de getuige heeft verklaard): *'Ik moet zeggen ik bel van Wimpie.'*

Willem: (lacht)

V1: 'Moet je daarom lachen, Wimpie?'

Willem: 'Ik beroep me op mijn zwijgrecht.' (lacht)

V1: 'Zegt je niks?'

Willem: 'Ik beroep me op mijn zwijgrecht.'
V1: 'Maar is dit niet waar?'
Willem: 'Ik beroep me op mijn zwijgrecht.'
V1: 'Dat sluit niet uit dat dit waar is.'
Willem: 'Ik beroep me op mijn zwijgrecht.'
V1: 'Nog steeds niet?'
Willem: 'Ik ga verklaren bij de RC.'
V1: 'Die RC krijgt het nog druk met jou.'
Willem: 'Ja. Maakt niet uit. Ik heb alle tijd.'

Muizenissen

Ik verkas weer naar een nieuwe locatie. Daarom wil ik af van mijn eerste kogelwerende auto. Ik ben er eigenlijk wel aan gehecht, maar het is niet anders. Ik heb hem al sinds ik nog in de Scheldestraat woonde, te veel mensen weten dat dit mijn auto is. Als ik hem meeverhuis naar mijn nieuwe locatie en iemand ziet hem daar toevallig, dan weten ze gelijk dat ik me daar in de buurt ergens ophou.

Ik kan deze beter verkopen, maar dan wil ik wel eerst het kentekenbewijs van mijn naam hebben. Als ik met dit kentekenbewijs de auto wil verkopen, ben ik bang dat ik hem aan de straatstenen niet kwijtraak. Iemand die zo'n auto koopt, doet dat om dezelfde reden als ik: die gaat niet rijden in een auto die al een schietschijf is voordat hij erin gaat zitten. Ik geef het kenteken aan degene die de auto even op naam neemt en voel een klein steekje in mijn hart. Ik was echt wel een beetje aan deze auto gehecht. Het was mijn eerste, maar aan onze relatie komt nu een einde.

Het appartement is best oké. De woonkamer is keuken en slaapkamer ineen. Er is geen kledingkast, maar dat maakt niet uit, ik leef toch uit mijn koffer. Het is piepklein, maar alles zit erin en bovendien is het ter overbrugging naar een ander, ruimer appartement.

De kleine, tengere verhuurster staat mij op te wachten voor

de sleuteloverdracht. Ze wil me nog even een rondleiding geven. Die bestaat uit niet meer dan een rondje om haar as, maar het is toch vriendelijk van haar. En ze wil me graag nog iets meegeven: ze had de laatste tijd nogal last van muizen, maar daar heeft ze van die doosjes met gif voor geplaatst.

'Vooral in het gootsteenkastje, want daar zit waarschijnlijk een nest achter de muur. U heeft er verder geen last van. Zodra ze ervan eten zijn ze binnen *no-time* kapot. Het is een snelle, pijnloze dood. Het gif droogt ze vanbinnen helemaal uit, dus het zal niet gaan stinken.'

Ze spreekt de lugubere details bijna verlekkerd uit.

Ik zie niet uit naar een muizencircus, maar in ieder appartement is er wel wat en het is maar voor een maand. Die kom ik wel door.

'Hier heeft u mijn nummer. U kunt mij 24/7 bellen!'

Diezelfde avond plof ik neer in een vreemde maar luie stoel en zet de televisie aan. Het is hier best knus. Na een aflevering van *Catfish*, zie ik in mijn rechterooghoek iets over het crèmekleurige tapijt bewegen.

Heel langzaam waggelt een muis richting mijn stoel. Hij lijkt wel stomdronken. Vijftig centimeter van mij vandaan houdt hij stil. Hij rilt even, zet nog wat stapjes en blijft dan stil zitten, een okergeel spoor van vocht achterlatend.

Het gif! Hij is vanbinnen aan het opdrogen! O, wat zielig! Het liefst zou ik hem uit zijn lijden verlossen, maar ik weet dat ik daar niet goed in ben. Beter wacht ik even af, want als ik de verhuurster mag geloven is hij 'binnen no-time kapot'. Liefst heb ik dat hij dat doet op een plek waar ik geen weet van heb en zo min mogelijk viezigheid. De gedachte dat hij zijn stervensproces in mijn bed zal voltooien spreekt me niet echt aan.

Ik hoor mijn zus in mijn hoofd schreeuwen: 'Die beesten hebben ziektes!' Ik kijk de kamer rond en zie op het keukenblad een kaasstolp staan. Het is er zo klein dat ik mijn arm maar uit hoef te strekken en ik heb de stolp te pakken. Ik ga op mijn knieën in de stoel zitten, leun voorover, plaats de stolp over de muis, en wacht tot hij vanbinnen opgedroogd is. Na een uur leeft hij nog steeds. Na twee uur ook nog. Na drie uur geloof ik niet meer in een snelle dood en kan ik zijn lijdensweg niet meer aanzien. Ik til de stolp op, en zeg meer tegen mezelf dan tegen de muis: 'Ik ben bang dat ik niets voor je kan doen, maar doe je ding hier. Ik ga wel ergens anders slapen.' Ik pak mijn koffer en bel Sonja dat ik eraan kom.

Niet veel later neem ik mijn intrek in een appartement midden in het centrum van een grote stad, op vier hoog, met een balkon voor en een balkon achter. Een licht, zonnig appartement. In de straat zijn overal restaurantjes en koffietentjes. Heerlijk. Ik hoef niet op een terras te zitten, ik kan op afstand genieten.

Als ik op mijn balkon voor zit, aanschouw ik het bruisen van de wijk. Zit ik op mijn balkon achter, dan is daar het groen van de binnentuinen. Er is alweer één nadeel: muizen. Aangetrokken door de levendige horeca, nestelen ze in de buitenkast op het balkon, bouwen ze elke dag een feestje in mijn keuken, wandelen met volgevreten buikjes doodgemoedereerd door mijn woonkamertje, en doen bij voorkeur een tukje tussen het beddengoed in de slaapkamerkast. Weg krijg ik ze niet, als ze maar een beetje op een respectabele afstand blijven. Maar hun respect voor mij is ver te zoeken: 's nachts rennen ze over mijn bed.

'Je moet ze verdelgen. Dit is ongezond. Dat kan zo niet langer,' zegt Sonja, die al rilt bij de gedachte aan een muis.

'Maar dat vind ik zielig,' antwoord ik en ik meen het. Iets doden groter dan het formaat van een mug is voor mij een probleem, ik heb zelfs weken samengewoond met een vlieg. In het begin probeerde ik hem nog wel uit het raam te jagen, maar toen hij zo hardnekkig bleef rondhangen, begon ik hem na verloop van tijd aandoenlijk te vinden. Mijn huisvlieg werd mijn huisdier, we pasten goed bij elkaar. Hij ging volledig zijn eigen gang, net als ik, en had niet de hinderlijke gewoonte, zoals in veel relaties het geval is, om de hele tijd op mijn lip te zitten. Hij deed zijn ding, ik het mijne, en af en toe vloog hij even langs om me eraan te herinneren dat hij nog in mijn leven was. Hij zeurde niet om eten, zoals mijn tweede ex, die daags na de liquidatie van mijn zwager begon te klagen dat hij al lange tijd geen verse groenten had gegeten.

Deze huisgenoot stelde geen eisen. Ik vroeg me op een gegeven moment zelfs af of hij wel genoeg at, en zette een schoteltje met een klontje suiker voor hem neer. Hij zat er heerlijk van te knabbelen. Zo stelde ik me de ideale relatie voor. Hij heeft het drie weken volgehouden. Ik vond hem dood, bovenop een van de suikerklontjes op zijn schoteltje. Een mooie dood, dunkt me. Ik gaf hem een zeemansgraf door hem door de wc te spoelen.

Ongedierte doodmaken is dus niet mijn sterkste kant. Want ja, wat is eigenlijk ongedierte? En waar trek je de grens bij het doden van dieren?

'Wat lul je nou slap? Muizen zijn ongedierte!' roept Sonja. 'Weet je wat? Ik doe het wel, als jij er te laf voor bent.'

Ze plaatst kunststof muizenvallen, niet van die houten muizenklemmen die wij vroeger thuis overal hadden staan, en zegt toe ze ook weer te verwijderen als ze beet heeft. Ik ga ondertussen op zoek naar een andere woonplek. Dat lijkt mij een effectiever middel. Ik vind het centrum heel fijn, maar niet fijn genoeg om me uit mijn slaap te laten houden door een meute muitende muizen. Bovendien is het intens smerig om 's morgens uit bed in de muizenkeutels te stappen.

Ik vind een nieuwe plek, geheel naar mijn zin, en kan daar al snel intrekken. Nog heel even volhouden dus, en tegelijkertijd nog even genieten van de reuring om me heen.

Ik heb me net genesteld in de vensterbank, met een kop ijskoffie om naar de reallifesoap buiten in de winkelstraat te gaan kijken, als ik een tik hoor. En nog een, en nog een. De tikken gaan over in ritmisch kloppen, heel irritant, en ik ga op zoek naar waar dat geluid vandaan komt. Het duurt even voordat ik erachter kom dat het uit de voorraadkast komt. Ik doe de deur open. Het is stil. Ik doe de deur weer dicht en even later begint het weer. Ik doe de deur open, stil. De voorraadkast loopt van de vloer tot aan het plafond en zonder geluid kan ik niet lokaliseren waar het geklop nou vandaan komt. Uitruimen dan maar.

Ik haal wat oude potten bruine bonen van de vorige bewoner van een plank en daar zie ik de oorzaak. Een muis zit met zijn pootje klem in Sonja's val en probeert door het gaatje waardoor hij de kast binnen is gekomen weer te vertrekken. Maar hij blijft steken door het plastic gevaarte dat hij achter zich aansleept. Hij blijft proberen weg te komen.

Keer op keer, keer op keer, en dat geeft dat gebonk. Maar wat nu? Zijn linkerachterpootje hangt slapjes uit de val. Hij is gewond, dat gaat hij sowieso niet overleven, denk ik. En ik kan hem toch ook niet zo laten lijden. Wat moet ik met hem doen? Ik bel Sonja en leg haar het probleem uit.

'Maakt dat beest dat geluid?' vraagt ze.

'Ja.'

'Wat een pokkenherrie. Je moet hem doodmaken. Je hebt geen keus.'

'Maar hoe dan?'

'Weet ik veel! Sla hem zijn hersens in.'

Maar daar zie ik niets in. Ik heb ooit een keer per ongeluk op de fiets een slome stadsduif overreden. Ik kan me het kraken van zijn botjes nog herinneren. Nee, dat gevoel vind ik vreselijk. Dat doe ik niet. Wat dan wel? Ik weet het! Ik pak een emmer water, gooi hem met val en al daarin en dan verdrinkt hij. Voor mensen schijnt de verdrinkingsdood de mooiste dood te zijn, misschien dan ook wel voor een muis.

Ik laat een emmer water vollopen, zet hem voor de kast en met een barbecuetang pak ik de val, gooi hem met een zwiep in de emmer en doe mijn ogen dicht. Na twee minuten doe ik ze weer open, het zal nu wel met hem gebeurd zijn, maar tot mijn afgrijzen zie ik hoe het muisje, met zijn snuitje boven water, als een bezetene rondjes zwemt in de emmer. Hij wil écht niet dood. Op dat moment kan ik niet anders dan een immens respect opbrengen voor zijn extreme vechtlust. Als je zo'n drang tot overleven hebt, verdien je ook te blijven leven.

Ik pak de emmer en kieper hem leeg op het balkon. Het muisje blijft – met de val nog steeds aan zijn pootje – hijgend op het beton liggen.

'Ga dan maar,' zeg ik en druk met de barbecuetang het valletje open. 'Jij bent zo'n vechtertje, jij zal ook wel met drie pootjes overleven.'

Hij blijft nog even liggen om op adem te komen, dan komt er beweging in.

'Ga maar naar je familie,' moedig ik hem aan, maar in plaats van dat hij naar de balkonkast loopt, stevent hij de andere kant op en valt van vier hoog naar beneden, in de tuin van de buren.

Verdwaasd kijk ik over de rand van het balkon. 'Hmm, overlevingsdrang alleen is niet genoeg om te blijven leven. Je moet wel je koppie erbij houden.'

Ik pak mijn koffer en bel Sonja dat ik eraan kom. Van muizen had ik nu wel even genoeg.

'Zullen we even een koffie doen?' vraagt ze als ik aankom.

'Vooruit. Even dat ellendige beeld van die muis van mijn netvlies halen.'

'As, weet jij nog dat verhaal van die vrouw die precies als jij heette?'

Het was een oud verhaal, ik denk dat ik het voor het eerst rond 2000 heb gehoord: er bestond nog een Astrid Holleeder. Hoe groot was de kans dat iemand dezelfde voornaam heeft en dezelfde zeldzame achternaam? Zoveel Holleeders zijn er niet. Ik heb het opgezocht: in heel Nederland zijn er misschien veertien mensen die zo heten.

En deze dame heette niet alleen precies zoals ik, ze had ook nog hetzelfde gestudeerd: rechten. Alleen was zij jurist en ik advocaat geworden. Ik kreeg zelfs mensen aan de lijn die beweerden dat zij haar cliënten waren, haar zochten en zo bij mij uitkwamen. Ze zou in Zandvliet wonen. Ik was zelf al op onderzoek uit geweest en kwam niet verder dan een Facebookpagina, inderdaad van een Astrid Holleeder.

Verschillende personen waren met haar bevriend, waardoor de pagina authentiek overkwam. Aan de andere kant stond er geen enkele foto van deze Astrid Holleeder op haar site. Haar profielfoto was een herdershond. Ik twijfelde. Zou ze echt bestaan? Of zou iemand het om wat voor onbegrijpelijke reden dan ook leuk vinden zich voor mij uit te geven? Had die persoon slechte bedoelingen en misbruikte zij op wat voor manier dan ook mijn naam? Als ze bestond en echt zo heette, leek me dat voor haar geen pretje.

'Heb jij ooit uit kunnen zoeken of zij nou echt bestaat of niet?' vraagt Sonja.

'Nee, ik ben nooit verder gekomen dan een Facebookpagina. Ik hoop voor haar dat ze niet bestaat.'

'Ik ook.'

Bij het koffietentje aangekomen bestel ik een cappuccino.

'Ik neem er een ook broodje bij. Wat wil jij?' vraag ik aan Sonja.

'Latte en een broodje tonijnsalade.'

Deze broodjeszaak zit hier nog niet zo lang, maar ik kende de keten al van een ander winkelcentrum. De broodjes zijn er heerlijk. Het warme broodje mozzarella met tomaat is mijn favoriet. Alles wordt onder je ogen vers bereid. De zaak is ruim en mooi ingericht, met voldoende zitgelegenheid. Bestellen doe je aan de counter. Na het opgeven van je bestelling vragen ze je naam. Als je bestelling klaar is roepen ze die om. Je kunt kiezen: of je neemt plaats aan een tafeltje in de zaak en nuttigt je koffie en broodje daar, of je neemt het mee. Wij kiezen voor het laatste. Met koffie en broodje in de hand lekker rondlopen.

We nemen plaats op een hoge kruk aan de overkant van de counter, met uitzicht op de keuken. In rap tempo worden koffie, sapjes en broodjes gemaakt. De ene na de andere naam wordt omgeroepen: 'Tina! Bert! Tom! Anna!' Ik zie aan de broodjes dat wij bijna aan de beurt zijn. Opnieuw klinkt een naam. Ilona! Ik sta op van de kruk en loop naar de counter voor onze bestelling. Sonja loopt mee. We pakken de bestelling en lopen de tent uit.

'Ilona, deze keer?'

'Ja, ik dacht er even over om mezelf gewoon Astrid te noemen, want er zijn er toch twee van mij. Maar ik heb toch maar gekozen voor Ilona.'

ZEVENDE VERHOOR

Wim Endstra

Het is halfeen, ik maak me klaar voor de nacht en probeer te slapen. Het lukt niet. Even naar buiten, bewegen in de frisse lucht? Misschien dat ik daarna de slaap kan vatten. Het maakt me niet uit dat het donker is. Ik trek mijn jas aan. En weer uit. Morgen is een belangrijke dag. Het zou toch lullig zijn als er op het laatste moment wat gebeurt. Dan maar rondjes lopen door de kamer, zo raak ik die spanning tenminste kwijt. Morgen krijg ik vragen over de moord op Wim Endstra.

***

Mijn appartement in de Rivierenbuurt lag in de straat haaks op de straat waar zijn kapitale villa grensde aan het Beatrixpark. Hemelsbreed woonde ik maximaal vijfhonderd meter bij hem vandaan. Wim ging er regelmatig langs om Endstra te vertellen dat hij moest betalen.

Nadat mijn tweede ex Rob van het toneel was verdwenen, kwam hij steeds vaker voor of na zijn bezoek aan Endstra bij mij langs om even te poepen of te pissen. Meestal kwam hij vroeg in de ochtend en was ik nog thuis.

'Kom effe bij me staan!' riep hij terwijl hij in mijn badkamer annex washok annex toilet van twee bij twee meter zijn blaas stond te legen. Hij knikte naar de droger, het teken dat hij mij iets ging vertellen dat niet gehoord mocht worden door anderen. Het geluid van de droger overstemde zijn gefluister. Het was onmogelijk voor Justitie om onder die omstandigheden zijn stem daaruit te filteren.

Nadat ik de droger had aangezet, knikte hij dat ik bij hem moest gaan staan. Er was net genoeg ruimte. Hij draaide zijn hoofd naar rechts, ik boog mijn hoofd voorover en hij fluisterde in mijn oor.

'Ik was weer effe om de hoek. Die schijt in zijn broek. Moet ie maar betalen, hè? Hoeft ie ook niet bang te zijn,' vertelde hij met zichtbaar genoegen.

En wanneer Endstra niet thuis was: 'Ik was weer effe om de hoek. Deed ze wijf open. Zegt ze: "Hij is er niet". Hij denkt zeker dat hij zich kan verstoppen. Hij gaat gewoon betalen.'

Op de wc waren het vaak korte mededelingen, want praten in huis deed Wim niet graag. Als hij meer kwijt wilde zei hij: 'Loop effe mee.' Buiten op straat was het onmogelijk ons af te luisteren.

Het was net avond geworden, Miljuschka zou zo thuis komen van huiswerkklas. Ik stond in de keuken het eten voor te bereiden, toen de bel ging. Drie keer. Wim. 'Kom effe naar beneden, As.'

Ik liep de trap af. In de deuropening een zwarte gestalte, zijn ogen donker. Dit was niet goed.

'Die kankerlijer zit aan de overkant te vreten. Van mijn geld. Ga jij er effe zitten en kijk wat hij doet.'

'Maar Wim, ik sta te koken en Mil komt zo thuis.' Ik voelde er niets voor om zijn conflict in te worden gezogen.

'Nou en? Je gaat daar gewoon lekker zitten eten, dan zoekt hij vanzelf contact met je. Hij weet ook wel dat je van mij komt. Vraag hem hoe de vlag erbij hangt. Ik moet mijn geld hebben.'

'Maar Wim, ik wil daar liever niets mee te maken hebben.'

'As, ik wil niet met hem gezien worden. Dan gaan mensen weer foto's maken en zo. Dat is niet goed.'

'Dan ga je morgen toch naar zijn huis?'

'Hé! Wil jij dat ik er zelf heen ga? Luister, als ik erheen ga, loopt het uit de hand. Als hij tegen mij een verkeerd woord zegt, dan ken ik niet meer terug, As. Wil je dat?'

'Maar Wim...'

'Luister, je moet daar alleen maar zitten. Je hoeft niks te doen. Niks aan de hand. Je gaat! Ik wacht buiten.'

Ik liep restaurant Oceania binnen.

'Buurvrouw. Fijn u te zien!' riep de eigenaar. 'Voor één persoon?'

'Ja, graag.'

Aan de overkant tegen de muur, zag ik Wim Endstra al zitten met zijn hele gezin. Nog niet zo lang geleden waren Wim en hij goed bevriend en aten ze hier samen. Twee keer had ik met tegenzin met ze meegegeten. De eerste keer met een groot gezelschap in Le Garage. Endstra's vrouw was er ook. Samen serveerden ze ons hun naargeestige geruzie, een zwarte interactie die je alle eetlust ontnam. Ik was blij toen ik weg kon.

De laatste keer in Sazanka, in het Okura Hotel, omdat Endstra wilde zien of ik het type advocaat was dat hij kon gebruiken. Maar net als in het verleden met Mieremet, was Endstra niet geïnteresseerd in een sociaal advocate die de voorkeur gaf aan het helpen van uitkeringsgerechtigden in plaats van snelle jongens uit het vastgoedcircuit.

De ober gaf me een tafel schuin tegenover hem. Endstra keek me aan, hij zag mij niet, hij zag Wim. Met zijn ogen op mij gericht sprak hij tegen de man naast hem. Een ijzig moment. Ik voelde wat hij zei, wat we allemaal zeggen in zo'n situatie: 'Normaal doen.'

Hij groette door te knikken, ik knikte terug.

'Ik hoef alleen wat kleins,' zei ik tegen de ober. 'Ik ben zo weer weg. Doe maar een cola light, een Chinese tomatensoep en wat zoete garnalen, geen rijst. Breng het maar tegelijk. Ik heb een beetje haast.'

Buiten wachtte Wim.

De ober zette mijn cola en een schaaltje kroepoek voor me neer. Ik keek in de richting van de tafel van Endstra. Hij ving mijn blik, deed zijn arm omhoog en wenkte me. Ik liep naar hem toe.

'Heeft Wim je gestuurd?' vroeg hij.

'Je weet toch hoe hij is,' antwoordde ik.

'Kom even zitten dan. Ga jij even ergens anders zitten,' zei hij tegen een van de kinderen. Ik nam links van hem plaats. Hij stak van wal. Na het artikel in *De Telegraaf*, waarin Mieremet hem de bankier van de onderwereld had genoemd en ex-Heineken-ontvoerder Willem Holleeder de bewaker van de bank, hadden de reguliere banken zich teruggetrokken, ze wilden geen zaken meer met hem doen. Het geld zat vast. Hij kon nu even niets. Of ik dat aan Wim door wilde geven.

'Is goed.' Ik liep terug naar mijn tafel, ging zitten, nam voor de vorm een paar happen en liep de deur uit. Vanuit het donker kwam Wim naast me lopen.

'En?'

'Hij kan niet betalen, Wim. De banken hebben hun relatie met hem opgezegd. Die man kan geen kant op. Hij wil echt wel.'

'As, als je wil betalen, ken je altijd betalen.'

Wim moest 'zijn' geld hebben. Af en toe stond hij op het schoolplein van Endstra's kinderen. Hij genoot van de vrees die hij aanjaagde, van het nauw waar hij mensen in bracht.

'Loop effe mee.' Ik zat op de bank bij mijn moeder in de Hoendiepstraat. Precies dezelfde plek waar ik vijf jaar eerder zat toen hij Richie een pistool op zijn hoofd zette. Een woning die Wim voor haar geregeld had, een woning van Endstra, wiens ouders er altijd hadden gewoond. De wanden zaten vol schimmel, maar voor Wim was het de perfecte locatie. Gesitueerd tussen de huizen van Maartje en Sandra, was hij vaak in de buurt. Hij kon er zijn auto voor de deur parkeren. Pissen, poepen en douchen. Ideaal. Ik liep met hem mee naar de overkant.

'Endstra wil me vermoorden.'

'Wat?'

'Die kankerhond heb de broers P. ingehuurd.'

'Hoe weet je dat?'

'Ik hoor toch alles, As.'

'En nu?'

'Ik heb hem effe laten komme. Dus jij wil mij vermoorden? Hij scheet in zijn broek. Die weet nou wel hoe laat het is.'

'Doe je wel voorzichtig?'

'Altijd, Assie.'

'Hij komt zo vrij. Hij wil dat jij hem ophaalt.'

'Waarom ik nou weer?'

'Dat wil hij.'

'Lekker dan. Ik werk daar. Die mensen kennen mij allemaal.'

'Hij komt er aan de achterkant uit, vanwege de media.'

'Nou, dat is in ieder geval iets. Sta ik tenminste morgen niet op de voorpagina van *De Telegraaf* als zijn chauffeur.'

'Moet ik anders gaan?' vraagt Sonja.

'Nee, anders is het weer hommeles. Hij zal wel een reden hebben waarom ik moet. Ik word hier echt niet goed van.'

Een paar dagen eerder was Wim samen met Dino Soerel gearresteerd in de PC Hooftstraat. Volgens CIE-informatie had Soerel een geheim compartiment in zijn BMW, met illegale goederen. De geheime bergplaats werd gevonden, met daarin onder meer een vuurwapen. Wim, op dat moment inzittende in de auto van Soerel, werd ook gearresteerd. Na een paar dagen kwam hij vrij.

Ik rij naar de achterkant van de rechtbank om te parkeren. Op de hoek tegenover de achteruitgang van de rechtbank staat een man met een rugzak in zijn hand, leunend op een fiets. Hij houdt de achteruitgang van de rechtbank nauwlettend in de gaten. Ik herken het type. Dat is niet goed, bedenk ik. Wim kan nu niet naar buiten komen, dan schieten ze hem af. Wat moet ik doen? In paniek bel ik het rechtstreekse nummer van het Bureau rechter-commissaris. Daar wordt hij door naar buiten gelaten.

Bob, een van de medewerkers, neemt op.

'Wordt mijn broer al naar buiten gelaten?'

'Volgens mij wel.'

'Bob, dat kan echt niet. Er staat hier iemand in de straat. Ze gaan hem afschieten. Kun je hem tegenhouden?'

'Ik zie ze al niet meer, de jongens van het parket zijn al met hem naar achteren.'

'Oké, bedankt Bob, en sorry hè!'

Ik gooi mijn telefoon neer en rij richting de achterkant. Daar komt hij, scherp om zich heen kijkend. Ik rij mijn auto de stoep op, gooi de deur open en schreeuw: 'Schiet op, schiet op!'

Wim rent naar de auto, zijn blik gericht op de man met de rugzak. 'Weg hier!' roept hij.

'Dat was niet goed, Wim.'

Hij kijkt me veelbetekenend aan. 'Zet me maar bij Stien af.'

We parkeren bij mijn moeder voor de deur.

'Loop effe mee, As. Hoe kan ie zo stom zijn. Alleen wij wisten van die geheime bergplaats in de auto. Nu is het 1000%. Hij praat met de politie. De kankerhond.'

'Oké. Nou, doe voorzichtig, Wim. Ik moet gaan.'

'Dag lief zusje, bedankt dat je me bent komen halen,' grijnst hij vals.

BEGIN 2004

'Assie, koffie?'

'Lekker.'

'Waar we laatst waren.'

'Oké. Nu?'

'Nu.'

'Ik kom eraan.'

Ik zie Wim in een zijstraat van de Parnassusweg. Ik ben hier eerder met hem geweest. Aan de andere kant had hij een woning in de Hectorstraat. Hij kijkt woest uit zijn ogen.

'Ze wilden het clubhuis opblazen, met mij erin! Die kankerlijers!'

'Serieus?'

'Ja, Endstra. Samen met Grote Willem en Kleine Willem.'

'Hoe weet je dat?'

'Ik zeg jou toch altijd! Ik hoor alles!'

'En nu?'

'Nou ga ik dat oplossen.'

***

Het in alle vroegte aanbellen op de Scheldestraat, het naar boven komen, het pissen, het bij hem komen staan en de droger aanzetten, ging onverminderd door. Was ik al weg, dan probeerde hij het op de Stadhouderskade, op mijn kantoor.

'Je broer is er,' meldt mijn secretaris me via de interne telefoonlijn.

'Zeg hem maar dat ik naar beneden kom.'

Ik loop de trap af. Daar staat hij weer. Zijn prominente aanwezigheid geneert me. Ik wil zo snel mogelijk weg.

'Ik ben er. Laten we gaan.'

We lopen de trap af naar buiten. Het is winter, laat in de middag en al donker, het weer is guur en nat. We gaan linksaf, richting de Heineken-brouwerij die al sinds jaar en dag op de hoek van de Stadhouderskade gevestigd is, op zo'n vijfhonderd meter van mijn kantoor. Rijen toeristen staan er iedere dag voor de deur.

Zo'n honderd meter voor de Brouwerij staat hij ter hoogte van het Register van de Burgerlijke Stand stil. We kruipen zo dicht mogelijk naar de gevel, voor wat beschutting. Ik sta met mijn rug naar de deur. Hij staat recht voor me. Nog net niet tegen me aan.

'Die Ouwe was er,' zegt hij zacht in geluid, maar hard in taal.

Met die ouwe bedoelt hij Stanley Hillis, Wims partner in de afpersing van Endstra – en meer. Hij is meegekomen om het Endstra persoonlijk te vertellen: 'Hij mag niet meer betalen.'

Het betekent dat geld er niet meer toe doet. Het was een kwestie van eer geworden. Endstra's einde is in zicht.

***

De voorzitter van de rechtbank neemt het woord. 'Goedemorgen mevrouw Holleeder, ik wijs u erop dat u nog steeds onder het verband van de belofte staat die u heeft afgelegd.'

***

Wim Endstra verliet op 17 mei 2004 rond kwart over twaalf met een collega zijn kantoorpand aan de Apollolaan. Bij de voorkant van zijn auto staat een man. Endstra en zijn collega lopen langs hem. Dan brengt de schutter zijn arm omhoog. De collega wordt geraakt in zijn been en valt op de grond. Endstra schuilt achter zijn BMW, hij verplaatst zich gebukt naar de linkerzijde van de auto. De schutter staat nog aan de rechterzijde van de auto. Dan volgen er nog twee knallen.

Endstra rent in de richting van een Ford Ka die voor de BMW staat. De schutter staat dan inmiddels aan de voorzijde van de Ford Ka. Endstra staat ter hoogte van het linkerportier. De afstand tussen Endstra en de schutter is dan niet meer dan twee meter. De schutter brengt zijn rechterhand omhoog, richt een vuurwapen op Endstra en schiet.

Endstra valt neer op straat. Hij wordt per ambulance naar het VU-ziekenhuis gebracht, waar hij nog geen uur later overlijdt.

‘Kijk, zal je dit zeggen, hè?’ Hij buigt zijn hoofd voorover, ik voel de warmte van zijn adem tegen mijn oor als hij fluistert: ‘Endstra heb me ook willen pikken, hè.’

‘Ja weet ik, precies hetzelfde.’

Wim fluistert: ‘Daarom dat ik het heb gedaan.’ (handgebaar pistool)

Ik heb altijd gedacht dat het een klap in het donker was. Dat Wim Endstra het niet aan had zien komen. Ik wist niet dat hij tot het laatste moment pogingen had gedaan aan zijn dood te ontsnappen. Nu begreep ik Wim, nu kregen zijn woorden betekenis.

‘Ineens denken ze: Jezus, had ik het maar niet gedaan. Nou is het te laat.’

‘Nou, dan kunnen ze niet eens meer denken.’

‘Jawel, ze hebben een moment, hè, als ze het zien hebben ze een moment, en denken ze: shit, had ik het maar niet gedaan.’

Hond 1

Na een aanvaring met Sonja ga ik weer terug naar mijn eigen verblijf. Ondanks dat ik het appartement zo gezellig mogelijk heb gemaakt, vind ik het er vreselijk. De buurt, de ingang en opgang van het gebouw, het maakt me onrustig en onzeker. En binnen voel ik me niet veel beter. Ik slaag er niet in me thuis veilig te voelen.

Nog geen maand nadat ik er ben komen wonen, zijn er tegen het huis steigers geplaatst en vroeg in de ochtend lopen de werklieden al langs mijn ramen. Het pand is in groot onderhoud en dat gaat zes maanden duren. Ik schrik me elke keer kapot als ik een gestalte achter het gordijn zie opdoemen. En daar komt nog de angst bij dat iemand met kwade bedoelingen de steiger in het donker opklimt en aan mijn slaapkamerraam staat.

'Je hebt ook geen mazzel met woonruimte, hè,' zegt Sonja, als ik haar over de steiger vertel.

'Niet echt.'

'Maar ik zou wel even navragen of iemand zo bij je naar boven kan klimmen.'

'Dat ga ik zeker doen.'

Op straat spreek ik een van de werklui aan en leg hem mijn zorg voor. Hij kijkt me vreemd aan. Ik herhaal mijn vraag.

'Nee, mevrouwtje, dat kan niet. We sluiten de steiger af als we weggaan. En aan de buitenkant hangt een net, dus klimmen gaat niet.'

Het stelt me enigszins gerust, maar meer ook niet. Ik vind deze woning in zijn totaliteit niet prettig. Maar goed, bij Sonja bivakkeren werkt ook niet. Misschien moet ik net als Sandra een huisdier nemen, een hond dwingt me naar huis te gaan, want bij Sonja komt een hond er niet in. Dat vindt ze vies. Dan moet ik wel door die angst heen, en het lost de eenzaamheid op. Ik had aan Sandra gezien hoezeer zij was opgeleefd door haar papegaai. Popeye gaf haar een reden om op te staan.

Ik vind het enerzijds triest op welk punt wij zijn aanbeland in ons leven, aan de andere kant is het wel een heel praktische oplossing voor een levensgroot probleem. Maar een vogel is niet echt iets voor mij, ik hou meer van honden. Een hond is lief, trouw en gezellig. Het is een maatje. Dat had ik met mijn eerdere honden ook zo ervaren. Ze zijn als je kinderen. En net als kinderen hebben ze zorg nodig en daar zat het probleem. Een hond nemen is in mijn situatie eigenlijk niet mogelijk. Ik zou hem een paar keer per dag uit moeten laten, en daardoor meer risico lopen. Maar ik weet niet wat ik erger vind: eenzaamheid of extra risico.

Ik scrol door plaatjes van puppy's en het verlangen naar een harig vriendje is bijna niet te stoppen. Maar zindelijk maken betekent helemaal veel tijd op straat door moeten brengen. Een volwassen hond dan?

Ik ga naar de site van het asiel, en de ene verloren blik lonkt nog sterker dan de andere. Ik geniet van al die puppyogen tot ik zelf mijn ogen niet meer open kan houden. Ik ben zo moe. Ik ga slapen.

Vanuit mijn ooghoek zie ik mijn slaapkamerdeur een klein stukje opengaan. Ik hoor gefluister. O mijn hemel, ze zijn bij me binnen. De deur gaat nog een stukje verder open, twee mannen met hoodies over hun hoofd staan in de opening. Ze kijken me aan. Ik buig naar rechts om het mes te pakken dat ik altijd naast mijn bed heb liggen. Het duurt nog geen seconde, maar als ik weer naar de deuropening kijk, zijn de mannen al verdwenen.

Waar zijn ze gebleven? Waarom maken ze me niet gelijk dood? Ik verroer me niet, het mes in mijn hand geklemd. Wat kan ik beginnen tegen twee man? Niet bang zijn nu. Ik wist dat dit moment een keer kon komen. Het gaat vandaag voor mij eindigen, maar dan wel met waardigheid. Dat heb ik me altijd voorgenomen. De aanval kiezen, ik moet de aanval kiezen. Ik laat me niet als een lammetje afslachten.

In de woonkamer hoor ik gelach. Stilletjes stap ik mijn bed uit. Ik ga nog even in gedachten naar Miljuschka en de kids, en neem afscheid van ze. Ik neem me voor op de indringers af te rennen en te gaan steken. Misschien maak ik dan nog een kans. Ik loop naar de hal, en schreeuwend ren ik naar de woonkamer. Het mes klaar om te steken.

In de woonkamer zie ik ze niet. Waar zijn ze? Ik draai me om, staan ze achter me? Nee. Ik ren naar de zijkamer, niets. Terug naar mijn slaapkamer, ook niets. De wc, de badkamer, niets. Helemaal niets. Nergens iets! Waar zijn ze? Ik ben volledig in paniek. Ik moet hier weg. Maar wat als ze buiten op me staan te wachten? Het maakt me niet uit. In deze afgesloten ruimte ben ik te bang. Ik trek mijn sportschoenen aan en ren in mijn pyjama alle trappen af, de deur uit.

Bij mijn auto staat niemand en ik stap snel in. Ik probeer

te starten. Daar zijn ze weer. De auto start niet. Ik zie ze naderen. Een wapen gericht op het zijraam. Een knal…

Badend in het zweet schrik ik wakker. Mijn hart bonkt in mijn keel. Weer die vreselijke nachtmerrie. Steeds dezelfde, iedere nacht opnieuw, al weken lang. Ik spring mijn bed uit, trek mijn jas over mijn pyjama aan en ren naar de auto. De nachtmerrie zit me nog steeds op de hielen. Ik stap snel in en geef gas. Weg van hier.

Ik bel Sonja. 'Ik kom eraan. Sta even op de uitkijk.'

'Oké.'

Ze houdt de deur voor me open en ik ren naar binnen.

'Weer een nachtmerrie?' vraagt ze.

'Ja.'

***

Nachtmerries. Na de inval vanwege de Heineken-ontvoering heb ik ze jarenlang gehad. Wreed werd ik uit mijn slaap gerukt, en zag mannen met bivakmutsen en geweren om het bed heen staan. Ik had me voorgenomen me nooit meer op die manier te laten wekken. Sinds december 1983 slaap ik daarom met het licht aan. Ik wil zien wat mij nadert, als ik een geluid in huis hoor.

Diep vanbinnen weet ik dat een afgesloten deur geen verschil maakt. Daar komen ze wel doorheen, desnoods krikken ze de hele deurpost eruit. En gaan ze niet door de deur, dan komen ze net zo makkelijk binnen door de ramen. Ik heb het ervaren en daardoor zit het kennelijk in mijn systeem.

Maar het gekke is dat ik dit alleen heb meegemaakt met Justitie. Ik weet dat een schutter nooit deze methode zou kiezen, want dat maakt veel te veel lawaai. En toch combineer ik in mijn slaap kennelijk die twee en heb ik weer nachtmerries. Wat is er toch met me aan de hand?

Aan de nachtmerries die ik vroeger had kwam pas een einde toen ik Wodan kreeg, mijn bouvier. De gedachte dat hij het gevaar eerder hoorde aankomen dan ik en mij zou wekken, was genoeg. Een hond zou voor mij nu weer een oplossing zijn.

Op de site van het asiel vind ik een dobermann, achtergelaten in het bos. Hij wordt als lief en erg waaks omschreven. Dat heb ik nodig. Een hond die waaks is. Ik stuur de link van de hond door aan Miljuschka.

'Een hond? Maar dan moet je minstens drie keer per dag naar buiten,' appt ze terug.

'Maar wel gezellig,' app ik.

'Ik ben er niet echt een voorstander van. Niet veilig, maar als jij je er goed bij voelt, moet je het doen. Leuk!'

Ze heeft gelijk, meer veiligheid brengt het niet. Het is een afweging tussen meer momenten met risico en meer momenten dat ik me beter voel. Ik heb de beslissing eigenlijk al genomen, ik kies voor me beter voelen.

Ik zoek verder op waakse honden en kom uit op een website die 'goed getrainde honden voor de bescherming van je huis en gezin' levert: een bewakingshond.

Waarom ben ik niet eerder op dat idee gekomen? Een hond die mij beschermt zou perfect in mijn leven passen: meer veiligheid én gezelschap. Kan ik lekker met hem wandelen in het bos. Nu de basketbalvereniging en de sportschool geen opties meer zijn, probeer ik zo vaak mogelijk in beweging te blijven. Wandelen buiten is altijd risicovol, maar dat probleem is meteen opgelost als ik een waakhond bij me heb, die op me let en eventuele aanvallers een arm afbijt. Een schutter moet altijd een afstand van enkele meters overbruggen. Als de hond in die tijd de aanval in kan zetten dan kan de schutter niet bij me komen. Ideaal!

Ik word steeds enthousiaster bij de gedachte dat deze hond mijn wereld zou kunnen vergroten. Opgetogen stuur ik de link van de website door aan mijn beveiliger, om te vragen hoe hij erover denkt.

Ik app hem: 'Hi Ronald, dit lijkt me wel wat voor mij. Wat vind jij?'

Hij antwoordt: 'Kan een heel goed middel en wapen zijn. Zowel preventief/defensief als aanvallend/uitschakelend.'

'Wat zijn de minpunten? Herkenbaarheid?'

'Uitlaten: moet je toch meerdere malen per dag naar buiten en toch wel herkenbaarheid. In jouw geval zijn er geen foto's, maar dan krijg je de omschrijving: dame met hond. Voordeel is dat veel mensen bang zijn voor honden.'

Hij heeft gelijk. Uitlaten blijft een minpunt, behalve als ik daar een oplossing voor kan verzinnen. Ik googel en ja hoor: ik vind een hondentoilet. Die kan op het balkon, en dan ben ik niet verplicht mijn uitlaattijd op zijn blaas en darmen af te stemmen. Bovendien, als hij mij echt kan beschermen, doet hij dat tijdens het uitlaten ook. Als hij tenminste kan wat de site belooft.

Een ander argument tegen het nemen van een hond is mijn toegenomen smetvrees. Vóór het getuigen kon ik de smetvrees nog ontlopen doordat mijn werk en Wim mij opslokten, en ik al het huishoudelijke aan Sonja overliet. Maar al die matigende factoren zijn inmiddels weggevallen, en daardoor is mijn dwangneurose uitgegroeid tot een tienkoppig monster dat mij in zijn macht heeft.

Bij alles wat ik aanraak zie ik de microben krioelen. Een vreemde deurkruk aanraken of werklui die met straatschoenen over mijn vloer lopen, leidt tot paniek. Geen haar op mijn hoofd dat ik daar nog met mijn blote voeten de grond zal raken. Gatver, wat smerig. Een hond zal een extra probleem opleveren. Tegelijkertijd zou de hond mij ook van mijn dwanggedachten kunnen afleiden. Als ik maar een oplossing bedenk waardoor hond en smetvrees in balans zouden zijn.

Ik nam me voor een hygiëneplan voor de hond op te stellen, waar ik me aan zou houden. Het moest toch wel lukken om deze hond te laten zitten, zodat ik hem af kon drogen en zijn pootjes netjes schoon kon maken voordat hij naar binnen zou gaan? Dit soort honden was zo getraind, dat zou geen punt zijn. Bovendien wist ik van mijn eigen honden dat ze dat gekroel alleen maar lekker vonden.

Met de redelijk positieve input van Ronald, besloot ik te bellen. De kans op het vergroten van mijn veiligheid was zo aanlokkelijk dat ik het risico nam openheid van zaken te geven over wie ik ben, zodat ze zich gelijk een voorstelling konden maken van de bescherming die de hond mij moest kunnen bieden.

Ik somde mijn hele waslijst aan wensen op. Het belangrijkste was dat hij gevaar om mij heen vroegtijdig oppikte en dat gevaar voor mij neutraliseerde als het zich voordeed. Konden zij mij echt een hond leveren die daaraan voldeed? Dat was geen probleem. Ze begrepen precies wat ik nodig had, en hadden daar al de perfecte hond voor in gedachten:

Kaiser. Na het beëindigen van het gesprek, werd ik emotioneel. Hoe fijn zou het zijn me niet alleen thuis maar ook buiten op straat weer veilig te voelen!

Ze stuurden me foto's en filmpjes van Kaiser in actie. Dat zag er inderdaad behoorlijk pittig uit. Ik had op voorhand medelijden met degene die de opdracht had aangenomen mij om te leggen.

Met de informatie van de verkoper besloot ik de sprong in het diepe te wagen. Bovendien had ik niet veel te verliezen, want voldeed de hond niet, dan kreeg ik mijn geld terug.

Op maandag ging ik op bezoek bij de verkopers om kennis met hen en Kaiser te maken. Naar aanleiding van een persoonlijk gesprek met mij wilden zij beoordelen of ik wel geschikt was voor deze specifieke hond. Het was tenslotte toch een geladen wapen dat zij mij meegaven.

Van die gedachte schrok ik een beetje. Dat was natuurlijk waar, zo had ik het nog niet bekeken. Ik moest die hond wel onder controle houden, anders konden er gewonden vallen. Maar kennelijk kwam ik door de test heen en Kaiser werd uit zijn hok gehaald: een uit de kluiten gewassen Duitse herder, die mij geen blik waardig keurde. Het was duidelijk geen liefde op het eerste gezicht, en dat was geheel wederzijds.

'Het duurt bij dit soort honden altijd even voordat ze een band met je krijgen,' zei de verkoper toen hij de teleurstelling op mijn gezicht bespeurde. 'Het is alleen maar goed dat hij dit doet, anders zou het een slechte waakhond zijn.'

Dat was natuurlijk zo. Ik kwam hier niet voor een schoothondje maar voor een werkhond, die bereid was in de vuurlinie de kogel voor mij op te vangen. Het contact tussen ons moest natuurlijk groeien.

Twee dagen later haalde ik Kaiser op. In de tussentijd had ik als in blijde verwachting een kamer voor hem gereed gemaakt en een mand, speeltjes, voer en lekkernijen voor hem gekocht. Ik zag ernaar uit met hem een gezinnetje te vormen.

Bij het ophalen kreeg ik nog enkele adviezen.

'Het beste is om hem voorlopig te negeren. Geef hem vooral geen commando's, want dat zal hij zeker in het begin niet zomaar accepteren.'

'Wat moet ik dan doen? Hoe gaat hij naar mij luisteren?' vroeg ik.

Dat zou vanzelf komen als we een band met elkaar hadden opgebouwd. Maar hoe bouw ik een band op als ik geen commando's kan geven? Enigszins verward stapte ik in de auto. De hond op mijn achterbank. Onderweg wilde hij van de achterbank naar de voorbank kruipen. Toen ik hem zachtjes terugduwde naar zijn plaats, beet hij in mijn hand. Geen goed begin.

Thuis aangekomen had hij binnen het uur een plaid, een bezem, het kussen van mijn ligstoel en een drinkbak tussen zijn angstaanjagende kaken vermalen. Ik maakte er een foto van, stuurde die naar de verkoper en legde uit dat Kaiser, anders dan verwacht, niet naar mij luisterde.

Hij draaide de hele tijd neurotisch rondjes achter zijn eigen staart aan en vrat alles binnen het bereik van zijn kaken kapot. Ik moest hem maar in zijn bench stoppen, dan had hij een plek waar hij tot rust kon komen. Maar hem in zijn bench stoppen lukte niet, want toen ik hem zijn plaats wees, begon hij te grommen en liet zijn tanden zien.

Dat was allemaal normaal en onderdeel van het gewenningsproces, zei de verkoper. Ik moest hem maar veel TLC geven. Maar zelfs dat leverde problemen op. Zodra ik de hond aaide, bleef hij zich aan me opdringen. Even liggen op de bank kon ik niet, want dan wilde hij op me rijden en hem wegduwen pikte hij niet. Ik vond zijn bezitterig gedrag doodeng en ging al om negen uur 's avonds naar mijn slaapkamer. Ik nam een emmertje mee om op te plassen en deed de deur op slot. Morgen weer een dag. Hopelijk zou het dan beter gaan.

Gekrab aan mijn slaapkamerdeur, Kaiser was wakker. Ik keek op de wekker. Vier uur. Misschien moet hij plassen, dacht ik. Ik stapte mijn bed uit en trok mijn kleren aan om met hem naar buiten te gaan. Beter nu om vier uur dan op een tijd waarop mensen verwachten dat je de hond uitlaat. Zodra ik het slot van de slaapkamerdeur draaide, drong Kaiser zich naar binnen en eiste genegenheid.

Na hem tien minuten gekroeld te hebben, dirigeerde ik hem naar zijn bench, zodat ik even rustig mijn toilet kon maken. Zonder resultaat. Hij was nog steeds niet van plan naar mij te gaan luisteren. Misschien ging het beter als hij naar buiten was geweest en zijn energie kwijt was.

Dit type hond wil alles voor je doen, had de verkoper gezegd, op voorwaarde dat ze je erkennen als baas. En dat bleek niet eenvoudig. Ik had grote honden gehad. Ik was wel wat gewend, dacht ik. Maar dit was toch wel andere koek.

De hond had het getrainde lichaam van een worstelaar en het trekvermogen van een dubbelspan paarden. Met twee PK trok hij mij door de straten. Ik was een pluisje dat door de lucht vloog. Ik zocht opnieuw contact met de verkoper. Hij moest nog aan mij wennen. Zodra hij doorkreeg dat ik hem zijn eten gaf, zou hij zich wel aan mij onderwerpen. Dat was een kwestie van tijd. Ik moest hem opnieuw maar veel TLC geven.

Ik deed mijn best. Zo hard dat ik voor angst geen tijd had. De hond vroeg al mijn aandacht. De angst was opgelost. Maar niet op de manier die ik voor ogen had gehad.

Ik had gehoopt dat een hond wat afstand tussen Sonja en mij zou creëren, zodat ik weer wat meer energie over zou houden om productief te zijn. Misschien weer eens wat te schrijven. Maar de hond zoog zo mogelijk nog meer energie weg dan Sonja en ik had haar nodig om mij in deze situatie bij te staan.

Ik vroeg of ze Kaiser wilde ontmoeten. Dat wilde ze graag. Als onderdeel van het gewenningsproces moest ik iedereen met wie ik contact had rustig bij Kaiser introduceren. Het beste was als ik Sonja zogenaamd toevallig tegenkwam. Ik moest haar vooral niet zomaar mijn huis binnenlaten, dat zou Kaiser volledig verkeerd op kunnen vatten.

'En dat was tenslotte ook de bedoeling: dat niemand zomaar mijn huis in kon, toch?' zei de hondenverkoper.

Het zal wel, dacht ik. Ik sprak met Sonja af in het bos. De toevallige ontmoeting met Kaiser verliep goed, Sonja bleef intact en zij – die honden normaal gesproken alleen maar vies vond – vond hem enig!

Het wandelen was geen succes. Kaiser schoot alle kanten op en viel uit naar iedere hond die langsliep. Misschien werd hij gek van de riem en moest ik hem even wat ruimte geven? Ik liet hem los. Hij raakte door het dolle van enthousiasme, rende heen en weer tot hij plotseling tot stilstand kwam en aan een omgevallen boom begon te knagen, op een manier die ons beangstigde.

'Zie je dat?' vroeg ik Sonja.

'Ja,' zei ze met een angstige blik.

We hadden allebei instinctief de neiging weg te lopen en hem achter te laten. Aarzelend deed ik hem weer aan de lijn, blij dat hij mijn hand er niet afbeet. En daar ging ie weer. Ik had de kracht niet meer om hem kort te houden en liet de riem vieren. Het gaf hem vijf meter loopruimte en mij even de kans om op adem te komen. Heel even.

Hij rende naar een sloot en ik zag hem er zo in wegzakken. Hij deed verwoede pogingen eruit te klimmen, maar het lukte hem niet. Geschrokken rende ik op hem af, pakte hem bij zijn halsband, trok met moeite zijn veertig kilo uit het water en zette hem op de kant.

Hij was tot aan zijn nek zwart van de modder. Hij schudde zich uit en ik was gelijk net zo zwart als hij, alsof ik in mijn lichtgrijze trainingspak een kamer met zwarte verf had geschilderd. De modder zat in mijn haar, op mijn bril en in mijn oren. Ik stonk als een bunzing, net als de hond, die zo echt de auto niet in kon.

'We moeten hem wassen,' zei ik tegen Sonja. 'Maar waar?'

'Bij het tankstation een paar kilometer verderop hebben ze een hondenwasstraat.'

'Dan moeten we daar maar heen lopen,' verzuchtte ik, opziend tegen de marteling waar ik doorheen moest met een hond die mijn arm uit mijn romp rukte. Met het tankstation in zicht werd hij nog onrustiger en hield ik hem bijna niet meer.

'Vraag jij vast even waar we moeten zijn,' hijgde ik tegen Sonja, die vooruit rende. Ik zag haar verschillende werknemers aanklampen die allemaal hun hoofd schudden. Ze rende terug en schreeuwde me tegemoet.

'Ze hebben geen hondenwasstraat meer!'

'Wat nu?'

'Hier verderop zit een tuincentrum, daar hebben ze er een.'

Nee hè, ik zag er onmiddellijk tegenop nog verder de weg over gesleurd te worden, maar het moest maar.

'Ren jij vast vooruit en check of ze er echt wel één hebben,' zei ik tegen Sonja, 'anders leg ik voor niks die afstand af.'

Sonja rende vooruit en kwam met een blij gezicht mijn kant weer op. 'Ze hebben er een!' riep ze.

De hond sleurde me voorbij haar de winkel in. 'Hij ruikt eten! Ik hou hem niet meer.'

Ik zette me schrap en met al mijn kracht trok ik hem bij het eten weg en richting de wasstraat. Eindelijk, de wasstraat! Maar die wasstraat had ik mij heel anders voorgesteld. Ik verwachtte niet die van een auto, waar de hond er aan de ene kant in zou gaan en er aan de andere gepoetst en geparfumeerd weer uit zou komen, maar dit had ik ook niet verwacht: een tobbe op een verhoging met allerlei spuitgerei erboven.

'Daar krijg ik hem nooit in! Dat laat hij nooit toe, en als ik hem er al in krijg, zou hij er geen seconde rustig in blijven staan! Hij staat al niet eens een seconde rustig op de grond. Kom, dan moeten we maar naar jouw huis! Dan wassen we hem bij jou op het balkon. Koop jij vlug even shampoo. Dan wacht ik buiten.'

Met een voetzoeker als hond, duurde het voor mijn gevoel een eeuwigheid voordat Sonja met de shampoo terug was en we aan de kilometers lange tocht naar haar huis konden beginnen.

'Die hond gaat terug!' zei ik beslist. 'Dat wordt niks, die is mij in alle opzichten de baas!'

Uitgeput kwamen we bij het huis van Sonja aan. Op haar balkon bond ik Kaiser vast. Hij bleef trekken, maar begreep na enige tijd dat de spijlen van het balkon niet meegaven en ging zitten. Ondertussen had Sonja de tuinslang aangesloten en kon het wassen beginnen. Ik realiseerde me dat het bij deze hond niet helemaal zonder risico was, maar de stank van de sloot was zo penetrant dat ik dat op de koop toenam. De hond verstijfde toen ik de slang op hem richtte.

Ik probeerde hem met een hoge stem wat te laten ontspannen: 'Braaf zo. Wat ben je toch lief. Toe maar. Het komt goed. We gaan je alleen maar even lekker wassen.'

Ik deed zeep in mijn handen en begon aan de bovenkant van zijn rug. Dat tolereerde hij nog. Bij zijn poten begon hij mij vuil aan te kijken. Snel raffelde ik het af.

'Zo dan. Klaar!' riep ik hem toe en werd direct getrakteerd op vijf liter water uit zijn vacht.

'Kan ik even douchen?' vroeg ik Sonja. 'En heb je schone kleren?'

In een broek van Richie, een shirt van Sonja en sokken en een paar winterlaarzen die ik nog bij haar had liggen, ging ik aan tafel zitten.

'Die hond gaat eruit. Dit heeft geen zin. Het is heerlijk dat ik al anderhalve dag niet angstig ben, maar dat is omdat ik zo bezig ben met die hond dat ik er niet aan toe kom om bang te zijn.'

Ik belde de verkoper en legde hem uit dat dit niet ging werken. De hond deed totaal niet wat hij moest doen. Hij ging volledig zijn eigen gang, en luisterde voor geen meter.

Daar had ik hem niet voor gekocht. De verkoper vond het allemaal heel normaal klinken.

'Echt, de hond moet nog wennen. Maar dat komt wel. Zie het nog even aan.'

'Geef hem nog een kans,' gebaarde Sonja tussendoor. 'Je bent nu in ieder geval niet bang meer, en je durft weer thuis te slapen.'

Vooruit, ik zou het nog even aanzien.

Maar ook in de dagen die volgden, trad er geen enkele verbetering op. Ik dacht dat ik in een andere levensfase verkeerde. Hoe kon ik geen enkele warmte voelen voor deze hond? Ik had grote honden gehad toen Miljuschka nog klein was, en daar was ik echt op gesteld geweest.

Het begon met Wodan, een grote zwarte Belgische bouvier. Hij zat bij de inboedel van de strandtent die Cor en Wim na hun vrijlating hadden gekocht van de dochter van 'Zwarte Joop' de Vries, de koning van de Wallen. De man die een heus amusementsimperium had opgebouwd.

Naast de gokhallen kochten ze van hem de Casa Rosso, een erotisch theater waar continue live seksshows werden opgevoerd, de Bananenbar waar vrouwen sigaren rookten met hun edele deel, en het Sexmuseum. Behalve de bezittingen op de Wallen, bezat de familie De Vries ook een strandtent, waarin mijn eerste ex Jaap werkte.

Bij die strandtent hoorde Wodan, hij deed dienst als bewaking en werd onze eerste hond, een schat van een beest met de ongezonde gewoonte bakstenen en stoeptegels stuk te kauwen. Wellicht was dat de reden dat hij het einde van het zomerseizoen niet haalde. Toen hij overleed waren de kinderen en ik ontroostbaar. Het leed werd verzacht met de aanschaf van een nieuwe Wodan. Een pup. In oorsprong een Belgische bouvier, die eenmaal volgroeid meer weg had van een dwergpoedel. Een schat en volledig verliefd op mij. Met zijn kop op zijn voorpoten gelegen kon hij mij uren aanstaren, om de zoveel tijd begeleid door diepe zuchten van pure genegenheid.

Als we een dagje weg moesten, logeerde Wodan altijd bij de kennel waar hij vandaan kwam. Daar ontmoetten wij Prince, een oogverblindende Akita Inu-pup. Ik was op slag verliefd. Het waren geen makkelijke honden, eerder zeer dominante volgens de fokker, een grote, kale, autoritaire kerel, met een natuurlijk overwicht gelijk aan Jaaps overgewicht. Als overtuigd *feeder* had ik Jaap inmiddels van tachtig naar 114 kg vetgemest, maar ik was verliefd op de Akita-pup en ook het verhaal over de speknek van dit ras, waardoor ze eigenlijk niet te corrigeren waren, sloeg ik in de wind. Zo scheepte ik mezelf op met een moeilijk opvoedbare hond die míj uitliet, in plaats van andersom.

Maar alles went en wegdoen deed je niet, ze waren allebei inmiddels onderdeel van het gezin. Ze maakten het gezinsplaatje compleet en ja, ondanks de dagelijkse gevechten om de alfa-positie met de Akita, hield ik van ze, zoveel dat de vacht die Prince continu verloor en die iedere ochtend als een tapijt over het totale vloeroppervlak van ons appartement lag, mij niet deerde. Net zomin deerde mij de winderigheid van Wodan, die ervoor zorgde dat mijn schoonouders uitsluitend een bezoek aan ons brachten met een zakdoek besprenkeld met eau de cologne onder de neus. De honden waren onderdeel van het gezin. En iedereen moest ze maar nemen zoals ze waren.

Waarom was het dan nu zo anders met Kaiser? Was ik die instelling misschien ontgroeid? Was liefde voelen voor een hond iets van het verleden, toen het huishouden nog een krioelende massa was? Was ik er te oud en te star voor geworden? Hoorde dat bij het leven van een twintiger, een dertiger, en kon je dat na je vijftigste niet meer opbrengen? Ik was gehecht aan mijn dagelijkse rituelen en gewoonten en de constante aanwezigheid van een toekijkende en vaak voor de voeten lopende hond, irriteerde me.

Misschien had het met zijn formaat te maken. Het was een behoorlijk uit de kluiten gewassen Duitse herder. Ik voelde me totaal niet bij hem op mijn gemak. Aan dat gevoel droeg zijn afstotende lichaamsgeur bij, de lucht van gekookte pens, een penetrante geur die ik me kon herinneren van de hond van de buren, die deze lekkernij voor hun zo geliefde Fifi, een verwend klein bijtertje, urenlang lieten pruttelen op een oliestelletje. Het hele huis was van de stank vergeven.

Kaiser rook precies zo. Ik had hem met gevaar voor eigen leven al gewassen, maar dat had niet geholpen. Ik begon te googelen wat de oorzaak kon zijn. Misschien gaf ik hem verkeerd voer? Mensen gaan ook ruiken naar wat ze eten, knoflook, ui. Ik moest uitvinden hoe hij aan die lijflucht kwam. Misschien zou ik hem wat leuker gaan vinden als hij wat minder stonk.

Wat ik las, gaf weinig hoop. Iedere hond heeft zijn eigen natuurlijke geur, net als mensen. En de aantrekkingskracht tussen mensen wordt bepaald door lichaamsgeur. Ik verwachtte niet dat het tussen Kaiser en mij iets zou worden: de geur van pens stond tussen ons in. Maar net zomin als ik van Kaiser gecharmeerd was, was hij dat van mij en dat vond ik iets alarmerender, gelet op het verschil in bijtkracht tussen ons beiden. Kaiser beet met twee voorpoten in de neus een boomstronk doormidden en ik was al blij als mijn kronen een hap van een stokbroodje overleefden.

Toch bleef ik het proberen. Thuis was ik niet bang meer, want één ding wist ik zeker: Kaiser duldde helemaal niemand bij zijn teefje in de buurt en buiten had ik geen tijd om bang te zijn.

Kaiser was toe aan zijn volgende kennismaking: mijn moeder. Ik ontmoette haar buiten op de gang, want mijn moeder heeft een kat en ik had geen idee hoe Kaiser daar op zou reageren. Om te voorkomen dat mijn moeders zwarte kat Blacky in rood veranderde, ging ik er maar niet met hem naar binnen.

'O, wat een schatje,' riep mama gelijk uit.

Dat was te verwachten. Zij voelde zich nou eenmaal onstuitbaar aangetrokken tot alles wat agressief is en de boel terroriseert. En alles wat niet al zo was, maakte zij wel zo. Ik bedoel dat niet onaardig, en ik hou er geen grammetje minder om van haar, maar het is wel een feit.

Ze verweert zich altijd met het argument dat toen ze nog bij mijn vader woonde, wij vijf katten hadden waar we geen centje last van hadden, maar ze vergeet daarbij te vertellen dat helemaal niemand – geen enkel mens of dier – aan de gestoordheid van mijn vader kon tippen, dus dat hun gedrag daarbij per definitie in het niet viel.

Dat bleek ook wel nadat ze bij mijn vader weg was gegaan en een hond nam, Beatle geheten, een jackrussellterriër met een kronkel in zijn kop, die te pas en te onpas om zich heen beet. Waaks was hij, zei ze, en ze betaalde achter onze rug om de schadegevalletjes af, om te voorkomen dat ze het bijtgrage beest moest laten inslapen. Daarna werden het weer katten, die de bank kapot krabden, het behang van de muren trokken en haar uit haar slaap hielden. Maar wegdoen, deed ze niet. Ze waren als haar kinderen, en die deed ze ook niet weg, hoe lastig ze ook waren.

Pas na een ingrijpende longontsteking kregen we haar zover. Haar gezondheid ging voor, vond zij uiteindelijk ook zelf. En de katten konden bij een vriendin van haar terecht, zodat ze er toch nog een beetje bij betrokken kon blijven. Maar al snel voelde ze zich eenzaam: 'Ik mis leven om me heen.' Volgens ons miste ze vooral het mopperen op hun wangedrag, dat ze onbewust in stand hield. Waar hadden we dat eerder gezien? Het gemis aan leven werd een terugkerend dingetje, ze voelde zich eenzaam en het mopperen op de katten werd mopperen op ons, want van ons mocht zij geen kat meer.

'Het wordt tijd dat ze weer een beest neemt. Ze is niet te harden,' fluisterde ik tegen Sonja.

Maar met haar longaandoening en andere gebreken zat een harige kat er niet meer in. Een hond was ook geen optie. Wat dan?

'Een wat?' vroeg mijn moeder enigszins geschrokken.

'Een naaktkat. Een vriendin van mij neemt een naaktkat. Is dat niet iets voor jou? Dan heb je leven om je heen, maar geen rondvliegende haren! Het lijkt mij een uitkomst. Kijk, dit zijn ze.'

'O gatver, wat een griezels!' gilde ze. 'O nee, afschuwelijk. Dat is niks voor mij.'

'Maar dan heb je wel leven om je heen,' zei ik. 'Dat is wel

beter voor je, dan voel je je niet zo eenzaam. We kunnen toch gewoon gaan kijken? Vind je het niks, dan doe je het niet.'

Een spuuglelijk beestje met oren zo groot als windschermen werd op haar schoot gezet. Medelijden overviel haar bij het zien van zoveel lelijkheid, en dat was de garantie op haar onvoorwaardelijke liefde.

'Niemand heb ze eige gemaakt,' zei ze meewarig. 'Ik neem hem.'

Flippie ging de volgende dag mee naar huis. De buren in haar flat kwamen geïnteresseerd naar de nieuwe aanwinst kijken, en spraken allemaal hun afschuw uit over het kale beestje. Het maakte haar liefde voor het afgewezen dier alleen maar groter. Ze kon er niet over uit dat je zo gemeen tegen een levend wezentje kon zijn.

Maar Flippie bleek zijn uiterlijk eer aan te doen. Hij veranderde in een monster. Hij sloopte niet alleen alles in huis, maar had ook de gewoonte ontwikkeld om mijn moeder te bespringen, liefst vanuit onverwachte hoek. Ze had overal schrammen, op haar armen, haar rug en op haar benen, en die groeiden maar moeilijk weer dicht.

'Dit kan zo niet, mam. Dit is levensgevaarlijk voor jou, straks loop je een bloedvergiftiging op waar je niet meer van herstelt,' riepen wij.

'Welnee,' ging ze met haar hakken in het zand. 'Ik moet gewoon zijn nagels laten knippen. De fokster waar hij vandaan komt, komt het morgen doen.'

Maar toen Flippie eenmaal op een plek zat waar de fokster dacht hem te kunnen pakken, begon hij zo te grommen en te blazen dat ze het hazenpad koos. Ze zou later wel terugkomen, zei ze, maar is nooit meer langs geweest. De onverwachte aanvallen gingen door.

'Hij moet weg, mam. Die kat is geestelijk niet in orde.'

Dat was voor mijn moeder nooit een reden geweest om haar 'kinderen' buiten te sluiten, dus weigerde ze. Tot aan het moment dat ze niemand meer binnen liet, omdat de kat ook de buurvrouw in de haren was gevlogen. Toen was het echt genoeg. Flippie vertrok naar een instelling die op hem berekend was, tot groot verdriet van mijn moeder. Dat zij Kaiser een schatje vond, zei mij dus niet zoveel. Integendeel, het bracht mij nog meer aan het twijfelen of dit wel een geschikte hond voor mij was.

De ontmoeting tussen Kaiser, Miljuschka en de kids stelde ik zo lang mogelijk uit, in de hoop dat ik nog iets van gezag over de hond kreeg. Maar Miljuschka begon aan te dringen, zij had al die tijd enorm met het hondenplan meegeleefd, en wilde hem nu eindelijk weleens ontmoeten.

Ze deed de deur open en een neurotisch, ongeleid projectiel schoot met een noodvaart de huiskamer binnen, rende alle drie de slaapkamers door, het balkon op. Onderweg tikte hij bij Miljuschka een doosje smarties uit haar handen, en verslond die binnen drie seconden. Dat riep bij Miljuschka baknijd op. Kom niet aan haar eten! De hond was gelijk uit de gratie.

'Dit gaat 'm niet worden, mam.'

Project Kaiser was uitgedraaid op een jammerlijke mislukking.

Ik liet me niet langer in vertwijfeling brengen. Ik kon die hond niet aan, ik vond hem doodeng. Ik belde de verkoper:

'Morgen breng ik hem terug.'

'Zal ik met je mee gaan?' vroeg Sonja.

'Graag.'

'Dan kom ik je morgen ophalen.'

Nog een laatste avond en nacht en dan was ik van hem af, en hij van mij. Ik had hem niet kunnen geven wat hij nodig had. Om vier uur stond ik alweer naast mijn bed. Ik hoefde pas om negen uur bij de kennel te zijn, maar ik ging liever alvast rijden, want dat was de enige manier waarop hij rustig werd en ik wat rust kreeg.

Bij Sonja liet ik hem nog een laatste keer uit, voordat we aan het vervolg van onze reis begonnen. Een walm van verteerde pens drong rechtstreeks mijn nuchtere maag binnen. Met het afscheid in zicht, kon ik er deze keer bijna van genieten. Sonja stapte bij me in de auto en ik reed met gierende banden richting het noorden van het land.

Na tweehonderd kilometer raakte Kaiser intens opgetogen. Zijn rust, orde en regelmaat kwamen weer in zicht. Hij had genoten van zijn vakantie, waarin hij alles had kunnen doen dat hem nooit was toegestaan, maar dat plezier woog overduidelijk niet op tegen zijn behoefte aan structuur. Hij wilde terug naar zijn kennel.

Ik dacht aan wat de verkoper mij vertelde. Sommige honden kunnen de vrijheid niet aan. Er zijn honden die zo heftig zijn dat het te gevaarlijk is om ze uit de kennel te laten.

De verkoper had al veertig jaar ervaring met honden, toen hij een van zijn kennelhonden haar voer gaf. In een onbewaakt ogenblik hing ze in zijn arm. Hij moest haar bewusteloos stikken voordat ze hem losliet. Hij had achtenveertig hechtingen in zijn arm.

‘De aan- en uitknop werkt niet bij zo’n hond. Daar zit geen regulator op. Hij gaat aan wanneer je het niet verwacht. Zo’n hond kun je geen vrijheid geven, een hond wordt daar niet gelukkig van.’

Ik dacht aan wat Iris eens over Wim zei. ‘De gevangenis is niet slecht voor hem. Dat geeft hem structuur. Daar past hij.’

Mensen zijn net honden.

Ik was blij dat ik verlost was van deze kwelling en wilde zo snel mogelijk weg. Op weg naar mijn auto zei de verkoper dat hij een andere hond had, die mogelijk wel aan mijn eisen voldeed. Een heel bijzondere hond, een kampioen. Hij was daardoor natuurlijk wel wat duurder.

‘Ik pak hem even.’

Hij kwam tevoorschijn met een prachtige zwarte herder, Rocky.

‘Deze is echt leuk en hij stinkt niet,’ zei Sonja.

‘Je kunt het altijd proberen,’ zei de verkoper. ‘Lukt het niet dan krijg je je geld terug.’

Maar ik twijfelde. Deze hond had inderdaad een lieve uitstraling, maar ik was emotioneel helemaal uitgewrongen door het gevecht met Kaiser. De kwestie-Kaiser had er zo bij me ingehakt dat ik niet moest denken aan nog een honden-experiment.

De overgang

Niet alleen mijn stemming, maar ook mijn lichaam is de laatste maanden veranderd. Ik heb ineens op bepaalde plekken vetophopingen. Vijf kilo in drie maanden.

'Je zit waarschijnlijk in de overgang,' zegt Sandra.

'Die discussie heb ik al eerder met je gehad, toch? Dat zei je ook over dat zweten.'

'Nou, dat klopt. Dikker worden en zweten zijn allemaal symptomen van de overgang.'

'Daar ben ik toch al voor naar de dokter geweest. Ik zit niet in de overgang, want ik slik nog steeds de pil.'

Daar is mijn huisarts niet blij mee. 'Je moet stoppen, het is niet goed na je eenenvijftigste de anticonceptiepil te blijven slikken,' vermaande hij me.

Ik ben nog nooit zoveel bij hem geweest sinds ik bezig ben Wim aan Justitie uit te leveren.

'Ik weet het. Geef me nog even. Ik kan er nu geen wisseling in hormonen bij hebben. Eerst het proces achter de rug.'

'Hoelang gaat dat nog duren dan?' vroeg hij.

'Een jaar of drie, misschien vier, met hoger beroep en cassatie erbij?'

'Dat is veel te lang. Dat kan niet.'

'Geef me dan nog een jaar. Dat ik de eerste aanleg door kan komen. Dan stop ik volgend jaar zomer.'

'Dat is tegen mijn advies in,' zei hij streng.

'Ik weet het, maar ik ga toch niet stoppen. Ik kan er niet ook nog eens een overgang bij hebben. Ik ben al zo wiebelig, en als ik dan ook nog eens uit balans word gebracht door mijn hormonen, dan val ik om.'

'Ik ben ertegen,' zei hij afkeurend.

'Ik heb je gehoord.'

Dat gezweet kon dus niet van de overgang komen. En dat ik zwaarder word, is niet zo vreemd en vind ik ook niet erg. Ik beweeg nu eenmaal minder en ik word ouder. Maar dit is niet gewoon wat kilo's aankomen. Ik zie er anders uit. Ik vervorm. Ik herken mijn eigen lichaam niet meer.

'Ik weet niet wat het is, San.'

'Wim heeft bezit van je lichaam genomen,' lacht ze.

'Heel grappig,' zeg ik somber.

'Sorry, ik hoopte je aan het lachen te krijgen. Je bent net een zombie de laatste tijd.'

'Ik voel me echt slecht. Ik slaap slecht. Ik heb last van nachtmerries. In iedere nachtmerrie haal ik de ochtend niet. Het is vreselijk. Na zo'n nachtmerrie ben ik zó angstig dat ik de hele nacht lig te waken, te luisteren of ik iets aan de deur hoor. Met die hond was dat minder, want dan weet ik dat die daarop let, dat ik wakker ben voordat ze aan mijn bed staan. Maar die angst is nu weer helemaal terug.'

'Zullen we morgen gaan wandelen? Frisse lucht zal je goed doen.'

'Nee, dat kan ik niet opbrengen. Ik zit het liefst de hele dag op een stoel voor me uit te staren. Alles is me te vermoeiend. Ik heb nergens puf voor, kan nergens interesse voor opbrengen. Ik heb al weken de post niet opengemaakt. Alleen al de gedachte dat er weer ellende in de bus valt. Ik voel me helemaal zwart vanbinnen.'

'Maar je hebt die kleintjes, toch?'

'O, ja? Ik heb die kleintjes? Die kleintjes hebben een oma die hun niks te bieden heeft. Niet met ze naar de speeltuin kan, niet naar de bioscoop. Ik kan niets spontaan met ze doen. Ik heb niet eens zin meer om naar ze toe te gaan. Ik ben iedereen alleen maar tot last. Ik zie er echt geen gat meer in.'

'Jeetje As, zo heb ik je nog nooit meegemaakt. Misschien kun je niet meer tegen de situatie waar we in zitten?'

'Daar zit het 'm niet in! Dat is hetzelfde gezeik als met die overgang. Dat is niet waardoor ik me zo slecht voel, maar als ik dat zeg kijkt iedereen me meewarig aan, alsof ik niet helemaal in orde ben. Het komt niet door de situatie waar ik in zit! Dat weet ik, dat voel ik. Onze situatie kan ik prima handelen. Dat is niet waar ik aan onderdoor ga. En dat gevoel heb ik, dat ik onderdoor ga aan wat ik ook heb. Het is zo eng.'

'Ik wou dat ik iets voor je kon doen'

'Niemand kan iets doen, San. Ik ga nu, want ik heb ook geen zin om er verder over te praten.'

Hond 2

Misschien moet ik toch maar die hond proberen. Ik maak een lijst met eisen waaraan Rocky moet voldoen.

Ik moet focus op mijn omgeving hebben, en de hond moet mij daarin ondersteunen, dus niet afleiden, anders zie ik het gevaar niet aankomen. De hond moet sociaal en rustig zijn, zoals een hulphond, en dus geen extra aandacht vragen. Hij moet wel scherp zijn, maar niet nerveus. Net als een hulphond is hij de hele dag dienstbaar, en pas vrij wanneer ik dat zeg. Het lijken onverenigbare eisen, een hulphond is het tegenovergestelde van een beveiligingshond, maar de verkoper is er zeker van dat Rocky hier allemaal aan voldoet. Ik besluit het met hem te proberen, maar ik wil het wel rustig opbouwen en ga hem eerst een aantal malen bij de verkoper thuis bezoeken.

Ik begin hem al snel echt leuk te vinden en wil uitproberen hoe hij zich in mijn habitat gedraagt.

'Je moet hem een aantal meters voor je uit sturen,' zegt mijn beveiliger, die toevallig bij me is om wat zaken door te nemen, en een beetje verstand heeft van honden. 'Dan maakt hij de cirkel om jou heen, waar mensen niet mogen komen, groter. Mensen gaan niet tussen jou en de hond staan, want dat accepteert de hond niet.'

'Ik dacht juist dat hij naast me moest lopen?'

'Nee, je moet een eerste ring om je heen leggen waar niemand doorheen komt. Dat geeft jou tijd en speling om te handelen.'

'Ik dacht dat hij naast me moest staan, voordat ik hem het commando aanvallen kon geven.'

'Nee hoor, dat hoeft niet. Aanvallen doet hij vanaf iedere afstand. Als jij het commando maar geeft.'

***

Ik kies ervoor de beelden van de hond in actie nog niet te zien. Die kreeg ik bij de vorige hond niet van mijn netvlies. Elke keer als hij naar me keek, zag ik ze weer voor me, dus daar wacht ik liever even mee. Ik wil eerst de vriendelijke kant van de hond leren kennen.

En Rocky is best vriendelijk. Vriendelijk genoeg om hem aan Miljuschka en de kids voor te stellen. Het is belangrijk dat zij ook met hem overweg kunnen, want ik zal hem 24/7 bij mij hebben. Werkt het niet tussen hen, dan kan hij niet blijven.

De ontmoeting lijkt positief te verlopen, Miljuschka krijgt bijzonder veel aandacht van Rocky. Overal waar ze gaat, loopt hij achter haar aan en besnuffelt haar. Zodra ze even zit, zit hij naast haar. Als ze hem een aai over de bol geeft, wordt hij opdringerig en probeert haar te bespringen.

'The story of my life,' verzucht ze.

'Hij moet even wennen,' praat ik zijn gedrag goed.

Miljuschka kijkt me kritisch aan. 'Je lijkt oma wel. Laatst kom ik bij haar binnen, hing die kat weer in mijn benen. Maar dat was geen aanvallen, zei ze, hij kwam me alleen maar begroeten.'

'Oké. Ik hoop dat dat het is, dat hij moet wennen,' zeg ik. In één opzicht is er in ieder geval een klik tussen Rocky en Miljuschka. Hij haalt zijn neus op voor botten en kluifjes, en komt pas overeind voor hondenpaté en worst. Het is een chefs-hond. Een driesterrenhond.

Net als ik moet ook Rocky overal neer kunnen strijken en zich thuis voelen. In de achterbak staat voor mij een koffer met kleding en toiletspullen, en voor Rocky een mat, hondenvoer en hondenspeeltjes. Door de mat heeft hij overal waar ik heen ga zijn eigen plekje en kan hij zich daar, als het hem te druk wordt, terugtrekken. Van al zijn speelgoed is de Kong zijn favoriet: een onverwoestbaar stuk rubber in de vorm van een dennenappel, waar hij onbeperkt op kan kauwen zonder dat hij het vermorzelt. Ik vul het voor hem met de hondenpaté die hij zo lekker vindt. Op het moment dat hij zijn tanden erin zet, zie ik het hoofd van Miljuschka in een reflex woest naar links draaien.

'Rocky, hou op alsjeblieft!' roept ze zwaar geïrriteerd.

Het is dezelfde reactie als wanneer ik naast haar op de bank zit en een zak chips eet. Nu vinden waarschijnlijk negen op de tien mensen dat geluid superirritant, maar het drijft Miljuschka tot waanzin. Net als ieder ander eet- of drinkgeluid.

'Smak niet zo,' krijg ik bij elke hap van mijn ontbijt, lunch of avondeten te horen.

En ik smak niet. Integendeel, ik durf bijna niet te kauwen of slikken als zij bij mij in de buurt is, want ik weet hoe furieus zij daarop kan reageren, net als op een aantal specifieke andere geluiden. Niet alleen kauwen en doorslikken, maar ook snotteren en zwaar ademen. Zelfs in diepe slaap kan het geluid van een neus ophalen haar in woede laten ontsteken.

Jarenlang kroop ze naast me in bed, daarvoor was alle ruimte na het vertrek van haar vader. Zij vond het heerlijk zo bij mama, maar voor mij was het elke nacht een beproeving. Ik heb menige trap moeten incasseren, omdat zij mijn ademhaling te luid vond. Eenmaal richtte zij zich naast mij in bed op en gaf me in ruil voor mijn gezucht een vuistslag in mijn gezicht. Ze wist de volgende ochtend nergens van. Ik sliep vanaf dat moment met mijn rug naar haar toe en mijn gezicht afgewend, zodat ze niet onverhoopt mijn tanden eruit zou slaan.

Ik vond manieren om haar eigenaardigheid niet te triggeren. Zo draaide ik tijdens iedere maaltijd muziek. Ik wist het te ontwijken, maar ze bleef er wel last van houden.

Rocky werpt zich inmiddels met nog meer overgave op de Kong en ligt oorverdovend te smakken. Met een schuin oog kijk ik naar Miljuschka. Ze ziet me kijken.

'Ik heb er geen last van, hoor mam,' zegt ze tegen beter weten in. Na vijf minuten staat ze op. 'Ik ga even op bed liggen. Ik moet vanavond tot laat werken.'

Na een kwartiertje hoor ik haar opstaan en de slaapkamerdeur dichtdoen. 'De een zit te typen en de ander zit te kauwen,' moppert ze geërgerd.

Haar mysofonie zou weleens einde 'Project Rocky' kunnen betekenen.

Maar het is niet het enige barstje in mijn relatie met de hond.

De omgang met Rocky loopt niet zo voorspoedig. Hij luistert redelijk, maar niet als er andere honden in de buurt zijn. En waar ik nu woon, zijn dat er nogal veel, ze lopen vrijwel allemaal los en komen speels op Rocky af. Maar daar is

Rocky niet van gediend, en het is iedere keer een gevecht om hem in bedwang te houden. Met alleen zijn lichaamsgewicht is hij al in staat andere honden te vermorzelen. Echt plezier aan wandelen met hem beleef ik niet.

Ook zijn houding ten opzichte van katten is zorgwekkend. Ik zie ze niet, maar hij ruikt ze en gaat er dan als een haas vandoor. En als hij accelereert is er geen houden meer aan. Hij is veel te sterk. Nee, hij is niet echt op mij gericht. Maar ik vind hem wel lief, en geef het nog niet op. Ik wil hem graag houden.

'Daar heb je toch niks aan,' zegt Sandra. 'Die hond moet er voor jou zijn, maar hij voldoet niet. Nu loop jij achter die hond aan. Dan kan hij wel lief zijn, maar ik zou hem terugbrengen.'

Ik neem hem mee naar het chaletpark waar ik op een andere naam een huisje huur. Het is een van mijn locaties waar ik anoniem kan verblijven. Ik loop het terrein op, en weer heb ik nog niets gezien, als hij het al heeft geroken.

Als een raket gaat hij ervandoor en stort zich genadeloos op een Maltees leeuwtje. Het bloed spuit uit de hals van het witte diertje. Met veel moeite trek ik hem van het hondje af. In haar nek twee gapende wonden. Zijn baasje is, net als ik, volledig in paniek en begint tegen me te schreeuwen. Mijn hond is gestoord, die moet ik laten inslapen, roept ze.

Binnen tien seconden staan er allemaal mensen om mij heen, die met het baasje van het Maltees leeuwtje sympathiseren. Zelf ook totaal van slag door het brute voorval, leg ik haar uit dat ik de hond op proef heb. Ik ben het volledig met haar eens dat dit geen normaal gedrag is, en het is me duidelijk dat hij de proefperiode niet zal doorstaan.

Ze kalmeert gelukkig. Ik geef haar mijn telefoonnummer,

zodat ze me op de hoogte kan houden van het herstel van haar hondje en ik de kosten van de dierenarts op me kan nemen. Rampzalig voor mijn anonimiteit, maar ik kan moeilijk zeggen dat zij mijn nummer niet krijgt. Mijn hond heeft zojuist bijna die van haar verorberd.

Het voorval betekent het einde van mijn relatie met Rocky. Met pijn in mijn hart neem ik afscheid van hem.

Het hele avontuur heeft me emotioneel veel gekost, maar ook veel opgeleverd. Zonder de steun van Sonja had ik het niet volgehouden. Ze had de zorg voor de honden gedeeld.

Tijdens het uitlaten hadden we alle gelegenheid om met elkaar te praten. Ik koos ervoor haar te betrekken bij wat ik met Iris besprak. Over de veranderde rollen binnen ons gezin. Over haar afhankelijkheid, en over mijn behoefte aan meer afstand.

'Ik wil het anders doen dan Wim. Ik wil niet van je weglopen, Son. Ik wil juist dat we leren opnieuw met elkaar om te gaan. We moeten wel, we hebben alleen elkaar nog.'

Ze wilde niets liever. Ze stond open voor alle analyses die Iris op ons gezin losliet. En zo kwamen we gezamenlijk tot inzichten die onze band alleen maar versterkten.

Het hondenavontuur had mijn relatie met Sonja nieuw leven ingeblazen.

***

'Hoe gaat het met het hondenbeest?' vraagt Iris.

'Die is weg.'

'De hemel zij geprezen,' roept ze uit en heft haar handen omhoog. 'En de angst?'

'Nou, nadat ik de hond had weggebracht, dacht ik: ik moet zoeken naar oplossingen die heel dicht bij mij liggen. Ik moet gebruik maken van mijn eigen talenten. Wat kan ik goed? Gooien! Dat is een automatisme voor me, daar hoef ik geen seconde over na te denken, dat is een reflex die ik in de twintig jaar dat ik intensief heb gebasketbald heb ontwikkeld. Dus heb ik een set werpmessen aangeschaft. Ik heb nu een week geoefend. Het gaat supergoed.'

'Oké. Werpmessen?'

'Ja!'

'Ach, Astrid, we moeten toch eens kijken naar een andere manier waarop jij met je angst om kunt gaan.'

Iris 15

'Ik ben eruit,' zeg ik direct bij binnenkomst tegen Iris. 'Het is eigenlijk kinderlijk eenvoudig.'

'Waar ben je uit?'

'Hoe met die angst om te gaan. Het is eigenlijk heel simpel.'

'Simpel? O, vertel. Nu maak je me heel nieuwsgierig.'

'Nou, er zijn zoveel mensen die potentieel gevaarlijk werk doen. Ze nemen risico's voor een ander, omdat ze geloven dat het goed is wat ze doen. Soldaten bijvoorbeeld, die leven ook elke dag met de gedachte dat de dood op de loer ligt. Maar ze doen het toch, omdat ze ergens voor staan. Politieambtenaren precies hetzelfde. Als je ziet wat je in uniform op straat kan overkomen, dat is ook niet gering. Beeld je maar eens in dat je achter een dief aangaat. Die doen er vaak alles aan om uit handen van de wet te blijven.

Ik heb een cliënt gehad die agenten beet zodra ze hem probeerden te arresteren. Hij was besmet met een ziekte waardoor die agent gelijk zwaar aan de medicijnen kon. Of ga jij maar eens als vrouwelijke agent een kerel van honderd kilo naar de grond brengen, als je naar een huiselijk-geweldzaak moet en de boel escaleert. Of dokters die voor Artsen zonder Grenzen werken in oorlogsgebied. Het is allemaal risico.

En eigenlijk vraagt niemand hen: "Waarom doe je dat?

Waarom waag je je eigen leven voor een ander of voor een hoger doel?" Dat vindt eigenlijk iedereen vanzelfsprekend. En zo kijk ik van nu af aan ook aan tegen mijn rol als getuige. Het is gewoon werk.'

'Getuigen is werk. Maar je blijft je waakzaamheid koesteren.'

'Altijd.'

Ik sta op om weg te gaan.

'Doe je je vest weer aan?'

'Ja, het is al donker buiten.'

'En wat heb je daar in je hand?'

'Dat is een mini-zaklamp, met een enorm sterke straling. Als er iemand in het donker op me afkomt dan schijn ik daarmee in zijn ogen en verblind ik hem, ziet hij de eerste seconden vlekken. Hierdoor hoef ik geen werpmes bij me te hebben. Daar was jij het toch niet mee eens?'

'Nee! En wat heb je nog meer bij je?'

'In deze linnen schoudertas zit een groot blik doperwten. Dat heb ik geleerd van iemand die bij de politie werkt. Door de lange hengsels aan de tas kun je iemand een behoorlijk eind op afstand houden. Als je daarmee zwaait, gaat hij geheid neer. En een blik doperwten is volledig legaal.'

'Ach, Astrid toch.'

'Ja Iris, ieder beroep heeft nu eenmaal een uniform of op zijn minst een dresscode. Als advocaat droeg ik altijd een net jasje over een nette broek. Kleding die afstandelijkheid uitstraalt. Nu draag ik een kogelwerend vest, platte schoenen en loszittende kleding, omdat ik me daar beter in kan bewegen. En in plaats van een aktetas met dossiers, heb ik een schoudertas met een blik doperwten bij me.'

'Ik hoop dat die gedachte je voorlopig helpt, maar we moeten het er toch weer eens over hebben.'

'Dat gaan we doen.'

Op de terugweg rij ik mijn verblijf voorbij, door naar de Scheldestraat, naar mijn oude huis. Vanaf de overkant kijk ik omhoog, naar de derde verdieping. Mijn thuis.

Ik wil me weer thuis voelen bij mezelf. Ik rij terug. Mama belt.

'Hoe is het met je?'

'Prima. En jij?'

'Ik was bij de dokter. Ik moet stoppen met die bloeddrukverlagers, want mijn bloeddruk is te laag. Maar ik vertrouw het niet. Ik ben bang dat ik een hersenbloeding krijg als ik stop.'

'App me maar een foto van het doosje. Dan kijk ik wel even naar de risico's als je stopt.'

Een uur later ontvang ik de foto. Appen gaat haar nog steeds niet makkelijk af. Het zijn dezelfde medicijnen die mij zijn voorgeschreven. Ik download de gebruiksaanwijzing en begin te lezen. Het medicijn verlaagt de hartslag en vertraagt de werking van de schildklier, daarom kan er sprake van gewichtstoename zijn. Ik reken terug. Dat is het dus! Ik ben zo aangekomen sinds ik die medicijnen gebruik. Ik lees welke bijwerkingen het medicijn nog meer heeft. Zweten, somberheid. Dit is het! Dit veroorzaakt mijn ellende! Een enorme last valt van me af. Ik ben niet gek aan het worden. Ik heb al vijf maanden last van de medicatie.

De volgende ochtend bel ik mijn huisarts of mijn vermoeden juist is. Dat kan heel goed. Ook nachtmerries zijn een vaak gehoorde klacht. Ik kan beter overstappen op een ander medicijn. Ik begin me na verloop van tijd steeds beter te voelen. Mijn lichaam keert terug in oude staat, het zweten is voorbij, en de nachtelijke spoken zijn verdwenen.

Ik ben weer thuis bij mezelf.

ACHTSTE VERHOOR

WH sr.

Peter stuurt me een e-mail door. Hij is afkomstig van iemand die de begraafplaats waar mijn vader ligt heeft bezocht en een briefje op zijn graf zag liggen. Het was bestemd voor degene die over het graf gaat, met de vraag contact op te nemen met de begraafplaats. Omdat die persoon vermoedde dat er geen familie bereikbaar was, had hij zich tot Peter gewend.

Nadat ik mijn vader had begraven en zijn grafsteen had geregeld, ben ik er nooit meer geweest. Een diepgewortelde angst voor zijn Almacht weerhield me daarvan, bang dat als ik aan zijn graf stond, zijn armen uit de grond zouden komen en hij mij met zijn handen erin zóu trekken.

Ik vertelde Sonja over het mailtje. 'Ik moet er maar even heen, vind je niet?'

'Wat jij wilt.'

'Ga je mee?'

'Nog steeds bang?'

'Ja.'

We stappen in haar auto en rijden naar de begraafplaats. Bij de bloemenstal koop ik twee boeketjes.

'Wat doe je nou?' vraagt ze ontzet.

'Je kunt toch niet naar een graf zonder bloemen,' antwoord ik en duw haar een boeket in de handen.

'Echt zonde van het geld,' zegt ze. 'Die geef ik wel aan mama.'

Samen lopen we naar de overkant, de begraafplaats op.

'Weet jij nog waar het is?' vraag ik haar.

'Nee, ik ben er na de begrafenis nooit meer geweest.'

'Ik ben er enkel nog geweest na het plaatsen van de steen, maar daarna ook niet meer. Ik zou het ook niet meer weten.'

Bij de ingang zit een man die volledig opgaat in het decor van de begraafplaats.

'Goedemorgen meneer, wij zijn op zoek naar een graf.'

'Wat is de naam van de overledene, mevrouw?' vraagt hij met serene stem.

'Holleeder,' zeg ik in afwachting van de gebruikelijke reactie, maar die blijft uit. Deze man maakt geen onderscheid tussen de doden. Zijn bewegingen passen bij de rust die de begraafplaats uitstraalt. In slow motion kiest hij positie achter zijn computer en slaat geluidloos het toetsenbord aan.

'Willem Frederik?'

'Dat klopt.'

Voorzichtig pakt hij een plattegrond. 'Dan moet u hier zijn. Vak 39, grafnummer 1166.' Met een pen omcirkelt hij het vak en schrijft het grafnummer erbij. 'U kunt het beste deze route volgen. Kunt u het niet vinden, dan komt u hier terug en dan gaat er iemand met u mee.'

'Dank u wel, meneer. We proberen het te vinden,' antwoord ik.

Met Sonja bestudeer ik de plattegrond. 'Deze kant op,' zegt ze. 'Wat gaan we hier eigenlijk doen?'

'Dat weet ik nog niet.'

'Je zou het graf toch laten ruimen? Dat hadden we toch met zijn allen besloten?'

Dat hadden we inderdaad ergens in 2014 besloten.

'Post,' zei Wim. 'Lag op de trap.' Hij duwde me een brief in mijn handen. 'Van een begraafplaats. Wat moet je daarmee?'

'Is van papa, toch. De rekening voor het onderhoud van het graf.'

'Betaal je dat nog steeds?'

'Ja, anders wordt het geruimd.'

'Je bent niet goed bij je hoofd. Laat ruimen, die kankerlijer.'

'Dat durf ik niet.'

'Hoezo niet?'

'Eerlijk?'

'Zeg nou maar!'

'Ik ben bang dat hij bij me komt spoken als ik hem uit zijn graf trek.'

'Je bent echt niet goed bij je hoofd! Gestoorde! Niet meer betalen en weg ermee. Zonde van het geld.'

'Maar Gerard gaat heel af en toe nog.'

'Dan moet Gerard het maar betalen.'

'Ik vraag het hem wel.'

De uitkomst was dat het na vijfentwintig jaar genoeg was geweest. Niemand ging er ooit heen.

'Zeg het maar op,' had ook Gerard ingestemd.

'Ja,' zeg ik tegen Sonja. 'Ik had Francis gevraagd het op te zeggen, maar kennelijk is dat niet goed doorgekomen.'

We lopen langs de graven. Op de grafstenen staan de meest

hartverscheurende odes van dierbaren aan hun overledene. De ene inscriptie nog warmer en intenser dan de andere.

'Hoe moet je nou weten welk nummer het is?' vraagt Sonja.

Ik onderzoek een graf, en veeg met mijn voet wat aarde weg.

'Hier staat een nummer. En daar, bij de volgende, ook. Er zit een systeem in. Linksonder op de graven staan de nummers gegraveerd.'

Ik vind nummer 884.

'Dan is deze rij waarschijnlijk de negenhonderdnummers,' zeg ik en loop een rij verder. Ik loop door langs de duizendnummers naar nummer 1101. Ik volg de graven, maar het eindigt bij 1128.

'Hoe kan dat nou? Waar is 1166 dan?' vraag ik.

Sonja en ik verspreiden ons, maar nergens vinden we 1166.

'Misschien is het toch al geruimd?' vraagt ze.

'Nee, dat kan niet. Het berichtje was van gisteren.'

Ik loop om het vak heen een klein paadje in. 'Hier zijn de nummers 1200!' roep ik naar Sonja. 'Het moet hier ergens zijn.'

Ik graaf in mijn geheugen en probeer me te herinneren hoe de grafsteen er ook alweer uitzag die ik voor hem had uitgekozen.

Eenvoudig en grijs, kil, zoals hij was.

Ik weigerde hem postuum op te hemelen. Hij kreeg van mij de steen die hij verdiende. Omdat Gerard de steen toch wel heel sober vond, had ik er door de steenhouwer een klein, wit marmer duifje op laten zetten. Het had van ons niet gehoeven, maar voor Gerard was het belangrijk.

Mijn vader noemde Gerard, als hij even nuchter was, 'mien jong'. Een soort liefkozing die de rest van ons nooit ten deel was gevallen. Hij sprak er zijn voorkeur mee uit, en plaatste Gerard daarmee in een bevoorrechte positie: hij kreeg minder slaag. Dat gevoel – dat hij speciaal was – had Gerards herinnering aan mijn vader wellicht enigszins positief gekleurd.

Het duifje lichtte de grijze steen nog een beetje op. Gerard had het bij een van zijn spaarzame bezoekjes op de grond gevonden: de lijm had losgelaten. We hebben het er niet meer op laten zetten. Te veel moeite. Dat herkenningspunt was dus verdwenen.

Ik las de namen op de graven en twee rijen verderop zag ik het:

HIER RUST

WILLEM FREDERIK HOLLEEDER

13-4-1927 – 30-5-1990

Meer dan dat stond er niet. Ik had destijds met de tekst geworsteld. Geen woord van liefde was passend. Zelfs een 'rust zacht' kon ik hem niet toewensen. Uit fatsoen liet ik er iets meer dan een feitelijke vaststelling in uithouwen. Iets meer dan alleen zijn naam, geboorte- en overlijdensdatum. Het werd 'Hier rust'. Puur uit fatsoen, niet omdat ik hem rust gunde. Hij had ons al die nachten wakker gehouden met zijn terreur, hij had ons zo getraumatiseerd dat rust vinden in onszelf onmogelijk was gemaakt.

'Hier is het, Son!' riep ik en liep op het graf toe.

Het was veel kleiner dan in mijn herinnering. Nietig, bijna. Net als hij, toen ik hem in zijn ziekenhuisbed zag liggen, kort voor zijn dood. Ik was niet bang, voelde geen angst voor de hand die mij zijn graf in kon trekken. Het grijs was minder kil dan ik dacht. De steen sober, maar niet onvriendelijk. Het graf lag er onverzorgd maar vredig bij. Het was een kalm tafereel, alsof hij daar, op dat kleine stukje grond, onder die berkenboom zijn rust had gevonden. Alleen, maar niet eenzaam. Blij met rust gelaten te worden, omdat hij nu eenmaal niet geschikt was voor een gezinsleven. Geen aandacht opeisend, omdat hij wist dat hij daar geen aanspraak op mocht maken. Dat ook niet wilde. Het klopte.

Op het graf lag een bordje. Ik schoof wat herfstbladeren opzij: 'De belanghebbende van dit graf wordt vriendelijk verzocht contact op te nemen met de administratie van de Nieuwe Ooster.'

'Ga je dat doen?' vraagt Sonja.

'Ja,' zeg ik. 'Ik ga zijn rust niet verstoren. Het is goed zo. Laat hem maar lekker liggen.'

Iris 16

'Ik ben bij mijn vader geweest.'

'Aan zijn graf? Toe maar. Hoe was dat?'

'Oké, gek genoeg.'

'Vertel.'

'Het lag er vredig bij. Alsof hij rust had gevonden. De dood heeft hem goed gedaan.'

'Ja, hoe dan?'

'Het heeft hem ervan weerhouden meer leed te veroorzaken. Dat kon hij niet uit zichzelf.'

'Dat denk ik ook.'

'Hij moet zich bewust zijn geweest van wat hij ons aandeed, want zijn vader had het hem ook aangedaan. Maar hij had het niet in zich zijn lot in eigen handen te nemen, daarvoor was hij te beperkt in zijn geest, of in zijn emotionele ontwikkeling. Hij kon niet anders dan zijn eigen vreselijke jeugd steeds op ons botvieren.'

'Dat kan heel goed.'

'Ik heb hem dat altijd verweten, omdat ik dacht dat hij daar genoegen in schepte. Maar door de rust die zijn graf uitstraalde, zie ik dat opeens anders. Door te herhalen wat hem zelf was aangedaan, herbeleefde hij keer op keer zijn eigen dramatische jeugd. Daar valt geen genoegen uit te halen. Dat is keer op keer geconfronteerd worden met je eigen leed. Het moet een kwelling zijn geweest, dat hij niet in staat bleek het anders te doen dan zijn vader. Dat hij de man was geworden die hij zelf zo haatte. Wetende dat zijn kinderen hem net zo haatten. De dood heeft gedaan waar hij zelf niet toe in staat was: hem een halt toeroepen. Dat moet een enorme bevrijding voor hem zijn geweest. En ik ben zo zweverig te denken dat ik dat heb gevoeld toen ik aan zijn graf stond.'

'Zie je de parallel?'

'Wim is de parallel. Hij moet ook gedwongen worden te stoppen.'

'Kun je je dan nu ook wat minder schuldig voelen?'

'Nee.'

Kleine rechercheur

Ik betrek een nieuwe locatie. Het appartement is mooi landelijk gelegen. Rondom is water, ik heb nog nooit zoveel natuur om me heen gehad. Ik ben van plan eens iets langer te blijven. Ik voel me er heerlijk op mijn gemak.

Mijn moeder belt. 'En? Geen muizen?'

Nee, dit keer is er geen muis te bekennen, maar spinnen des te meer. Ze zouden territoriaal moeten zijn, maar aan de hoeveelheden te zien hebben ze kennelijk niet veel ruimte nodig. Ik heb ze in alle soorten en maten: grote zwarte, bruin gevlekte, grijze dikkerds. Ze komen door ieder kiertje en gaatje mijn appartement binnen. Tientallen bevolken er dagelijks de muren en het plafond. Ik vang ze met een speciale spinnenvanger, doodmaken kan ik ze niet en is bovendien verboden want ze zijn een beschermde diersoort.

Buiten en binnen weven ze spinnenwebben dat het een lieve lust is. Als ik een web weghaal, zit er binnen een uur weer een. De webben buiten hebben een enorme aantrekkingskracht op alles wat insect is, maar vooral op kleine groene vliegjes die ongelofelijk stinken.

De spinnenbestrijder komt me redden. De spinnen pakken hun koffertje en vertrekken. De stinkvliegjes gaan erachteraan.

‘Ik ga je ophangen, mam, ik ga even sporten.’

‘O, wat lekker. Heb je een sportschool waar je nu zit?

‘Ja, zoiets.’

Ik stop mijn telefoon in mijn zak en neem de lift naar de zesde verdieping. Daar neem ik de brandtrap naar de twaalfde verdieping. Loop naar beneden naar de zevende, weer omhoog naar de twaalfde, dan weer naar beneden naar de achtste en met een laatste krachtinspanning naar de twaalfde, waar zich mijn appartement bevindt. Ik ben nu ruim een week bezig, en mijn doel is drie keer achter elkaar van de begane grond naar de twaalfde verdieping te kunnen lopen.

Als ik een beetje op adem ben gekomen, gaat de bel. Ik kijk op de camera en zie een grote witte vlek. Shit, ik heb geen beeld. Hoe kan dat? Is ie gewoon stuk of gesaboteerd? Hoe dan ook, ik kan niet zien wie er voor de deur staat. Ik ben nieuwsgierig, en het is fatsoenlijk om open te doen, maar ik ben ook bang dat ik oog in oog kom te staan met iemand met verkeerde bedoelingen. Ik moet dan altijd even terug naar de basis. Ik weet: ik mag nooit opendoen als ik niet weet wie het is. De rest van de avond blijf ik me afvragen wie er nou om zeven uur ’s avonds voor de deur stond. Dat kunnen geen werklui zijn geweest, want die zijn dan al naar huis. Misschien was het een pakketje voor de buren?

De volgende ochtend sta ik in de lift en stapt het buurjongetje van een verdieping lager met zijn moeder in. Er is elf verdiepingen de tijd om een praatje te maken, en dat doet hij altijd. In het begin probeerde ik het nog wel te ontwijken, maar bij deze kleine rechercheur in de dop is dat verspilde moeite.

‘Je was er niet,’ zegt hij streng.

'Waar was ik niet?'

'In jouw huis.'

Hij stond dus bij me aan de deur.

'Heb jij geen snoepjes?' ondervraagt hij me verder.

'Jazeker wel.'

'Waarom heb jij dan niet opengedaan?'

'Omdat... ik de bel niet gehoord heb,' verzin ik snel.

Hij kijkt me onderzoekend aan. Ondertussen bereiken we de begane grond en gaan de liftdeuren open. Hij loopt achter zijn moeder aan, maar voordat hij de lift uit is, draait hij zich naar me om. 'Ik geloof jou niet,' zegt hij.

Ik ben keihard betrapt, en voel dat ik een rood hoofd krijg.

'Jij hebt gewoon geen snoep.'

Door deze onverwachte confrontatie vergeet ik de lift uit te stappen, sluiten de deuren zich en ben ik alweer op weg naar boven. Op de vijfde gaat de liftdeur open. Een oudere dame stapt in.

'Wat een drukte gisterenavond, hè?' zegt ze lachend. 'Kilo's snoep had ik ingeslagen. Maar ik geef het niet zomaar. Eerst zingen!'

'Ja, enig hè!' zeg ik. Want dan begint het me te dagen. Aanbellen, kinderen, snoep, zingen. Het was gisteren Sint-Maarten!

Beneden aangekomen, ga ik weer naar boven met de lift. Ik loop mijn huis in, naar de keuken. Gooi een emmertje snoeptomaatjes voor de helft leeg in een schaaltje en vul het aan met doosjes Smarties, rolletjes Mentos Fruit en spekjes.

Ik zet het bij de kleine rechercheur in de dop voor de deur.

Zusjes

We bezoeken onze best beveiligde – en dus favoriete – indoor locatie en we bestellen Coffee To Go bij het heerlijke koffietentje dat er zit.

'Zijn jullie zusjes?' vraagt de barrista die al voor de tweede keer deze week mij een cappuccino en Sonja een latte met extra warme melk inschenkt.

'Nee!' zeg ik enigszins geschrokken en voel me ontmaskerd. 'Hoezo? Vind je dat we op elkaar lijken?'

'Nou... de ogen?' zegt hij ineens vertwijfeld.

Sonja en ik beginnen hard te lachen.

'Nou, nee hoor,' haakt Sonja erop in. 'Die van mij zijn twee keer zo groot. We zijn vriendinnen. Maar leuk dat je het zegt.'

'Ja,' zeg ik. 'Ik heb altijd al een zus willen hebben. Ik ben enig kind. Heb ik altijd al vreselijk gevonden.'

De barrista lacht mee. Hoe had hij nou kunnen denken dat wij zusjes waren?

We groeten hem vriendelijk, lopen richting de uitgang van het winkelcentrum, stappen in de auto en rijden weg.

We komen hier te vaak. Dit hadden we kunnen weten. Ik herken het winkelpersoneel. En als ik hen herken, herkennen zij ons ook. Het is gemakzucht. Niet te ver weg en alles bij de hand. Je kunt er wandelen, wat drinken, boodschappen halen, het is alles ineen.

'Ik denk dat het tijd wordt ons wandelgebied, in ieder geval voorlopig, even te verplaatsen.'

'Waarheen dan?'

We rijden over de snelweg, als een groot blauw gebouw opdoemt. 'Ik dacht daarheen.'

'Waar?'

Ik wijs naar een IKEA-vestiging aan de andere kant van de weg.

'Twee parkeerdekken, meer dan voldoende parkeerplaatsen en verschillende ingangen. Eenmaal binnen is het er altijd druk. Prima plek. Daar kunnen we vast wel wat kilometers afleggen.'

'Je hebt er in ieder geval koffie.'

'Stappenteller aan?' vraag ik Sonja.

'Ja.'

'Oké, daar gaan we.'

We volgen de pijlen die ons door de IKEA leiden, naar de uitgang. Daar aangekomen kijken we allebei op onze stappenteller.

'Dat ziet er goed uit,' zeg ik. 'Nog een rondje ingang-uitgang?'

Iris 17

'Ik denk dat ik weet waarom ik zo'n moeite heb met Son.'

'Wat dan?'

'Zij probeert mij in een relatie te dwingen zoals ze die met mijn moeder heeft.'

'Ik denk dat je dat goed ziet.'

'Ja, en daar krijg ik de kriebels van. Dat is mijn vervelende gevoel in het contact. Ik vind het vreselijk dat ze me het gevoel geeft dat ze geen dag zonder me kan.'

'Het is voor haar normaal altijd samen te zijn met iemand. Ze wil helemaal niet zelfstandig zijn. Ze wil het liefst in jou opgaan, zoals ze dat altijd met haar moeder heeft gedaan. Maar jij wil onafhankelijk zijn, en een relatie hebben tussen twee zelfstandige mensen. Dat is onverenigbaar met de wens van Son. En dat wringt. Zij blijft hangen in haar oude gedrag en dat is voor jou beklemmend.'

'Dat klopt. Ik voel me niet vrij bij haar.'

'Ja. Maar jij hebt onbewust toch moeite die afhankelijkheid van Sonja te weerstaan. Jij wil onbewust misschien ook wel wat je moeder en je zusje hadden: gezellig de hele dag samen, iemand die je de hele dag beschermt.'

'Ik kan me herinneren dat ik het weleens moeilijk had wanneer ik examen moest doen en mijn moeder op het laatste moment niet op Mil kon passen, omdat Sonja weer eens ziek was. Binnen het gezin was het vanzelfsprekend dat mijn moeder altijd met Sonja samen was, en alles voor haar deed.'

'Maar het is een afhankelijkheidsrelatie gebaseerd op angst. Eerst op de angst voor de vader, later op de angst van Sonja alleen te zijn en flauw te vallen. En dat is het contact voor Sonja nog steeds. De angst alleen te zijn en wat haar dan kan overkomen. Het is weer een kindgevoel. En dat is niet de juiste basis om je tot een volwassen vrouw te ontwikkelen.'

'Dan heb ik achteraf toch liever de rol die ik binnen het gezin toebedeeld heb gekregen.'

'Dat betekent niet dat je ergens diep in jou toch het kinderlijk verlangen hebt naar een twee-eenheid, zoals jouw zusje die met je moeder had.'

'Ik denk niet dat dat is wat ik wil. Als ik bij mijn moeder ben, voel ik vaak spanning. Ik heb soms moeite om een leuke relatie met haar te hebben. En daar baal ik van, want ik wil graag een goede dochter voor haar zijn, omdat ze dat verdient.'

'Je verwacht nog zoveel van je moeder.'

'Helemaal niet.'

'Ik denk het toch wel.'

'Hoezo dan?'

'Je zegt: "Ik wil graag een goede dochter voor haar zijn, omdat ze dat verdient".'

'Ja.'

'Ik denk dat je hoopt dat zij een goede moeder is voor jou, althans, de moeder die jij wilt dat zij is. Iedere keer ga je erheen. En steeds word je teleurgesteld.'

'Dit voelt niet lekker hoor, wat je nu zegt.'

'Ik ga nog even verder. Die teleurstelling maakt je boos. Dat geeft je een schuldgevoel, en daarom ga je weer naar haar toe, om je van je schuldgevoel te bevrijden. Maar jouw verwachting zit er nog en je wordt weer teleurgesteld. Dus ga je weer. Als je minder verwacht, word je niet teleurgesteld en voel je je niet zo schuldig.'

'Verwacht ik van mijn moeder wat zij Sonja wel en mij niet heeft gegeven?'

'Misschien niet heeft kúnnen geven?'

'Misschien.'

'Maar ze heeft gedaan wat ze kon, toch?'

'Ja, zeker.'

'Laat dat genoeg zijn dan.'

'Met andere woorden: word eens volwassen?'

'Je zult je beter voelen.'

'Mmm.'

'Maar terug naar Sonja. Zij wil eenzelfde contact met jou als ze met haar moeder heeft. Sonja vraagt daarom, en dat maakt het voor jou moeilijk zelfstandig te blijven in het contact met haar.'

'Het probleem ligt dus eigenlijk bij mij.'

'Ja.'

'Het is ook iets wat ik alleen met haar heb. Met niemand anders. Ook met mijn moeder niet.'

'Sonja maakt dat in mensen los. Een beetje wat een puppy losmaakt in mensen. Mensen willen zorgen, dat is een stofje dat je aanmaakt in je hersenen dat je een heel goed gevoel geeft. Daar appelleert zij aan, en dat is moeilijk te weerstaan. Voel maar eens het verschil in het contact met je dochter en kleinkinderen en het contact met Son.'

'Mijn contact met Miljuschka en de kleinkinderen is totaal anders. Vrijer. Maar ik heb ook heel bewust zelfstandigheid bij Mil nagestreefd. Al heeft me dat wel moeite gekost. Ik heb mezelf ervoor behoed een ongezonde twee-eenheid met haar te vormen, door buiten de deur te werken. Als ik net als Son en mijn moeder thuis was gaan zitten, had ik me ook volledig op Mil kunnen fixeren, want ik heb wel dezelfde neiging.

Ik vond alles wat zij buiten mijn zicht deed doodeng, maar ik heb het haar wel laten doen, al was het wel altijd gecontroleerd. Mil heeft eigenlijk nooit buiten gespeeld, zoals ik vroeger deed. Tot laat buiten voetballen, spelletjes doen: het gebeurde niet. Ik was er altijd bij als ze naar een speeltuin ging. Deed haar op clubjes en buitenschoolse activiteiten, omdat dat veilig was ingekaderd. Had altijd zicht op haar, of liet een ander dat doen.

Ze heeft tot het eind van de lagere school een oppas gehad die haar van school haalde, omdat ik haar de Wibautstraat – het enige stukje snelweg dat door Amsterdam loopt – niet durfde te laten oversteken. Met de oppas had ze een heel ander contact, het gaf haar ook een gevoel van vrijheid. Met pijn in mijn buik liet ik haar op haar dertiende voor het eerst naar zeilkamp gaan, omdat ik wist dat het belangrijk voor haar ontwikkeling was om zich los te maken van mij, maar ik deed het wel met angst en beven.

In het begin reed ik elke dag naar Kagereiland, om te kijken of alles goed ging. Herinnerde ik – heel terloops – de leraren aan hun verantwoordelijkheid mijn kind niet te laten verzuipen. In latere jaren beperkte ik me tot iedere dag bellen. Doodeng vond ik het allemaal, maar ik heb geprobeerd mijn angst niet in de weg te laten staan van haar ontwikkeling. Ik heb haar zo veel mogelijk losgelaten, maar ik heb me daar altijd toe moeten zetten, het zat er bij mij niet van nature in.'

'Je zegt het goed. Je moet loslaten. Je moet Son ook loslaten. Dan krijgt zij de boodschap dat het geen zin heeft te proberen een twee-eenheid met jou te vormen.'

'Ja, dat is beter voor ons allebei. Dat kan ook, nu ik weet welke dynamiek er tussen ons bestaat. Ik weet hoe ik haar van mezelf moet afgrenzen en dat ze daar niet dood aan zal gaan. Ze zal niet stikken als ik niet over haar rug wrijf.'

'Zeker niet. Son redt zichzelf prima.'

'Dat weet ik ook, want zodra ik er niet ben, vult ze het gat met een ander.'

'Daar voelt zij zich goed bij.'

'Ik begrijp nu ook waarom het altijd zo moeizaam gaat als ik met Son en mijn moeder samen ben. Als ik met een van hen ben, is het supergezellig, maar zijn we met zijn drieën dan loopt het vaak stroef, dan ben ik de wig tussen hen. Ik dacht altijd dat het aan mij lag, omdat ik nu eenmaal altijd als raar ben getypeerd binnen het gezin. Maar zij kunnen er niet mee omgaan.

Dit is wel een belangrijke stap voor mij. Het maakt de verhoudingen duidelijk. Het is mij nu ook helder dat Son het ook bij Fran probeert. Als ik vroeger vroeg: "Mag Fran mee naar de grotten van Nerja?" dan zei zij: "O nee, levensgevaarlijk, zo onder de grond." Dan was ze bang dat de grotten in zouden storten. Ze zou weglopen en in een afgrond vallen. Ze vond altijd wel een argument. En dan deed mijn moeder ook altijd nog even een duit in het zakje. Zij vond het ook eng. Eindstand: Fran mocht niet mee. Ze moest thuis blijven, vastgeketend aan de angst van haar moeder om haar los te laten.'

‘Ze zijn het allebei gewend om op die manier moederdochterrelaties vorm te geven. Dat blijven ze proberen.’

‘Hoe zie je dat bij Wim?’

‘Niet. Zo’n twee-eenheid vormen is vrijwillig, omdat je ook liefde voelt. Je verwacht koestering en liefde. En die liefde kan verpletterend zijn, je wordt bij wijze van spreken doodgeknuffeld door de liefde van de ander, maar het is wel liefde. Als ik jou goed begrijp is er bij je broer geen sprake van liefde voor jullie.’

‘Het is wel frappant dat de twee vrouwen in Wims leven, de vrouwen bij wie hij een kind heeft, ook een twee-eenheid vormden met hun moeder. Die moeders waren constant in zijn relatie aanwezig. Ik dacht altijd: het is gewoon makkelijk voor hem. Die vrouwen hadden altijd gezelschap van hun moeder, dus daar hoefde hij niet de hele dag bij te zijn.’

‘Dat zal hij zo gedacht kunnen hebben, maar het was tegelijkertijd een voortzetting van een gezinsleven zoals hij het gewend was.’

‘Dat denk ik ook.’

‘Morgen, zie je ertegenop?’

‘Ik ben er de hele tijd mee bezig.’

‘Dan ben je eigenlijk weer gegijzeld.’

‘Eigenlijk wel. Ik hoop niet dat ik morgen weer dat kleine zusje ben.’

‘Morgen ben je volwassen. Geharnast.’

Schaken

Ik ben om halfvijf wakker. Douchen, aankleden, brood maken. Vanaf tien voor negen komt hetzelfde ritueel op gang: met beveiligd vervoer naar de Bunker, mijn advocaat daar treffen, samen naar boven naar de box. Het is maar één trap omhoog, maar door de spanning zit mijn adem zo hoog dat ik hijg als een oud paard. Ik richt de wieltjes van mijn stoel op de zwarte stukjes tape op de grond. Mijn mond is zo droog dat mijn tong aan mijn verhemelte plakt en praten lastig maakt. Ik drink continu water. Warm water. Ik probeer te kalmeren, maar ik word niet rustiger. Dat komt wel als we eenmaal beginnen.

'Mevrouw Holleeder, ik wijs u erop dat u nog steeds onder het verband van de belofte staat die u heeft afgelegd.'

***

Op de terugweg gaan de blauwe lampen op het dak. Met loeiende sirenes gaan we overal voorbij. Dat gaat lekker vlot. Terug naar de locatie waar ik ben opgepikt. Vandaaruit ga ik naar mijn moeder.

'En, hoe was het?' vraagt ze.

'Volgens hem speel ik spelletjes.'

'Ziet hij het als een spelletje dan?'

'Ik weet het niet, maar hij maakt een verhaal over mij dat eigenlijk over hem gaat, zoals hij het zelf zou doen en ook deed. Hij denkt oprecht dat iedereen is zoals hij. Een schaker.'

APRIL 2013

Ik zie Wim toevallig op het Gelderlandplein.

'Ik moet de vijfentwintigste op het bureau komen voor verhoor,' zegt hij.

Hij is kort geleden aangehouden met drieduizend euro op zak. Die moest hij inleveren. Justitie heeft namelijk nog geld van hem te goed. Naast de gevangenisstraf die hem was opgelegd moet hij het geld, ongeveer zeventien miljoen die hij van vastgoedbaronnen had afgeperst, aan de staat terugbetalen. Hij mag niet alsnog van zijn misdrijf profiteren.

Kan hij niet aantonen hoe en door wie de scooter waar hij op rijdt is betaald, dan wordt die in beslag genomen. Heeft hij geld op zak, zonder dat hij kan aantonen dat hij een legaal inkomen heeft, dan moet hij dat afgeven. Dat is het nadeel van ondergrondse rijkdom: het is een contante rijkdom waar niet eens de huur, de wegenbelasting, de verzekeringen of gas en licht mee kan worden betaald, omdat dat tegenwoordig allemaal via de bank moet. Hij kan zijn geld in de bovenwereld alleen via stromannen uitgeven, zij betalen via de bank voor hem, het geld heeft dan een legale herkomst en hij betaalt het onder de tafel weer aan ze terug.

Over zijn bezit van die drieduizend euro wordt hij nog verhoord. Zijn inzet van het verhoor is te voorkomen dat Justitie kan aantonen dat die drieduizend euro zijn illegale geld is, want dan maakt hij zich schuldig aan witwassen.

W: 'Ben nou een uitkering aan het aanvragen.'

Wim wil helemaal geen uitkering, hij wil een alibi om van zijn illegale geld te kunnen leven.

W: 'Kijk, ik moet het vragen, want als ik het niet vraag dan zeggen ze: "Maar waarom heb je dan geen uitkering gehaald?" En nou kan ik dan zeggen: "Ja, dat is ook geweigerd, hè. Alles wordt geweigerd, hè." Dus ja, ik moet wel geld lenen, hoe moet ik anders leven dan? Ik wil geen misdaad plegen, dus ja, dan leen ik maar geld. En dan gaan ze zeggen: "Maar hoe wil je dat dan ooit terugbetalen, dan?" Nou, dan ga ik een boek schrijven, hè? Dat zal best wel verkocht worden.'

A: 'Ja, dat zou het mooiste zijn, als je dat alvast kon verkopen.'

W: 'Ik ga het helemaal niet verkopen. Ik ga geen boek schrijven, ik laat me niet in een situatie dwingen, As. Zo werkt het systeem, ze dwingen je heel langzaam in een situatie. Als je gewoon vasthoudt aan je eigen verhaal, dan houdt het op. Die drieduizend euro zeg ik gewoon: "Dat heb ik geleend". En ja, waar leef je van, van geld wat ik leen. Kijk As, het is heel simpel. Ik heb geld verdiend [column *Nieuwe Revu*, AH] en dat krijg ik niet, ik heb geprobeerd een uitkering te krijgen, als ik die niet krijg, krijg ik die ook niet, nou, ha, wat moet ik dan? Ik kan niets anders als geld lenen, hè? Geld lenen is niet strafbaar... en dat ik niet zeg van wie is gewoon heel simpel verklaarbaar. Die mensen krijgen gezeur en komen in de media terecht, dat wordt een drama en aan het eind van de rit kan ik ook nog eens geen geld meer lenen.'

Die drieduizend euro die hij bij zich had was geen illegaal

geld. Nee, dat had hij geleend. Dat moest hij wel, want hij krijgt geen uitkering en al het geld wat hij verdient moet hij afstaan aan Justitie. Hij moet dus wel geld lenen om van te leven. Maar hij gaat natuurlijk niet zeggen van wie, want dan willen die mensen niet meer aan hem lenen. En zo is de redenering rond en sluitend.

Eerlijk is eerlijk: hij heeft het weer briljant uitgedacht.

Wim belt met journalist/schrijver HJK (een monoloog):

'Ik heb van mijn advocaat begrepen. Die had ik net even aan de lijn. Dat boek is nog niet compleet.

Wat komt er nu nog dan?

Kijk. Van wie dan?

Ja, dat begrijp ik wel. Wat komt erbij dan. Want hij zegt dat bepaalde stukken niet kloppen. Dan kan ik tegen hem zeggen hoe het zit.

Ja, je kan toch zeggen wie erbij komt?

Ja.

Wie?

Welke naam? Zeg even die naam. Zeg even gewoon die naam. Laten we even maar gewoon open spelen. Doe niet zo moeilijk, jongen.

Hoe heet die?

Wie is dat dan?

Oké. Op die manier.

Ja.

Nee. Ik ben even bij mijn advocaat. Ik weet dat dus niet. Dus ik ga…

Ja.

Maar, kijk. Wij hebben een afspraak. Maar wat ga jij over mij schrijven als ik vragen mag.

Maar wat schrijf jij over mij? Is het belastend of vervelend? Wat ga je doen?

Ja, ja.

Ja.

Oké.

Dus je gaat niet belast –

Want, want. Wanneer, wanneer.

Nee, kijk. Wat die mensen allemaal over mij zeggen. Dat heeft allemaal geen zin, natuurlijk. Dus dat ga je niet doen. Oké. Enneh. Nu zijn er wel andere mensen bijvoorbeeld die wat over mij zeggen die... Laat ik het zo zeggen. Zeg jij vervelend over mij of niet?

Maar ga jij. Luister. Schrijf jij vervelend over mij of niet.

Niet.

Ja.

Maar je gaat niet klakkeloos overnemen wat mensen zeggen en dan conclusies trekken en noem maar wat op. Nee.

Oké. Want ik hoop wel dat wij geen ruzie erom gaan krijgen. Begrijp je wat ik bedoel?

Ja, daarom. Oké.

Dus er staat niets belastends over mij in.

Als je dat respecteert en je schrijft niks vervelends over mij. Dan hoop ik dat het morgen er is. Ja, en maar de rest het aanvullende want dan kan ik één keer lezen...

Ik weet namelijk niet wat die mensen verder gaan zeggen.

Doe mij één plezier. Wanneer heb je het? Morgen vroeg. Oké. En wanneer komt het boek uit? 9 november, oké.

Dus dan als ik het gelezen heb, dan kunnen we even dingen bespreken.

Nou. Als het morgenochtend vroeg is, dan ga ik proberen te reageren voor woensdag. Ja?

Oké, jongen.

Doei.'

Wim hangt de journalist/schrijver op en doet verslag van het gesprek tegenover Stijn en mij.

WH: 'Hij zegt dat hij niks vervelends gaat schrijven en dat ie absoluut geen ruzie wil maar eh...'

Stijn: 'We kijken wel even morgen wat er nog meer komt.'

WH: 'Zo te horen gaat ie echt niet vervelend schrijven, hoor.'

Stijn: 'Je toon liet niets aan duidelijkheid te wensen over, zullen we maar zeggen.'

3 FEBRUARI 2012

Sandra doet de deur open. Aan haar blik zie ik dat er wat aan de hand is. Wim loopt tierend en vloekend door de huiskamer. Zodra hij me ziet richt hij het woord tot mij.

'Ze hebben geprobeerd me om te leggen!' schreeuwt hij. 'Gewoon hier voor de deur, As. Die teringlijers.'

'O, echt?'

'Kom hier, kijk.'

Sandra's huis was op initiatief van Wim buiten voorzien van camera's. Alles stond in het teken van zijn veiligheid. De beelden waren binnen te zien, op een televisie in de keuken. Voordat hij naar buiten ging, keek hij of er niets verdachts te zien was in de straat.

Achter haar huis huurde Sandra een garagebox, daarin stond zijn scooter. Zijn scooter of auto stonden nooit aan de straat geparkeerd. Dan ziet iedereen waar je bent, ze kunnen er een tracker onder stoppen of erger: een bom. Om bij die garagebox te komen, moest hij om het huizenblok heen naar de straat erachter lopen. Dat deed hij niet. Dat was te gevaarlijk. Daar kon iedereen hem opwachten.

'Pak mijn scooter effe,' gebood hij Sandra.

Vandaag was niet anders geweest. Sandra pakte de scooter en zette hem voor de deur neer. Meestal met draaiende motor, zodat hij gelijk weg kon rijden.

'Ik deed de deur open en die gozer kwam recht op me aflopen. Ik scheurde gelijk weg. Ik zweer het je, het scheelde een paar seconden of ik was er niet meer geweest,' riep hij, duidelijk in paniek.

'Hier, kijk dan!' Hij nam me mee naar de televisie in de keuken. Hij spoelde de opnames terug en liet ze zien. 'Kijk, zie je dat? Zie je die gozer daar? Dat is hem! Zie je hem lopen?'

'Ja, ik zie het.'

'Dat is er gewoon één. Kijk, hij heeft een pruik op.'

Op de beelden zie ik een man met lang, vol zwart krullend haar.

'Zie je die rugzak? Kijk goed. Je ziet het wapen zo zitten. Kijk dan.'

'Zou kunnen, inderdaad.'

'Zou kunnen? Ben je blind! Dat zie je toch zo, imbeciel. Daar zit een automatisch wapen in. Het is dat ik zo snel weg was, anders was het gebeurd.'

'En nu?'

'Ik ga nu naar Stijn. Die moet de beelden ook zien. En dan ga ik kijken wat ik ga doen. Maar ik ga hier voorlopige effe niet slapen.'

Iedereen bracht hij in rep en roer. Hij wist wie er verantwoordelijk voor was. Hij was heel overtuigend. Om te zorgen dat die personen uitgeschakeld werden, moest ik wat voor hem doen: bellen naar Meld Misdaad Anoniem. Hij wilde niet dat ze zijn stem op de band zouden krijgen.

Maar eerst moest ik schone toestellen halen. Ik ging een telefoontje plegen waarvan ik niet als gebruiker mocht worden geïdentificeerd. De inhoud van het bericht was zo beladen, en betrof zulke grote spelers, dat er vast een onderzoek kwam naar de melder, ook al zei men dat het melden anoniem was.

We spraken af in het Amsterdamse Bos, op een locatie waar geen camera's hingen, zodat bij politieonderzoek naar de herkomst van het telefoontje geen relatie tussen de peilgegevens en camerabeelden kon worden gelegd. Zo deden wij dat binnen onze familie.

'Heb je een toestel?' vroeg hij.

'Ja, drie voor de zekerheid, met drie verschillende providers voor het geval er een geen bereik heeft in dat bos.'

Zo kende hij mij weer: hij kon mij altijd om een boodschap sturen, ik was altijd goed voorbereid. Dat had ik door de jaren heen wel geleerd, want ik wist hoe hij uit zijn dak kon gaan als hij van plan was iets uit te voeren en het niet lukte. Dan was zijn agressie niet van de lucht, en was het altijd de schuld van de ander.

'Wat moet ik zeggen als ik bel?' vroeg ik.

'Je moet zeggen dat er geprobeerd is om Willem Holleeder

te liquideren. Dat D.S. de opdrachtgever is, en dat D.V. en D.K. de uitvoerders zijn.'

'Oké,' zei ik.

Ik belde. Er werd opgenomen en ik gaf met een vervormde stem de boodschap door. Degene aan de andere kant van de lijn begon allerlei vragen te stellen. Dat had ik niet verwacht. Ik schrok ervan, ik wilde alleen maar doorgeven wat hij me had gedicteerd, dus hing ik op.

'Gelukt?' vroeg hij.

Ik had eerlijk gezegd geen idee, maar knikte van wel.

'Mooi,' zei hij, 'hebbe hun ook wat.'

Ik keek hem verbaasd aan.

Er was geen poging hem uit de weg te ruimen, hij probeerde op deze manier zijn tegenstanders op te ruimen.

Iris 18

'Hoe is het gegaan?' vraagt Iris.

'Beter. Ik heb maar één keer gescholden.'

'O? Wat dan?'

'Dat herhaal ik liever niet. Het was niet fraai, maar het floepte er zo uit.'

'Hmm. Op wie heb je gescholden dan?'

'Op de vrouw die Francis had verraden. Zij heeft Wim verteld dat Francis tegen haar had gezegd "dat Wim haar vader had gedaan". Dat maakte me weer zo kwaad.'

'Was zij in de rechtszaal?'

'Nee, ze is op een ander moment gehoord als getuige. De advocaat las voor uit haar verklaring, en stelde me vragen over wat zij had gezegd.'

'Je kent haar?'

'Ja, zij is een van Wims vrouwen. Ze was getrouwd met een rijke man en kreeg bij de scheiding een aantal miljoenen. Wim was geïnteresseerd in dat geld, en in haar appartement met inpandige garage. Dat was ideaal voor hem. Veilig. Dan kon hij in huis parkeren, en hoefde hij niet over straat. Wij moesten zorgen dat ze er niet achter kwam dat Wim nog meer vrouwen had, anders raakte dat zijn financiële belang.

Son, Fran en mijn moeder moesten het contact met haar onderhouden. Ik deed dat niet, ik kon dat niet opbrengen, maar ik vertelde haar ook niet dat zij enkel gebruikt werd, want dat zou Wim me niet in dank afnemen. Zij was een bron van wit geld voor hem. Dus ik was net zo oneerlijk als de rest, ik was alleen niet inzetbaar als gezelschapsdame. Dat was me net te veel. Maar toen ik wist dat Wim bezig was haar geld af te pakken door haar zogenaamd bij Endstra te laten investeren, ben ik wel voor haar opgekomen.

Zij was een alleenstaande moeder met een dochter, en ik zag al voor me dat ze berooid achterbleef. Ik heb haar toen gewaarschuwd haar geld niet af te geven, want dan zou ze alles kwijt zijn. Ik had al gezien hoe Wim dat deed met Sons geld, en geld van boeven die bij Endstra hadden geïnvesteerd. Als Wim erachter was gekomen dat ik ervoor gezorgd had dat zijn plannen met haar niet doorgingen, had hij me gekeeld. Dus ik deed dat met groot gevaar, gewoon omdat ik medelijden met haar had.

En wat doet zij? Zij verraadt Francis, mijn nichtje, terwijl ze dondersgoed weet hoe gevaarlijk Wim is. Toen die advocaat over haar begon, kwam dat allemaal weer naar boven, raakte ik helemaal opgefokt door de stroom aan gedachten die in me loskwam, en schoot ik weer in de vechthouding.'

'Maar wat is nou de emotie waardoor je weer in die vechthouding komt?'

'Het is een mix aan emoties. De drang Francis te beschermen. Boosheid, omdat ze Fran heeft verraden. Boosheid, omdat ze mijn loyaliteit aan haar niet beantwoordde met loyaliteit aan ons. Maar ook medelijden, omdat ze zo onder haar relatie met Wim heeft geleden. Al die emoties pruttelen, en op een gegeven moment ben ik dan weer ongenuanceerd. Boos op haar, op mezelf.'

'Op Wim?'

'Nee, wel schaamte omdat we Wim zo lang uit de wind hebben gehouden, dat ik me in heb laten zetten bij het spelen met andermans gevoelens.'

'Omdat daar nu geen noodzaak meer toe is, krijg je voor die gevoelens de ruimte.'

'Het proces is een spiegel. Ik praat over hem, maar zeg tegelijkertijd veel over mezelf. Als ik zie hoe ik me door angst heb laten leiden, door een verkeerd soort solidariteit, een niet-bestaande loyaliteit. Maar voornamelijk door liefde. Het is pijnlijk om te zien hoe vanzelfsprekend ik het vond om alles op zijn manier te doen. Hoe ver ik daarin ben gegaan.'

Stilte.

'Je hebt het zelf gezegd, Iris. Alle gezinsleden hebben in stand gehouden dat hij net zoals mijn vader kon zijn.'

'Maar hij is veel verder gegaan dan jouw vader. Hij heeft jullie meegesleurd in zijn leven. Door de Heineken-ontvoering en alles wat hij daarvoor en daarna heeft gedaan. Dat soort dingen deed jouw vader niet.'

'Nee.'

'Hij heeft je je werk afgenomen. Jij leeft nu zo door hem! Sta je nooit stil bij wat hij zijn familie aandoet?'

'Nee, alleen bij wat ik hem aandoe.'

'Ben je niet boos op Wim?'

'Nee.'

'Ik denk ook dat jullie het altijd heel griezelig hebben gevonden om oprecht woedend te zijn over de tragedie die hij in de familie heeft gebracht. Boos zijn op iemand voor wie je bang bent is een heel conflictvol gevoel. Je kunt er geen kant mee op.'

‘Ik kan echt niet boos zijn op hem. Kon ik dat maar.’

‘Hoe kun je dat nou zeggen? Natuurlijk ben je razend. Hij heeft jouw leven verwoest.’

‘Die gedachte laat ik niet toe. Als ik die gedachte toelaat, moet ik toegeven dat het zo is.’

‘Als je die gedachte toelaat word je misschien wel boos. Terecht boos. In plaats van boos voel jij je schuldig. Jouw schuldgevoel maakt dat je niet ziet hoezeer hij jouw leven heeft verwoest.’

‘Ik wil dat niet zien.’

‘Je wil het een ander niet gunnen dat hij je leven heeft verwoest, want dan voel je je zo klein, zo verpulverd. Als jij boos zou zijn, geef je toe dat je slachtoffer bent.’

‘Dat zal ik nooit toegeven. Ik voel me liever schuldig met de illusie dat mijn leven nog intact is, dan dat ik de verwoesting die hij heeft aangericht onder ogen moet komen. Niet alleen in mijn leven, maar in dat van mijn hele familie.’

‘Jouw schuldgevoel is een manier om controle over je leven te houden. Door je schuldig te voelen over het verraad is hij slachtoffer van jou en dat heb je liever dan dat jij zijn slachtoffer bent.’

‘Ja, ik draai het liever om.’

‘Maar wat je dan doet is verdringen. En je weet wat er dan gebeurt, dan ga je een nieuw symptoom maken. En dan ontwikkel je allerlei kwalen.’

‘Dat is dan maar zo. Dan neem ik wel een pilletje.’

‘Zelfs een pilletje?’

‘Alles beter dan toegeven dat ik zijn slachtoffer ben. Die gedachte kan ik niet aan. Ik ga niet staren naar de brokstukken van mijn leven en weten dat hij dat heeft gedaan. Ik heb het zelf gedaan. Door ervoor te kiezen te gaan getuigen.'

'Als je jezelf kon toestaan om verdrietig te zijn over de verwoesting die hij heeft aangericht in jullie levens –'

'Uitgesloten. Ik voel me liever schuldig.'

'Maar het kan allebei. Boos zijn én je schuldig voelen.'

'Nee, nu we het erover hebben voel ik al dat de omvang van mijn boosheid mij zal overspoelen, dan word ik meegezogen in een orkaan van woede zonder dat ik weet waar ik eindig.'

'Ik vind het jammer dat je je zo afsluit. Je hebt toch niet zoveel moeite gedaan om bij je gevoel te komen om het vervolgens uit te schakelen?'

'Ik weet nu waar mijn schuldgevoel vandaan komt. En ik ben blij te weten dat het een verdedigingsmechanisme is, dat ik me niet oprecht schuldig voel naar hem toe. Ik heb me al die tijd knettergek gevoeld, omdat ik de enige was die zich schuldig voelde, niemand van ons gezin had dat. Nu weet ik dat ik er mijn eigen welzijn mee dien. Het geeft me controle over mijn eigen leven. Dat doet me echt goed. Voor mij is deze missie meer dan geslaagd.'

NEGENDE VERHOOR

Hond 3

'Kijk, wat Diederik heeft. Hij gaat er iedere dag zo snel mogelijk na zijn werk voor naar huis. Hij is er helemaal verliefd op.'

'Wat lief! En wat klein!'

'Het is een mini-Yorkie. Die blijven heel klein. Die zou je zo overal mee naartoe kunnen nemen, in een draagzak op je buik of in een tasje. Zo een als Fran vroeger had, voor Bobbie.'

Bobbie was een chihuahua.

'Je kunt ze op het balkon op een krant uitlaten. Of op een kattenbak in huis. Ze zijn zo klein, ze hebben niet veel beweging nodig. En ze zijn heel gezellig.'

'Het ziet er heel schattig uit.'

'Zal ik Diederik vragen of ze er nog eentje uit dat nest hebben?'

'Nee, ik ben nog niet over dat laatste hondendebacle heen. Dat heeft me emotioneel zoveel gedaan.'

'Dan heb je wel gezelschap. Een maatje bij je.'

'Ja, dat lijkt me nog steeds heel gezellig. Lekker de hele dag op je schoot. Maar weet je, Son, ik heb geen gelukkige hand met het uitzoeken van honden. Dat heb je wel gezien.'

'Wat kan er nou misgaan met zo'n klein hondje? Dat is toch heel wat anders dan die *killer dogs* die een boomstam door tweeën kunnen bijten. Wat kan zo'n klein hondje nou voor ellende veroorzaken? Helemaal omdat je hem vanaf pup hebt. Hij raakt helemaal aan jou gewend, je kunt hem alles nog leren. En hij is altijd bij je.'

'Ja.'

'Nou dan. Je wordt gek van die stilte om je heen. En voor het hondje is het ideaal dat hij altijd bij je kan zijn.'

'Oké. Vraag het nummer maar, dan bel ik of ze er nog eentje hebben.'

Maar het nestje was al leeg. Alle puppy's waren weg. Urenlang speurde ik op internet naar kleine hondjes. Een kleine zwart-witte terriër, tien weken oud, trok mijn aandacht. De oudere dame die ik aan de telefoon kreeg, vertelde dat het hondje er nog was. Er waren al twee gegadigden voor gekomen, maar ze had het hondje niet mee willen geven. Eentje kwam op haar over als een handelaar, en de ander had kleine kinderen, en dat vond ze ook te link met zo'n klein beestje.

De volgende dag ging ik erheen. Ik nam mijn moeder mee. We reden naar een kleine, vrijstaande boerderij. Een vrouw met lang rood haar, beduidend jonger dan ik had verwacht, deed de deur open.

'Kom binnen,' begroette ze ons. Zes volwassen terriërs stormden ons tegemoet.

In een hoekje op de grond achter een hondenhekje zag ik een piepklein hondje, niet groter dan een cavia. Ik had zelden zoiets kwetsbaars gezien.

'Mag ik haar even vasthouden?' vroeg ik. Ik pakte het kleine hummeltje van de grond, voelde de botjes door haar vachtje heen.

'Hier is het boekje van de dierenarts. Ze is ingeënt. Daar is ze erg ziek van geworden.'

Dat moest ook verklaren waarom ze zo magertjes was.

'Waar zijn papa en mama?'

'Dit is de mama. En de papa kon er niet bij zijn vandaag, die moest naar een dekking.'

'Hmm, oké. Maakt niet uit. Ik neem haar mee.'

Ik betaalde de vraagprijs en nam haar in een zacht wollig mandje mee naar huis. 'Ik heb een kneusje gekocht, mam,' zei ik tegen mijn moeder.

De volgende dag belde ik de dierenarts.

'Ik heb gisteren een hondje gekocht en ik wil graag een afspraak maken om haar even na te laten kijken.'

'Gefeliciteerd!' zei de dierenartsassistente enthousiast. 'U kunt vandaag nog langskomen.'

Met Sonja ga ik naar de dierenkliniek.

'Laat maar even zien,' zegt de dierenarts.

Ik haal Pippi uit haar mandje.

'Och, wat een kleintje.'

'Ja, dat vond ik ook. Maar ik heb geen verstand van dit soort hondjes.'

'Mankeert ze wat?'

'Ik weet het niet. Ik heb haar gisteren opgehaald. Ze stinkt wat uit haar bekje en ze heeft heel veel moeite met poepen. Het lijkt wel of ze geen kracht kan zetten.'

De dierenarts bevoelt haar overal.

'Ze kan beide achterpootjes niet strekken. Haar kniegewrichten zitten helemaal naar binnen. Ze heeft een geboorteafwijking.'

'Wat betekent dat?'

‘Dat ze nooit normaal zal kunnen lopen.’

Maar er is meer. Pippi kan amper zitten. Poepen zal een probleem voor haar blijven. Ze zal veel pijn hebben.

‘Ik zou haar terug brengen,’ zegt de dierenarts.

‘Kom As, we gaan nu gelijk,’ zegt Sonja.

We lopen naar de uitgang.

‘Wacht even, Son. Ik wil de dierenarts nog wat vragen.’

‘Is ze zo ziek dat ze eigenlijk moet inslapen?’

‘Het zou voor het hondje beter zijn.’

‘Dan breng ik haar niet terug.’

‘Je wil toch wel je geld terug hebben?’ vraagt Sonja.

‘Als ik mijn geld terug wil hebben, moet ik haar teruggeven. Dan heb ik geen recht om over haar te beslissen. En dan? Die vrouw waar ik haar vandaan heb, moet dit hebben geweten en toch heeft ze haar aan mij verkocht. Als ik haar terugbreng, verkopen ze haar misschien weer. En dan lijdt ze nog langer. Laat haar maar inslapen,’ zeg ik tegen de dierenarts.

‘Wil je haar vasthouden?’

‘Ja,’ zeg ik.

‘Het hoeft niet, hoor.’

‘Jawel.’

‘We geven haar eerst een roesje. Dan merkt ze er niets van.’

Een prikje in haar nek en ze verslapt. Ze slaapt. De assistente scheert haar pootje voor het finale prikje. De tranen stromen over mijn wangen.

Sonja kijkt me aan. ‘Sorry As, ik dacht echt: wat kan er nou misgaan?’

Mama 5

Sonja belt. 'Mama heeft longontsteking. Er moet dag en nacht iemand bij haar blijven, anders moet ze worden opgenomen in het ziekenhuis.'

'Ik kom gelijk naar haar toe. Ben jij er ook?'

'Ja.'

Als ik binnenkom, ligt mijn moeder met flinke koorts op bed. Ik ga naast haar zitten en geef haar slokjes water. Ik verschoon haar pyjama's.

'Je moet proberen wat te eten, mam,' zeg ik en voer haar twee kleingesneden stukjes brood met roomboter en jam.

'Genoeg,' zegt ze.

'Proberen we het zo weer even. Blijf jij vannacht bij mama, Son?'

'Nee, ik niet,' wijst ze mijn voorstel direct van de hand.

Mijn moeder pakt mijn hand en trekt me naar zich toe. 'Ik heb liever dat jij blijft,' fluistert ze.

'Oké,' zeg ik, enigszins van mijn stuk over de manier waarop zij en Sonja zich plotseling tot elkaar verhouden.

'Blijf jij dan even bij mama tot ik terug ben van mijn afspraak met Iris? Dan neem ik het daarna van je over.'

Bij Iris leg ik gelijk mijn verwarring over de houding van Sonja en mijn moeder voor.

'Ze zijn zo close en nu willen ze niet in elkaars gezelschap zijn. Ik heb altijd tegen Sonja gezegd dat zij de lusten van mijn moeder heeft gehad, maar dat ze ook de lasten moest nemen als ze oud zou zijn. En ze doet ook echt alles voor haar. De boodschappen, de was, het huis schoonmaken, alles. Maar voor dit soort zorg loopt ze weg. En het gekke is dat mijn moeder die zorg ook niet van haar wil.'

'Sonja wil jouw moeder niet zwak zien. En jouw moeder kan niet zwak zijn bij Sonja. Dan verschuiven de ouder-kindrollen. Jouw moeder wordt het hulpbehoevende kind en Sonja wordt de moeder. Dat past niet in de relatie die ze hebben. In hun relatie is jouw moeder nog steeds Sonja's moeder en Sonja het kind. Ze kunnen beiden de verwisseling van rollen niet aan.'

'Ze zijn een twee-eenheid op maar één manier. Dan is het fijn dat mijn moeder twee dochters heeft die elkaar aanvullen.'

Winter

Het heeft de hele nacht gesneeuwd.

'Ga je mee wandelen? Het is prachtig buiten.'

'Ja, lekker,' zegt Sonja.

We pakken ons dik in. Muts en sjaal, onze gezichten zijn onherkenbaar.

We lopen naar beneden en splitsen op. Sonja neemt de ene uitgang, ik de andere, en om de hoek komen we samen.

Wij zijn al een uur stevig aan het doorstappen. 'Ik vind dit zo heerlijk. Ik ga voorlopig niet naar binnen. Alles licht op door die sneeuw. Zo mooi.'

We lopen langs een eetgelegenheid.

'Ik moet even plassen. Zullen we hier naar binnen gaan?'

'Is goed.'

'Goede plek hier. Allemaal nisjes,' zegt Sonja.

'Koffie dan? Niemand die ons kent en we zitten beschut.'

'Ja, lekker!'

We nemen plaats in een van de nisjes. Direct naast ons is een ruimte voor feesten en partijen.

Een moeder op leeftijd staat op de drempel van de feestzaal en vangt haar dochter op, die zegt: 'Ik wil niet naast Piet zitten, anders word ik gek.' Onmiddellijk is zij zich ervan bewust dat wij dat hebben gehoord en zegt: 'O, jee. Jullie hebben ons niet gehoord, hè?'

'Nee hoor,' lachen we, 'zo gaat het toch in elke familie.'

'Ja nou, hij is zo hysterisch. En luid, luid! Weten jullie zeker dat jullie hier willen blijven zitten, want hij produceert een lawaai!'

'Wij zijn oké hoor,' zegt Sonja.

'Misschien kun je iets in zijn drankje doen, of in een stukje leverworst of zo. Zij' – ik wijs op Sonja – 'heeft nog wel een oxazepammetje in haar tas. Dat werkt enorm rustgevend. Heb je nergens last meer van, de rest van de avond.'

De moeder en haar dochter lachen.

'Ja, het is toch wat,' zegt de moeder. 'De avond moet nog beginnen en ik zit 'm al te knijpen of het allemaal wel goed verloopt.'

'Gewoon blijven doen alsof het gezellig is!' roept de dochter.

'Het is overal hetzelfde,' zeg ik.

'Ja, je vrienden kies je, maar je familie...' zegt de moeder.

'Daar zegt u een wijs woord, mevrouw. Dat ben ik helemaal met u eens.'

Als de koffie op is, gaan we.

'Iedere familie heeft wel wat, hè?' zegt Sonja.

'Ja, ieder huisje heeft zijn kruisje.'

'Gaan we meteen naar huis of wandelen we nog verder?'

'Ik vind het heerlijk buiten. Laten we lekker doorlopen.'

Iris 19

Uit medeleven met mij had Sandra wat onderzoek gedaan en me een link naar een chihuahua-pup gestuurd: 'Klein, maar deze horen ook klein.'

'Ik weet niet hoor, San.'

'We kunnen toch gaan kijken?'

Van kijken kwam natuurlijk kopen, want ik ben nu eenmaal een slappe dweil in die dingen. Abbey, noemde ik haar. En met haar komst verdween het gevoel van eenzaamheid – alsof ze kon toveren.

Ik moest en kon haar vanwege haar kleine formaat overal mee naartoe nemen, als een baby in een draagzak.

Ik neem haar dan ook mee naar Iris.

'Toch een hondenbeestje?' vraagt ze.

'Toch maar,' antwoord ik en vertel in geuren en kleuren hoe ik opnieuw moeder ben geworden.

'Heel wat anders dan wat je eerst op het oog had.'

'Ja, ik hou ook eigenlijk helemaal niet van kleine hondjes. Maar ik merk dat grootte helemaal niet uitmaakt. Ze is piepklein, maar haar persoonlijkheid vult de hele kamer. Er is wat dat betreft geen verschil tussen een grote en een kleine hond.'

'Je lijkt wat minder angstig. Hebben onze gesprekken dan toch geholpen?'

'Nee,' zeg ik. 'Sorry, maar het is het hondje.'

'Het hondje? Wat een teleurstelling. Ik had er graag wat credit voor genomen,' zegt ze lachend. 'Is het dan toch dat zorgstofje, dat hormoon, dat je aanmaakt als je ergens voor moet zorgen?'

'Ik denk het wel.'

'Zou heel goed kunnen. Veel mensen hebben baat bij een hond. Je bent niet zo ik-gericht.'

'Kennelijk. Het is heel gek. Ondanks al onze sessies kon ik die angst niet verminderen, omdat het verstandelijk ook niet klopte. Ik kon de gedachte niet loslaten dat angstig zijn de beste manier was om te overleven. Het maakte me ongelukkig, maar scherp. Het was een dilemma waar niet uit te komen was.

Maar dit werkt kennelijk op een biologisch niveau. Zonder dat ik er erg in heb, zonder dat ik erover na hoef te denken, zonder dat ik er mijn best voor hoef te doen, voel ik me veel beter.'

'Ik merk het aan je. Dan kun je wat minder angstig je laatste verhoor in gaan.'

'Ja, alleen al het vooruitzicht dat het de laatste keer is, maakt me rustiger. Als ik nu terugkijk is mijn angst toegenomen vanaf het moment dat het proces begon.'

'De confrontatie met hem.'

'Ja. Als ik met hem in de zaal zit, ben ik als de dood voor hem, terwijl hij mij daar niets kan aandoen. Dat weet ik, en toch voel ik de angst. We hebben het veel over kinderangsten gehad, en ik denk dat die angst voor hem, als ik met hem in een rechtszaal zit, ook een kinderangst is. Een angst die versterkt wordt door de angst uit het verleden voor mijn vader, omdat Wim zo op hem lijkt.'

'Dat zou kunnen.'

'Daarom ben ik blij dat dit mijn laatste verhoor is. Dan hoef ik voorlopig niet meer met hem in een zaal te zitten.'

Het zit erop

Het is halfeen, ik slaap nog steeds niet.

Halftwee, nog niet.

Halfvijf ben ik wakker, en sta op. Ik word om tien voor negen opgehaald door het beveiligd vervoer. Tijd genoeg om rustig te douchen, aan te kleden en broodjes te smeren. Het is de bedoeling dat ik een dagdeel blijf, maar omdat het de laatste keer is hou ik er rekening mee dat er uitloop is. Ik verheug me zo op het moment dat deze dagen voorbij zijn. Nu het einde in zicht is, kan ik aan mezelf toegeven dat het meer met me gedaan heeft dan ik dacht.

Een bericht op mijn telefoon: 'Beveiliging is er'. Een Mercedes SUV staat voor. Ik word ernaartoe begeleid vanaf de deur. Ik stap in. Twee man voorin. Een machinepistool, een Heckler & Koch MP5, voor de bijrijder op de grond.

Het verhoor begint. Een laatste keer loop ik de trap op naar de box. Nog een keer hoor ik de voorzitter zeggen: 'Mevrouw Holleeder, ik wijs u erop dat u nog steeds onder het verband van de belofte staat die u heeft afgelegd.'

Ik eindig zoals ik had willen beginnen. Niet één keer vlieg ik uit de bocht. Ik heb mezelf voor het eerst van het begin tot eind onder controle. Zit daar niet als jouw kleine zusje, maar als een volwassene die ervoor heeft gekozen zich van jou los te maken.

***

'Hoe ging het?' vraagt mijn moeder.

'Goed. Ik ben heel blij dat het er nu eindelijk op zit, mam. Ik zie uit naar de feestdagen. Naar een nieuw jaar, waarin we allemaal weer een beetje tot rust kunnen komen.'

'Ik ook, lieverd.'

'Kom op mam, we gaan onszelf trakteren, we gaan lekker een stukje rijden.'

Iris 20

'Hoe is je verhoor gegaan?'

'Het ging goed. Ik ben van begin tot eind kalm gebleven.'

'Wat fijn voor je.'

'Ja, het voelt goed. Dank je wel daarvoor.'

'Je hebt het zelf gedaan.'

'Maar zonder jou had ik het niet gekund.'

'Dat is fijn om te horen. Wil je nog iets bespreken?'

'Ja. Denk je dat hij spijt heeft?'

'Ik hoop dat hij spijt kan ervaren. Bij spijt heb je verdriet om jezelf. Je had anders willen handelen, maar je hebt het niet gedaan.'

'Dan erken je dat je verkeerd hebt gehandeld. Je legt de schuld niet buiten jezelf, en neemt verantwoordelijkheid voor je daden. Dat doet hij niet. Hij zal dus nooit spijt hebben.'

'Daarom worden sommige misdadigers gelovig: dan wordt ze voorgeschreven hoe ze zich schuldig moeten voelen en boete moeten doen. Dat kan werken, als zo iemand helemaal door een geloofsgemeenschap vastgehouden wordt.'

'Maar dan komt het niet van binnenuit, dan is het aangeleerd. Dat is geen spijt voelen. Waarom kunnen mensen dat niet? Waarom kan hij dat niet?'

'Ik denk dat je dan weer uitkomt op klein durven zijn. Niet grandioos en onfeilbaar willen zijn. Niemand anders de schuld geven, maar erkennen dat je fouten kunt maken.'

'Ik ben bang dat het hem dan niet lukt om spijt te voelen.'

'Heb jij spijt, nu zo achteraf, dat je bent gaan getuigen?'

'Nee, maar ik vind het nog steeds intens verdrietig dat ik hem dit aan moet doen.'

'Hou je nog steeds van hem?'

'Ik zal gek zijn, maar ik denk het wel.'

'Laat ik een andere vraag stellen. Als je broer morgen een nier nodig heeft, krijgt hij dan van jou een nier?'

'Dat is een goede vraag.'

'Je geeft 'm zo aan je dochter, zonder een seconde na te denken.'

'Ik zeg je eerlijk dat mijn eerste gevoelsreactie was: ja. Maar ik snap dat als ik dat zeg, iedereen me voor gek verklaart.'

'Dat hoor je mij niet zeggen.'

'Nee, maar het gros van de mensen en mijn hele familie wel. Dus dan ga ik het afwegen. Mijn gevoel zegt: ja. Maar mijn afweging zegt: ik heb het belang van anderen in het oog te houden. Stel je voor: Mil heeft ooit nog een nier nodig, dan is het niet handig dat ik hem nu aan Wim geef. Maar als dat soort variabelen geen rol zouden spelen, dan zou ik zeggen: neem die nier. Sorry, ik kan er echt niks aan doen. Misschien dat dat orgaan van mij zijn biologie zo beïnvloedt dat hij de impuls krijgt om eens normaal te gaan doen.'

'Dat is een wens van jou: dat het allemaal nog goed komt. Moet het goed eindigen?'

'Dat had ik het liefst gewild. Ik zou het willen, maar dat gebeurt niet.'

'Voorlopig heb je nu even rust?'

'Ja, ik ga genieten van de feestdagen die eraan komen. En daarna van de rust die er komt.'

'Zie ik je dan in het nieuwe jaar?'

'Heel graag.'

Eerste Kerstdag

Ik stuur mijn moeder een berichtje: '*Hugs, kisses and lovely Christmas wishes.*'

Zij stuurt terug: 'Jij ook, lieve As. Zie ik je vandaag of heb je iets leuks. Gun ik je van harte.'

Ze laat me los, dwingt me niet bij het gezin te blijven. Ze geeft me de ruimte. Het is voor het eerst. Wat een ontwikkeling heeft ze doorgemaakt. Drieëntachtig, en dan zo bereid naar zichzelf te kijken.

Het is het mooiste kerstcadeau dat ik ooit had kunnen krijgen, de kroon op de ontwikkeling die we hebben doorgemaakt sinds Wim is weggevallen. Mijn moeder laat haar waakzaamheid los.

Ik schrijf haar terug: 'Ja, ik ga wat leuks doen.'

'Wat dan, lieverd?'

'Met mijn moedertje eten bij mijn nichtje. Tot straks, mam.'

Ook de jaarwisseling vieren we dit jaar met zijn allen. Ik ben dankbaar dat we nog steeds samen zijn, dat we alle ellende van de afgelopen jaren goed hebben doorstaan. Dat we er als een nog sterkere familie uit zijn gekomen. We hebben ons allemaal ontwikkeld. Er is veel veranderd. Francis is gegroeid, Sonja doet het goed, hun relatie is verbeterd. Sonja is sterker geworden, en ik durf zwakte te tonen. Er is weer balans. We hebben allemaal van de situatie geleerd en zijn bij elkaar gebleven. Ik mag me gelukkig prijzen met de mensen om me heen en neem me voor meer van het leven te gaan genieten.

Nieuwe dreiging

Het is vroeg in de ochtend. Een goede vriendin belt me, maar ik was net te laat om op te nemen: 'Neem aub op' stuurt ze erachteraan.

Het is kennelijk belangrijk: ik bel haar gelijk terug.

'Hé, ik kreeg net een bericht over jou. Dat moet je even lezen.'

Ze stuurt me de chat door.

'Ik heb geldbedrag gekregen om Astrid om te leggen.'

'Wie is dit?'

'U weet wie ik ben. Ik heb bij u in Zuid gewoond. Ik werkte als kleine jongen bij die groenteman.'

'Ja, ik weet het al.'

'Ik meld het u alleen omdat ze een vriendin van u is en ik mag haar begrijpt u.'

'Oké. Dank je wel.'

'Ik wilde u pgp-berichten laten zien maar u bent niet thuis helaas.'

'Pgp-berichten van wie?'

'Van de opdrachtgever.'

'Wie is dat dan?'

'Dat is die andere die contact heeft met de buitenwereld.'

'Wil je me nog zien?'

'Ja... Het gaat ook om haar dochter. Ik heb foto's van haar gekregen.'

Bij het lezen van die laatste zin draait mijn maag zich om.

Paniek explodeert in mijn lichaam, maar ik moet nu rustig blijven en nadenken. Het bericht kan om tal van redenen aan haar gestuurd zijn. En iedere reden moet ik afwegen om te proberen tot een inschatting te komen van het gevaar. Het kan een gek zijn die aandacht zoekt. Of iemand met een opdracht, die mij via mijn vriendin probeert te vinden.

Dat is waar ik altijd al bang voor was. Dat ze haar gebruiken om bij mij te komen. Maar hoever zullen ze daarin gaan? Zullen ze haar in een kofferbak gooien, om haar te dwingen te zeggen waar ik ben? Moet ik vrezen voor haar leven?

Ik skype mijn vriendin. 'Wat een naar bericht,' zeg ik.

'Ja, daarom stuur ik het aan je door.'

'Is deze jongen iemand die ik serieus moet nemen of is het een gekkie?'

'Nou, voor zover ik hem ken, moet je hem serieus nemen. Hij heeft een strafblad en gaat met redelijk zware jongens om. Jij kent hem ook.'

'Is dat zo?'

'Ja, je hebt hem weleens bij mij gezien.'

'Hoe heet hij dan.'

Mijn vriendin noemt een naam en de gelegenheid waarvan ik deze jongeman zou kennen. Ik herinner het me weer. Dat is inderdaad een jongen die al zijn hele leven op straat zijn brood bij elkaar scharrelt. Hij ging toen met jongens om die van inbraken naar overvallen naar liquidaties 'opklommen'. Hij zou een gevaar kunnen zijn.

‘Hoe goed ken jij hem?’

‘Hij is al een aantal jaren uit de buurt weg, maar ik weet van zijn ouders dat er nog regelmatig politie aan de deur kwam, omdat ze naar hem op zoek waren. Dus hij is geen brave burger, om het zo maar te zeggen.’

‘Maar acht jij hem in staat om zoiets ernstigs te doen?’

‘Ik weet het niet. Maar ik vond het wel serieus genoeg om je te waarschuwen.’

‘Oké, maar wat nu dan? Hij stuurt dit kennelijk naar jou omdat hij wil dat jij mij dit laat lezen.’

‘Dat denk ik ook.’

‘Maar wie gaat er nu zoiets heftigs bekennen in een app? Misschien wíl hij juist dat ik de politie inschakel. Hij zegt dat hij al is betaald. Dan moet hij de opdracht wel uitvoeren, anders wordt hij zelf afgeschoten. Gearresteerd worden is voor hem de enige manier om onder de opdracht uit te komen en het te overleven.’

‘Hij zegt dat hij wil afspreken om mij zijn pgp-berichten te laten zien, dus ik maak wel een afspraak met hem. Dan kunnen we zelf wel inschatten of het serieus is of niet. Ik bel je later.’

Ik ben helemaal van slag. Foto’s van Miljuschka. Het is mijn grootste angst dat haar iets overkomt. Ik app haar en vraag of ze me even kan bellen, omdat het belangrijk is.

Ze belt me, en ik vertel haar wat ik zojuist met mijn vriendin heb besproken.

‘En nu?’ vraagt ze.

‘Ik ga beveiliging inlichten. Kijk jij ondertussen goed uit.’

‘Is goed, mam.’

'En Mil?'

'Ja?'

'Sorry.'

'O mam, maar daar kun jij toch niks aan doen.'

Als ik haar ophang voel ik een enorme woede. Als ze aan mijn kind komen, neem ik ongenadig wraak.

Ik bel mijn beveiliger en leg de situatie uit. Ze gaan direct aan het werk.

Ondertussen zit ik met de positie van mijn vriendin in mijn maag. Ze lijkt het allemaal nogal licht op te vatten, maar ik zie hier een enorm potentieel gevaar voor haar en voor Miljuschka. Voor mezelf niet, ik ben toch niet te vinden.

Ik bel haar. 'Ik heb liever dat je geen afspraak maakt. Blijf er maar buiten,' probeer ik, maar ik weet hoe ze is. Als ze iets in haar kop heeft doet ze het.

Die avond appt ze dat ze dezelfde avond een afspraak met hem heeft gemaakt. Het is heel lief dat ze informatie voor me probeert te vergaren, maar ik ben bang dat ze zichzelf overschat.

'Laat me op zijn minst mijn beveiliging inlichten. Dan kunnen ze toezicht op je houden.'

'Nee, dat wil ik absoluut niet. Als hij iets geks om zich heen ziet dan zal hij dat zeker niet leuk vinden.'

Ik weet dat ik haar vertrouwen schend als ik tegen haar wil toch mijn beveiliging inschakel, maar ik doe het alsnog. Zij moeten hiervan weten.

Die avond zit ik in spanning over de afspraak die mijn vriendin met die vent heeft. Na twee uur heb ik nog steeds niets van haar gehoord. Ik maak me zorgen en bel haar.

'Hij is niet op komen dagen. Maar er stond de hele tijd een auto voor mijn deur met een man erin. En toen ik naar huis reed, had ik het idee dat ik werd gevolgd.'

Ze klinkt in paniek. Ze durft niet naar huis te rijden, bang dat ze daar misschien wordt opgewacht. Ze gaat in een hotel slapen. De angst slaat toe bij haar. Dit avontuur is haar duidelijk boven het hoofd gegroeid.

'Ik ben bang dat je de situatie onderschat.'

Maar ze wil pertinent niet dat ik er met wie dan ook bij Justitie over spreek. Ik begrijp dit maar al te goed. Als bij die vent terecht zal komen dat Justitie er op een of andere manier lucht van heeft gekregen, dan is duidelijk dat dat bij haar vandaan komt. En dat zal hij haar niet in dank afnemen.

Inmiddels heeft beveiliging de informatie gevalideerd en komt er onmiddellijk een duizelingwekkende stroom aan maatregelen op gang. Nu maak ik me pas echt zorgen. Er is zeker wat aan de hand.

Ik word gevraagd aangifte te doen. Ik bel mijn vriendin en leg dit als optie aan haar voor. Ze reageert furieus. Zij wil hier niets mee te maken hebben en gaat geen aangifte doen. En ik mag ook absoluut niets doen. Niets bij beveiliging hierover melden en geen aangifte doen!

Ze is bang voor wraak. Degene die haar geappt heeft weet waar ze woont. Maar met niets doen zal het probleem voor haar niet verdwijnen.

'Lieverd, hoe erg ik het ook vind om te zeggen, maar je zit er al middenin. Je kunt wel beslissen dat je er niets meer mee te maken wilt hebben, maar andere mensen hebben kennelijk besloten dat jij er wel mee te maken hebt. Dit gaat niet zomaar weg. Accepteer dat ik mijn beveiliging voor jou inschakel. Dan doe je geen aangifte, maar word je wel in de gaten gehouden.'

Ik voel me zwaar ellendig dat zij door mij in deze positie zit en blijf aandringen op het doen van aangifte tot op het punt dat zij mij zwaar geïrriteerd te verstaan geeft dat ze er niets meer over wil horen. 'Genoeg is genoeg!' schreeuwt ze.

Ik leg Sonja de situatie uit.

'En Mil dan?' zegt Sonja. 'Die loopt ook gevaar. Ik vind dat wel heel egoïstisch van jouw vriendin. Dat interesseert haar kennelijk niets.'

'Ze is bang, Son. Ik kan toch geen aangifte doen als zij dat niet wil? Dan weet die vent dat dat door haar komt.'

'Maar As, dan had ze het je niet moeten vertellen. Nu je weet dat ze je kind willen pakken, kan zij toch niet van je verlangen dat je niets doet? Wat is dat voor iets raars.'

'Ze kan er zelf problemen door krijgen en dat heeft ze zich waarschijnlijk niet gerealiseerd toen ze me waarschuwde. Maar nu dat haar duidelijk is geworden, wil ze zich eruit terugtrekken. Dat is logisch. Niemand wil dit soort ellende voor een ander.'

'Maar je kind loopt gevaar. Je zult iets moeten doen,' zegt Sonja. 'Dat zal zij toch ook begrijpen? Zij kent Mil al het grootste deel van haar leven. Ze kan dit toch niet zomaar op zijn beloop laten? Hou me te goede, ik begrijp jouw vriendin ook. Ze is terecht bang dat alles op haar terugslaat. Maar zij heeft ook geen idee wat erachter kan zitten. Niemand weet dat. Je moet haar ook beschermen.'

'Dat heb ik haar allemaal al honderd keer gezegd, maar ze wil het absoluut niet. Ze is bang. Ze steekt haar kop in het zand. Het waait wel over, zegt ze.'

Het duizelt in mijn hoofd. Het enige wat ik kan doen is met die jongen afspreken en vragen of hij me zoekt. Me aanbieden. Hopen dat het dan stopt bij mij. Maar daar is niemand een voorstander van. Zeker Justitie niet. Het is te gevaarlijk. Maar als ik niets doe, zoals mijn vriendin wil, lopen Miljuschka en zij allebei gevaar. Door mij.

Ik kan binnen blijven. Niet naar buiten, nergens heengaan tot er meer duidelijkheid is, maar Miljuschka kan dat niet. Zij moet doorwerken. Ik moet toekijken hoe mijn kind naar buiten moet, en ik kan niets doen.

'Ik weet waar die jongen woont,' zeg ik tegen Sonja. 'Misschien moet ik met zijn moeder gaan praten.'

'Ben je gek of zo? Binnenlopen bij de moeder van je toekomstige moordenaar!'

'Dan maak ik hun plannen stuk, en stoppen ze er misschien mee.'

Na enkele dagen worden we ingelicht over de stand van zaken. De persoon waar het om gaat is het afgelopen jaar twee keer eerder in verband gebracht met de mogelijke voorbereiding voor een liquidatie.

De eerste keer stond hij in de rij bij de McDonald's en werden berichten die hij verstuurde en ontving door een oplettende burger meegelezen. Daarin stond dat hij diezelfde avond een man uit de weg ging ruimen. De burger meldde het bij de politie.

Een tweede keer werd hij na een 112-melding op zijn knieën verstopt achter een auto aangetroffen. Onder de auto lag een kogelwerend vest.

Deze jongen had dus de schijn tegen.

Toen het appbericht van deze jongen afkomstig bleek te zijn, stond iedereen dan ook op scherp, maar al snel werd duidelijk dat hij een fantast is. Iemand die lijdt aan wanen, en zichzelf graag als een grote crimineel neer wil zetten. Na enkele dagen in een slopende spanning te hebben gezeten, wordt de dreiging ontzenuwd.

Wat een opluchting.

Van mijn vriendin heb ik al die dagen niets meer gehoord. Zij heeft er geen weet van gehad wat er zich achter de schermen heeft afgespeeld. Ik ben ook niet van plan het haar te vertellen, ze zou het me nog steeds niet in dank afnemen. Maar ik wil haar wel laten weten dat het gevaar geweken is.

Ik bel haar om te vertellen dat het loos alarm was. Degene die haar geappt had, is in de jaren dat zij hem niet heeft gezien kennelijk aan wanen gaan lijden. Zij en wij hebben niets te vrezen.

'Hoe weet je dat?' vraagt ze.

'O, ik ken iemand die in het zorgcentrum werkt waar hij zijn medicatie haalt,' lieg ik.

'Gelukkig!' zegt ze. 'Maar ik ben hier toch wel van geschrokken.'

'Nou, dat begrijp ik. Ik vond het vreselijk hoe je daarmee opgezadeld bent.'

'Het heeft me ook wel aan het denken gezet. Misschien kunnen we toch maar beter geen contact meer hebben.'

Ik bijt op mijn lip. 'Nee, misschien beter van niet.'

***

De hele situatie heeft er bij mij diep ingehakt. Het heeft vraagstukken naar boven gebracht waar ik tot dan toe niet aan heb willen denken. Hoe ga je om met vertrouwen, wanneer het gaat om leven en dood? Ik heb tegen de wens van mijn vriendin in mijn beveiliging ingeschakeld. Zo ga ik dus om met vertrouwen.

'Het was ook voor haar eigen bestwil,' zegt Sonja.

'Dat zal best. Maar toch, kijk hoe deze situatie waar we in zitten mij verandert. Ik doe dingen die ik normaal nooit zou doen.'

'Onze situatie is ook niet normaal.'

Ik deed wat ik eerder niet voor mogelijk had gehouden, maar zag dat de ander ook doen. Het heeft me verdriet gedaan hoe mijn vriendin had gereageerd. Ze lichtte me in, maar toen ze bang werd wilde ze doen alsof de situatie niet bestond, en mocht ik er niet meer over praten.

Genoeg was genoeg. Een oplossing zoeken was onbespreekbaar. Dat had me geraakt, alsof daarmee de dreiging op het leven van Miljuschka en mij ook zomaar verdween. Nu was het gelukkig loos alarm, maar dat wist zij niet, dat wist ze pas nadat ik haar dat vertelde. Zij wist ook niet dat ik achter haar rug om toch nog van alles had gedaan om de situatie veilig te krijgen. Zij ging ervan uit dat ik niets zou doen. Het enige wat zij wist, was dat iemand haar een app had gestuurd, waarin hij aankondigde dat ik en mogelijk Miljuschka geliquideerd zouden worden. Wat als dat geen loos alarm was geweest? Waar was Miljuschka in haar gedachten toen zij haar kop in het zand stak?

Ik kan mijn kop niet langer in het zand steken, ik moet onder ogen zien dat hij wraak op mij kan nemen door mij te ontnemen wat mij het dierbaarst is, iets waar ik altijd rekening mee heb gehouden, altijd aan dacht maar dat ik nooit uit durfde te spreken, bang dat ik het noodlot daarmee over haar af zou roepen.

Nu is de geest uit de fles, en die zal er niet meer in gaan.

Miljuschka 6

‘Hé mam, wat gezellig dat je er bent. De kinderen zijn er niet, hoor.’

‘Nee, dat weet ik. Ik wilde je even onder vier ogen spreken.’

‘Speelt er iets dan?’

‘Ik wil gewoon even wat met je doornemen.’

‘Oké, ga zitten.’

‘Dat hele gedoe met dat appbericht, dat heeft mij natuurlijk wel aan het denken gezet.’

‘Dat begrijp ik.’

‘Het maakt dat ik heroverweeg wat het beste is om te doen. Ik kan mezelf verstoppen en hopen dat er met jou niets gebeurt, maar dat kan ik niet. Het is in oorsprong al jouw probleem niet, dus je wordt ergens bij gesleept waar je part noch deel aan hebt. En als je onze levens tegen elkaar afzet, dan heb jij nog wel wat meer te doen dan ik. Met twee kleine kinderen en zo. Dus ik ga me niet meer verstoppen.’

‘En je wilt weten wat ik daarvan vind?’

‘Nou ja, je mag ervan vinden wat je wilt, maar ik heb mijn beslissing al genomen. Ik wilde dat alleen aan je uitleggen. Als ik wacht en er gebeurt in de tussentijd iets met jou, dan ben ik te laat.’

‘Dus je gaat je in feite aanbieden?’

‘Ik zorg dat ik zichtbaar ben. Dat als ze me zoeken, ze me kunnen vinden.’

‘Sorry, maar ik kan dat niet aan. Jij bent mijn basis.’

‘Dat weet ik, maar zet de emotie even opzij en denk met me mee. Natuurlijk zit ik er ook niet op te wachten jou en de kinderen een trauma te bezorgen, maar als ik me blijf verstoppen ben jij misschien eerder doelwit dan ik, en als ik moet kiezen, kies ik er toch voor dat ik mezelf niet meer verberg. En ik denk dat als je het rationeel bekijkt, jij ook begrijpt dat dit gegeven de omstandigheden de meest logische oplossing is. Vind je niet?’

‘Ja, maar ik zou natuurlijk het liefst willen dat ik je in een doosje kon doen en in een kluisje kon opbergen.’

‘Dat is lief, maar daar schieten we niks mee op en wachten is niet verstandig.’

‘Voor Fran ben je ook een anker in het leven.’

‘Dat weet ik. Ik ga het er met haar ook nog over hebben, maar op een gegeven moment moet ik keuzes maken. Daar kunnen we dramatisch over doen, maar we moeten in oplossingen blijven denken. Als ik niets was blijven doen toen hij dreigde Sonja dood te schieten, dan was ze met zijn staat van dienst al dood geweest. Wachten en niets doen is geen optie. Ben je dat met me eens?’

‘Ja.’

‘Dan is er nog de mogelijkheid dat hij jou na mij alsnog wat aandoet. Maar dat hoef ik dan gelukkig niet mee te maken.’

‘Dan zie ik je boven wel, mam.’

‘Denk je er weleens over na dat het kan gebeuren?’

‘Ik heb nooit gedacht: het gebeurt me niet. Maar ik maak

daar ook geen drama van. Als ik het leger in was gegaan, had het me ook elke dag kunnen gebeuren. Weet je hoeveel vaders en moeders hun leven wagen in allerlei risicovolle beroepen?'

'Maar daar is voor mij als moeder toch niet mee te leven.'

'Nee, dat begrijp ik. Als het mijn kinderen waren, zou ik hetzelfde doen. Ik denk dat iedere ouder dat doet.'

'Ik geef hem zijn zin. Als hij dat zo graag wil, doe het dan maar.'

Ze kijkt me verdoofd aan.

'Zijn we eruit?' vraag ik.

'Het moet maar. Ik kan jou toch niet vertellen wat je wel of niet mag doen.'

'Nee, dat kun je niet.'

Francis 3

Francis doet de deur open. De tranen staan in haar ogen. 'Ik weet al wat je gaat zeggen. Ik heb het al van Mil gehoord.'

Miljuschka en Francis: Francis, een mini-Rolex om haar mini-polsje, blonde lange haartjes netjes gekamd en in staartjes, kleertjes van Oilily, nageltjes gelakt door haar mama. Miljuschka, twee jaar jonger, donker kort stekelhaar, zwarte randen onder haar nagels van het kleien, en geen interesse in hoe ze eruitzag.

Ze groeiden samen op en groeiden uit elkaar zonder elkaar ooit uit het oog te verliezen. Nu, met alles wat er achter ons ligt en nog komen gaat, kruipen ze steeds dichter naar elkaar toe. Ze herwaarderen hun samenzijn. Ze hebben elkaar nodig.

'Je gaat je niet meer verstoppen,' zegt ze.

'Je begrijpt me toch wel?'

'Ja.'

'Je moet je voorstellen dat er iets met je kind gebeurt. Dan ben je het toch liever zelf?'

'Ja, daar ben ik het op zich mee eens. Maar laat me er nog even over nadenken.'

'Ik ga geen tijd meer verspillen.'

'Maar voor hetzelfde geld pakt hij ons daarna alsnog.'

'Ik kan alleen maar doen wat in mijn macht ligt.'

‘Maar je kunt toch wachten tot de situatie zich voordoet en dan beslissen?’

‘Als de situatie zich voordoet ben ik al te laat. Ik mag blij zijn dat ik nog de mogelijkheid heb om me aan te bieden.’

‘Maar misschien gebeurt er nooit iets,’ zegt ze.

‘Nee, misschien gebeurt er nooit iets, maar ik ga niet zitten wachten op een goede afloop.’

Die avond stuurt ze me een appje: ‘Ik wil jou nooit missen! Jij bent mijn tweede moeder. Sorry. Maar ik begrijp je beslissing.’

Wachtwoorden en inlogcodes

Ik sta bij Miljuschka in de keuken. 'Mil, luister eens.' Ik pak mijn rugtas en haal er een rood notitieboekje uit. 'In dit rode boekje heb ik al mijn wachtwoorden en inlogcodes opgeschreven, zodat je overal bij kan. Ik laat het boekje in deze rugtas zitten. Kun je dat onthouden?'

'Waarom zeg je dat tegen mama, oma?' zegt Storm terwijl hij de keuken binnenloopt.

'Omdat het belangrijk is dat mama dat weet.' Terwijl ik dit tegen hem zeg, loop ik naar de badkamer, weg van dit gesprek.

Hij loopt terug naar de woonkamer en roept: 'Ik weet waarom jij dit zegt, oma.'

'Waarom dan?'

'Dat ga ik niet zeggen, want dan moet ik huilen.'

Iris 21

'Hoe gaat het? Ik heb aan je gedacht.'

'Heel slecht. Ik begrijp niet dat ik zo lang, zo egoïstisch ben geweest. Ik wist het maar ik heb het gewoon niet willen zien. Als ik er niet aan dacht bestond het niet. En ik heb er niet aan durven denken, omdat ik bang was dat ik het over haar af zou roepen.'

'Wat?'

'Ik durf het nauwelijks uit te spreken, want dan bestaat het.'

'Wat dan?'

'De mogelijkheid dat hij Mil wat aandoet om zo wraak op mij te nemen. Ik heb al die jaren de verkeerde afweging gemaakt. Ik wilde ze in bescherming nemen tegen het trauma dat hun moeder, tante en oma ergens dood op een stoep ligt. Ik wilde niet dat zij mij moesten missen en daar deed ik heel veel voor. Ik verstopte me, was onvindbaar. Maar zij kunnen zich niet verstoppen. Zij moeten wel naar buiten. Zij hebben werk, een gezin, verplichtingen. Ik zie nu pas in dat als ik me verstop, zij daardoor meer risico lopen. Alleen door vindbaar te zijn, kan ik het risico voor de kinderen beperken.'

'Heb je deze gedachte door het incident van laatst?'

'Ja, het heeft me met de neus op de feiten gedrukt. Zolang ik binnen blijf zitten, lukt het hem niet mij om te leggen.

Maar tegen welke prijs doe ik dat? Dat hij zich op de kinderen richt.'

'Maar je weet niet zeker of hij zich op de kinderen gaat richten.'

'Nee, ik weet niks zeker. Maar het ligt wel in de lijn der verwachting. Hij weet ook dat hij mij daar meer verdriet mee doet dan mij het leven ontnemen. Dat is voor iedere ouder zo. Daarom ging hij bij Endstra op het schoolplein staan, daarom zegt hij dat als hij door Peter vast komt te zitten, hij zijn zoon dood zal schieten, daarom dreigt hij Sandra met Mitri en zegt hij Sonja dat ze mag tossen wie van haar kinderen hij eerst dood zal laten schieten. Hij denkt zo. Dus ik geef hem zijn zin. Hij mag mij hebben.'

'Dan verzoen je je met het feit dat je doodgaat?'

'Me verzoenen met de dood? Nee, dat zeker niet.'

'Ik vergelijk het even met een vonnis over je hart- en vaatziekten: morgen ben je dood.'

'Dat vind ik toch heel wat anders. Dan verzoen je je om heel andere redenen met de dood. Nu moet ik me met de dood verzoenen voor hem. Dat is wat je zegt.'

'En dat is onverdraaglijk voor jou.'

'Ja natuurlijk.'

'Gaat het dan om wie wint?'

'Nee, om wat wint. Goed of kwaad. Het is niet eerlijk dat het kwaad overwint.'

'Het kwaad moet worden gestopt door het goede. Het kwaad wordt nooit gestopt door het kwaad.'

'Dat is leuk, maar als het goede vervolgens wordt afgeschoten door het kwaad, dan heeft het kwaad nog steeds gewonnen. Je moet je voorstellen dat omdat hij kwaad doet, ik dood moet. Dat is toch krankzinnig?'

'Dat gaan we ook niet doen.'

'Daar komt het op neer.'

'Maar daar ga je je leven niet voor opofferen.'

'Nee, maar wel voor mijn kind.'

'Maar hou nog even vol. Je weet niks zeker.'

'Waarom moet ik volhouden? Ik heb mijn verklaringen afgelegd, de zaak is klaar voor vonnis. Dan kan ik blijven uitstellen dat hij mij vindt, maar waarom zou ik dat doen als ik daarmee het risico loop dat mijn kind eerst gaat? De kinderen lopen risico, terwijl ik dat risico zou moeten nemen. Ik mag me niet meer verstoppen.'

'Vandaag zit je weer vol met angst.'

'Voor mijn kinderen, ja.'

'Maar Astrid, als mijn kleinkind naar school fietst kan zij ook geschept worden door een auto. Of als mijn man dronken in de auto stapt met de kinderen, kan hij ze ook allemaal dood rijden. Of je maakt een survivaltocht in Alaska en je kan worden opgevreten door een beer. Of je ouders gaan op vakantie en het vliegtuig stort neer. Ieder mens loopt risico's. Dat zijn doodgewone angsten in het leven. Als mijn kleinkinderen gaan fietsen, ben ik een week bang. Ja, natuurlijk. Maar de bedoeling is dat het zakt.'

'Maar er gebeurt altijd wel weer iets waardoor de angst gevoed wordt.'

'De grootste voeder van je angsten ben je zelf. Ook al weet ik dat het verkeer gevaarlijk is als de kinderen de straat op gaan, als mens heb je toch een soort van mechanisme waarmee je jezelf kunt geruststellen. Maar jij kunt jezelf niet geruststellen omdat je dan niet waakzaam bent en er iets zou kunnen gebeuren waar jij de controle niet over hebt. Maar niemand heeft controle over het leven.'

'Ik moet controle hebben over het leven van mijn kinderen. Zij worden meegesleurd in iets wat ik ben begonnen. Dat is mijn verantwoordelijkheid.'

'En de moeder dan, die haar kind naar huis laat fietsen? Is zij verantwoordelijk als er iets met haar kind gebeurt?'

'Als het kind de juiste leeftijd heeft en goed in staat is om te fietsen, niet. Al denk ik dat iedere moeder zich wel verantwoordelijk zou voelen.'

'Maar je bent het niet. Het enige wat je doet is dit: je leeft het leven en dat moet ook. En daar horen nu eenmaal risico's bij.'

'Dat zie ik in mijn situatie toch anders. Ik heb het risico gecreëerd.'

'Maar je had geen andere keuze! Jouw dochter en de anderen begrijpen heel goed dat je bent gaan getuigen.'

'Maar het is de vraag in hoeverre zij hebben kunnen overzien hoe zich dit allemaal zou ontwikkelen. Als ik uren met een vriendin in een restaurant ga zitten, zal die vriendin er geen moeite mee hebben, maar ik weet dat ik er te lang zit en daarmee haar ook risico laat lopen. Ik ga niet iemand meenemen in zo'n situatie. Ik blijf voor haar denken, want zij kan dat niet verzinnen.'

'Mensen kunnen ook zelf denken.'

'Daar denken wij dan verschillend over.'

'Dat kan ik niet bij je wegnemen?'

'Nee.'

'Even spijkers met koppen slaan. Vandaag ben je weer erg angstig.'

‘Voor de kinderen. En daarin kan ik mezelf niet geruststellen, zoals mensen dat in “gewone” situaties doen. Ik leef nu eenmaal niet het leven van gewone mensen.’

‘Kun je het wat loslaten, de verantwoordelijkheid voor je kinderen?’

‘Nee. Ik wil dat ook niet loslaten, want het is mijn verantwoordelijkheid. Maar dat snap je alleen als het jezelf zou betreffen.’

‘Hé, wacht even: kunnen wij dit afstemmen op elkaar?’

‘Nee. Het is makkelijk praten als het niet over jou gaat. Het is makkelijk theoretiseren, als de realiteit zich niet aan je opdringt. Dat is voor mij anders. Ik kan niet theoretiseren. Ik moet stappen ondernemen. En dat is het verschil. Voor jou is dit een fantasie in de spreekkamer, voor mij is het werkelijkheid. In essentie praten we vanuit een andere belevingswereld. Een wereld die jij niet kent, en nooit zult begrijpen.’

‘Maar dat mag. Ik hoef het ook niet meegemaakt te hebben om jou te kunnen begrijpen. Ik snap jou heel goed. Ik weet ook hoe groot en gewetenloos het kwaad kan zijn. Maar mijn taak als jouw coach is jou het leven te blijven geven. Ik zal jou nooit steunen in jouw fatalistische plannen. De ene dag mag heus wel moeilijker zijn dan de andere, maar ik ben echt voor het leven. Dat is het enige wat je hebt, hou alsjeblieft vol.’

Eén voor allen, allen voor één

'Nou, zullen we dan maar even koffie doen? Jij gaat toch niet meer binnen zitten,' zegt Sandra.

'Ja, leuk.'

We stappen in de auto en rijden naar een restaurant waar ik de eerste de beste tafel buiten pak.

'Op het terras?' vraagt Sandra.

'Laten we maar meteen goed beginnen,' zeg ik.

We nemen plaats aan een tafeltje in de zon. Het is heerlijk weer.

'Hij is ook zo op jou gefixeerd. Alles is jouw schuld. Omdat hij dit van jou niet verwacht had. Hij vertrouwde jou echt. Ik weet ook zeker dat hij er alles aan zal doen om wraak op jou te nemen. En dan ligt het voor de hand dat hij Mil pakt. Ik zou me ook aanbieden als ik jou was.'

'Het is het enige wat ik kan doen, San. Ik ga gewoon naar de plekken waar ik ook met hem kwam, dan weet hij wel waar hij me kan vinden. Ik ga het hem niet eens moeilijk maken.'

Sonja kijkt bedroefd voor zich uit. 'Ik zou niet weten wat ik zonder jou zou moeten.'

'Pffft! Heb je haar weer. De egoïst. Zij denkt weer aan d'r zelf,' grapt Sandra.

Een hele middag zitten we buiten op een terras. Sonja en

Sandra, ze zijn de enigen die begrijpen waar ik het over heb, zij kennen Wim zoals ik hem ken, zij weten net zo goed als ik hoe het gaat lopen.

Maar toch voeren zij een ander gesprek, zij staan niet als eerste op zijn lijst, dat maakt het een stuk makkelijker praten. Het maakt dat er verschil is tussen ons.

We zijn dit avontuur samen aangegaan, we zitten samen buiten op het terras, maar ik voel me alleen.

Iris 22

'Hoe gaat het met je? Toen je laatst je afspraak afzegde, dacht ik even dat je er helemaal genoeg van had.'

'Nee, ik was echt ziek. Het gaat nu veel beter. Fysiek en mentaal. Ik ben blij met de stap die ik heb gezet. Dat voorval met Mil heeft mij naar buiten geduwd. Ik moest de straat weer op en ik merk dat dat mij ook weer de controle over mijn leven terug heeft gegeven. Het heeft dus eigenlijk heel goed uitgepakt. Ik investeer weer in contacten, dat geeft binnen het gezin ook weer meer afstand van elkaar, waardoor je minder met de situatie wordt geconfronteerd zoals die is. En dat maakt het ook weer leuker met elkaar.'

'Je probeert terug te keren in de maatschappij.'

'Ja, op een verantwoorde manier. Maar het verbaast me hoe het werkt. Dat je door weer activiteiten buitenshuis te gaan ondernemen, je het gevoel hebt de controle over je leven terug te krijgen. Hoe kan dat?'

'Je bent niet bang meer. Angst is geen controle hebben. Als je geen controle hebt, gaat de angst er met jou vandoor. Dat bedoelde ik met over-angstig. Het is een neerwaartse spiraal, en die heb je doorbroken. Nu moet je zorgen dat je waakzaam blijft, want er blijft ook een reëel gevaar.'

'Ja, dat heb ik al doorgesproken met mijn beveiliging. Dat kan ik hun toevertrouwen. Zij hebben zicht op mij. Zelf doe ik ook wat ik kan. En een stuk risico is nooit uit te sluiten.'

'Opperste veiligheid bestaat er voor niemand. En hoe zit je dan nu met je verantwoordelijkheidsgevoel ten opzichte van anderen?'

'Daar blijf ik naar handelen. Ook dan is een stuk risico niet uit te sluiten, maar het is wel maximaal beperkt. En daar leg ik me nu bij neer.'

'Nogmaals, opperste veiligheid bestaat niet. Als een moeder haar kind leert fietsen, dan kan ze ook niet uitsluiten dat er ooit iets gebeurt. Maar het weerhoudt mensen er niet van om de dingen te doen. Om te leven.'

'Daar ben ik ook weer aan toe.'

'Hebben onze gesprekken dan toch zin gehad?'

'Zeker. Je had in alles wat je vanaf het begin zei gelijk. Ik was over-angstig. Angst laat je de controle over jezelf verliezen. Angst maakt je alleen maar zwakker, niet alerter. Als je goed waakzaam wilt zijn, moet je de angst loslaten. Op dat punt ben ik nu via allerlei omwegen gekomen, en dat is mede dankzij jou.'

'Nou mooi, doe je voorzichtig dan?'

'Doe ik.'

'Wat ga je nu doen?'

'Even naar Mil. Ik moet haar een vraag stellen, die ik haar nog niet heb durven stellen. En dan kan ik verder met mijn leven.'

Epiloog

'Wacht even, mam. Ik kom uit bad, en dan maak ik koffie voor je.'

'Blijf lekker zitten, lieverd. Ik kom alleen even wat brengen.'

Ik leg mijn helm, keelbeschermer en kogelwerend vest op haar badkamermeubel.

'Ik heb al een vest, mam.'

'Kan geen kwaad, eentje extra. Dan laat je er een in de auto liggen en een thuis.'

'Weet je het zeker?'

'Ja.'

'We kunnen ook met zijn allen weggaan?'

'Nee, dat kan niet met de kinderen. En om ons gesprek van laatst af te maken, wilde ik je nog wat vragen.'

'Oké. Wat dan?'

'Nou, stel dat het wel zo is dat Wim jou als eerste pakt, wat wil je dan dat ik doe?'

'Gezellig twee keer per jaar met de kinderen op vakantie gaan.'

'Nee, even serieus.'

'Ik ben serieus. Dan is het zo, mam. Probeer eens te accepteren dat jij niet alles op kunt lossen.'

'Maar maakt dat je niet boos op mij? De mogelijkheid dat

dat kan gebeuren? Dat ik nog leef en jij niet?'

'Nee. Het enige wat ik moeilijk vind is de gedachte dat ik er niet meer voor mijn kinderen kan zijn. Ik zou ze het liefst hun hele leven met mijn liefde volstoppen, maar ik weet dat ze zonder mij ook opgroeien. Dat zie je om je heen ook gebeuren.'

'Ja, maar raak je daar dan niet van in paniek? De gedachte dat je er niet voor ze kan zijn?'

'Nee, omdat ik geloof dat ieder mens een bepaald aantal hartslagen in zijn leven krijgt. En als die op zijn, eindigt het.'

'Dat klinkt bijna religieus.'

'Ik denk dat mensen die gelovig zijn in een andere verhouding tot de dood kunnen staan dan jij, mam. Meer berustend. Ik ben ook meer berustend. Jij probeert controle te houden over iets waar je geen controle over hebt. Het leven komt zoals het komt en de dood hoort daarbij.'

'Dus je bent niet boos op me bij de gedachte dat ik misschien nog leef en jij niet?'

'Nee, mam.'

'Ben je ook niet boos op Son?'

'Nee.'

'Ben je boos op Wim dan?'

'Nee. Hij is wie hij is.'

'Hmm.'

Ze kijkt zwijgend voor zich uit. Dan zegt ze: 'Dit bad is net zo groot als het bad dat wij thuis op de Scheldestraat hadden.'

'Een tweepersoonsbad. Dat heb je goed gedaan. Daar kun je met Stientje haar hele leven in.'

'Net als wij altijd deden.'

'Ja, net als wij altijd deden.'

‘Wil je mijn haar wassen, mam?’

Ik ga op de rand van het bad zitten en was haar dikke bruine haar.